日本手形法論　完

岸本辰雄評論
井本常治評論
町井鐵之介評論
毛戸勝元評論

松本重敏 著述

明治三十四年發行

日本手形法論 完

日本立法資料全集 別巻 1230

信山社

明治法律學校長
佛國巴里大學リサンシエー、アンドロワー 岸本辰雄評論

辯護士 井本常治評論

辯護士 町井鐵之介評論

京都帝國大學法科大學教授
法學士 毛戸勝元評論

辯護士 松本重敏著述

日本手形法論 完

司法省指定私立明治法律學校出版部

講法會出版

日本手形法論

序言

予ヤ元來手形法ノ專巧學者ニ非ス然レトモ經濟社會ノ現情ヲ看テ默スルニ忍ヒサルモノアリ是レ自家ノ淺識ナルヲモ省ミス玆ニ本書ヲ草シタル所以ナリ本書ヲ論述スルニ當リテ汎ク海外ノ教科書ヲ參照スルニ遑ナキハ讀者ト共ニ遺憾トスル處ナリ然レトモ師トシテハ岸本明治法律學校長先輩トシテハ井本町井兩辯護士親友トシテハ毛戸京都帝國大學法科大學教授ノ在ルアリ皆是レ知名達識ノ專攻學者又ハ執法家ナリ親シク明快斷鐵ノ評論ヲ加ヘラレ以テ教正セラレタルニ因リ予カ讀者ニ背ク處ノ罪ハ太

ニ之ヲ滅スルコトヲ得タリト信ス評論者ノ賛辭ハ予ノ固ヨリ負フ處ニ非ス然レトモ反駁垂教ノ個所ニ至リテハ孜々研鑽ノ勞ヲ厭ハサルヘシ
本書ヲ論述スルニ當リテハ法學士玉木爲三郎同田中次郎辯護士小島重太郎同天野敬一ノ四君ヨリ助言ヲ得テ尠カラサル利益ヲ得タリ特ニ玆ニ卷頭ニ載セテ以テ厚ク之ヲ謝スル所以ナリ
鷹洲ハ井本氏昔生ハ町井氏ノ雅號ナリ
明治庚子晩秋深夜黃龍妖雲ヲ排スル夢ヲ辿リツヽ

著者　鐵嶺居士誌

日本手形法論目次

第四編　小切手

日本手形法論

松本重敏著

第一編　總論

第一章　緒言

貨幣ハ能ク貨物ノ轉環ヲ主宰スト雖モ貨幣ノ輾環ハ頗ル至難ノ業ニシテ之ヲ轉環スルノ能力ヲ有スルニ非サレハ貨物ノ輾環ハ得テ之ヲ望ムヘカラス然レトモ世界ノ進歩ニ伴ヒテ國法ハ能ク經濟社會ノ秩序ヲ保維シテ信用ヲ發達セシメ貨物ハ貨幣ノ供給ヲ俟タスシテ能ク其輾環ヲ爲スコトヲ得ルニ至レリ

信用ノ經濟社會ニ於ケル利用ハ潮來ノ勢力ヲ以テ能ク世界ノ貨物ヲ運轉

スルコトヲ得ト雖モ一朝敗レテ其勢力ヲ沈滅スルトキハ經濟社會ニ於ケル擾亂騷動ハ實ニ悲風慘憺名狀スヘカラサルニ至ルモノナリ信用ノ利弊ハ眞ニ經濟社會ノ興廢ニ關スルモノナルヲ以テ經濟社會ヲ組織スル處ノ者ハ固ヨリ政治家並ニ學者ヲ以テ任スル處ノ者豈ニ夫レ之ヲ輕々ニ看過スルコトヲ得ンヤ

信用ハ無形ニシテ幾多ノ方便ニ由リテ幾多ノ機關ヲ通シテ漸ク行ハル、モノナリ手形ハ其機關ノ一ニシテ信用ハ此手形ヲ藉リテ利用セラレ又其機關ノ主要ナルモノナリトス手形ハ近年邦人ノ利用スル所ト爲リテ大ニ發達シタリト雖モ邦人ノ多クハ未タ手形ノ何物タルヤヲ解スルコト尠ク從ヒテ手形ノ授者ハ信用ヲ濫用シ法廷ニ立チテハ徒ラニ之ヲ否認シテ憚カル所ナキカ如シ之ヲ以テ近頃手形ノ運用頗ル非ナリ手形ノ運用ノ非ナルニ伴ヒ經濟社會ノ活氣頓ニ萎靡シテ國民ノ財力ハ澎大スルコトナク之ニ反シテ奢侈ハ日ニ增加スルヲ以テ國力ノ伸張ニ大波及ヲ致セリ是レ余

毛戸曰、余輩ノ解スル處ニヨレハ手形ニ關スル行爲トハ手形ニ關係アル法律行爲ヲ云フモノニシテ之ヲ手形行爲ト解シ或ハ之ヲ手形規定ノ行爲ト解スルハ狹キニ過ク

輩カ茲ニ本論ヲ草シテ經濟社會ノ激濫セル渦中ニ投シ聊カ信用ノ暗流ヲ防カント欲スル所以ナリ

手形法ハ信用法ノ一種ニシテ商法規定ノ一部ヲ爲ス商法第二百六十三條ハ手形ニ關スル行爲ヲ商行爲ナリトセリ然レトモ手形ニ關スル行爲トハ手形行爲ヲ指シテ之ヲ云フモノナルカ又ハ手形法規定ノ行爲ヲ總括的ニ之ヲ云フモノナルカ聊カ疑ナキ能ハス若シ夫レ手形行爲ヲ指シテ之ヲ云フモノナリトスルトキハ擔保支拂又ハ償還ニ關スル行爲ハ之ヲ商行爲ナリト云フコトヲ得サルヘク之ニ反シテ手形法規定ノ行爲ヲ指シテ之ヲ云フモノナリトスレハ拒絶證書作成ノ行爲ト雖モ商行爲ナリト云ハサルヘカラサルニ至リ孰ニシテモ不都合ハ免カレサルナリ余輩ノ考慮スル所ニ據レハ手形ニ關スル行爲トハ手形行爲ハ固ヨリ其他手形ノ效力又ハ消滅ニ關スル直接ノ行爲ヲ總稱スルモノナルヘシ果シテ然ラハ是等ノ行爲以外ノ行爲ハ假令手形法ニ之ヲ規定スト雖モ手形ニ關スル行爲ニ非サルヲ

岸本曰、説得簡明

以テ商行爲ニ非サルナリ手形法ハ是等異種ノ行爲ニ關スル規定ヲ綜合シテ信用法ヲ組織セリ

第二章　手形ノ性質

第一節　手形ノ觀念

凡ソ證書ハ物權證書タルト債權證書タルト將タ如何ナル種類ノ證書タルトヲ問ハス關係事實ノ證明證書タラサルハナシ手形モ亦關係事實ヲ證明スルモノナレハ證明證書ノ一ナリトス然レトモ手形ハ他ノ證書ト同一ノ觀念ヲ以テ之ヲ說明スルコトヲ得ス蓋シ一般ノ證書ニ在リテハ權利ノ先ツ發生シテ然ル後ニ證書ヲ作成シ證書ノ存否ニ拘ハラス其權利關係ハ仍存在スルコトヲ得ヘシト雖モ之ニ反シテ手形ハ既存ノ權利ヲ證明スルモノニ非ス手形行爲ノ一タル其證書ノ作成ニ因リテ權利カ發生シ手形ハ之ヲ證明シ權利ハ之ニ依リテ存在シ之ト共ニ死滅スルモノナレハナリ之ヲ以テ手形ハ一般ノ證書ト同シク關係事實ノ證明證書ナリト雖モ其作成ニ

麗洲曰、今少シク適切ノ語ナキ乎
昔生曰、證券ニ權利的關係ナキモノナシ故ニ權利的證券ヲ手形ノ定義ト

因リテ權利カ發生シ證書ト共ニ存在シ共ニ死滅スルコトニ於テ一般ノ證書ト異ナルナリ茲ニ於テ多クノ學者ハ權利ハ手形ニ附着スルモノナリト言ヘリ然レトモ誤謬ノ甚シキモノニシテ權利ノ觀念ニ伴フモノニ非ス權利ノ主体ハ人ナリ換言スレハ權利ハ人格ヲ有スル者ニ附着スルモノナリ手形ハ證明ノ材料ト爲ルモノニシテ一ノ紙片ナリ手形ハ人格ヲ有スル者ニ非ス權利ハ手形ニ附着スルコトナシ然レトモ手形ハ其表示スル處ノ權利ト生死ヲ共ニスルモノナルヲ以テ權利ノ關係ヲ離レテ手形ヲ説明スルコトヲ得ス之ヲ以テ余輩ハ手形ヲ左ノ如ク定義セント欲ス

手形トハ金錢債權ニ關スル權利的證券ヲ云フ

此定義ハ恐ラク諸學者ノ駁撃ヲ免カルヽコト能ハサルヘシ然レトモ凡ソ事物ノ定義ハ其意義ヲ定ムルモノナルヲ以テ其特色ニ依リテ之ニ命名スルニ若カス諸學者カ從來下タシタル所ノ定義ニ依レハ必ス信用證書ナル語ヲ以テセリ然レトモ手形ハ獨リ信用證券ニ非ス又信用ヲ毀損シタル所

為スハ吾輩服從スルヲ得ス

岸本曰、指圖證券ハ著者ノ所謂權利的證券ノ一ニハ非サルカ

ノ手形ト雖トモ仍手形ハ手形ナリ信用ハ手形ノ流通カヲ助成スルモノナリ然レトモ手形ハ信用ニ依リテ組成セラルヽコトナシ之ヲ以テ手形ノ定義中ニ信用ノ語ヲ以テスルハ其當ヲ得タルモノニ非サルナリ
或學者ハ手形ヲ定義シテ手形トハ手形上ノ債權債務ニ關スル證券ナリト云フト雖トモ此定義ハ更ニ手形上ノ債權債務トハ何ソヤノ問題ヲ先決セサル可ラサルノ要アレハ未タ以テ完然ナル定義ナリト云フコトヲ得ス余輩ノ試ミタル定義ハ語頗ル簡短ナリト雖トモ一面ニ於テハ他ノ種類ノ證明證券殊ニ指圖證券其他ノ商業證券ト明ニ之ヲ區別スルコトヲ得他面ニ於テハ權利關係カ證書ニ依リテ存在スルコトヲ言明シ手形ノ本質ヲ抽象的ニ知悉スルコトヲ得セシムルニ足レリト信ス
手形ニ三種アリ曰ハク爲替手形曰ハク約束手形曰ハク小切手是ナリ振出人カ自ラ支拂ヲ爲スモノハ約束手形ニシテ振出人カ第三者ヲシテ支拂ヲ爲サシムルモノハ爲替手形及ヒ小切手ナリ或學者ハ爲替手形及ヒ小切手

モ尸日、約スルト云フト約束又ハ契約ストノ間ニ差異アリ故ニ振出人カ第三者ヲシテ支拂ヲ爲サヽシムルコトヲ約スト云フモ手形行爲カ一方的行爲タルニ妨ケナシ

ノ振出人ハ第三者ヲシテ支拂ヲ爲サシムルコトヲ約スルモノナリト云ヘトモ爲替手形及ヒ小切手ノ振出人ハ手形ノ受取人ニ對シテ斯ノ如キ契約ヲ爲スモノニ非ス此ノ如キ議論ハ手形ハ一方的商行爲ナリト云フ本則ニ違反スルモノナリ

手形ノ發行者ハ之ヲ振出人ト云ヒ之ヲ受取ル者ヲ受取人ト云ヒ又タ手形ノ文言ニ從ヒテ支拂ヲ爲ス者ハ之ヲ支拂人ト云フ此三者ヲ稱シテ之ヲ手形人員トス約束手形ニ在リテハ其振出人ハ支拂ヲ爲ス者ナルヲ以テ手形人員ハ常ニ二人ナリトス

手形ニハ最初ヨリ支拂ニ付キ債務者ノ定マレルモノト否ラサルモノトアリ爲替手形ハ其振出ノ際ニ於テハ振出人ハ第三者ニ支拂ヲ委託スル旨ノ記載ヲ爲スノミニシテ之カ支拂ノ義務者未タ確定スルコトナク支拂人ニ於テ引受ヲ爲シタル時始メテ義務者ノ存在スルヲ見ルニ至ルナリ之ニ反シテ約束手形ニ至リテハ其振出人ニ於テ自ラ支拂ヲ爲スヘキモノナレハ

毛戸曰、爲替手形及ヒ約束手形ヲ信用ノ具トシ小切手ヲ支拂ノ具ト云ヘルハ此等ノ者ノ經濟上ノ重

最初ヨリ債務者ノ存在スルモノナリ又小切手ニ在リテハ引受ナルモノナシ從ヒテ終始支拂ノ債務者ナル者ノ存在スルコトナシ爲替手形ノ引受人ハ支拂ヲ爲ス義務ヲ負擔スルモノナルニヨリ其地位ハ約束手形ノ振出人ト同一ニ在リ

右ノ人員ノ外ニ手形ニ裏書シテ之ヲ他人ニ移轉スル者アリ之ヲ裏書人ト云フ裏書人ハ後編ニ於テ説明スルカ如ク手形面ニ明示スル所ノ權利ヲ讓リ渡シ其手形ヨリ生スル所ノ義務ヲ負擔スル者ニシテ振出人ト同一ノ地位ニ在ルモノトス

或學者ハ手形ヲ論シテ手形ハ信用ノ具ニシテ小切手ハ支拂ノ具ナリ故ニ手形ニ關スル行爲ハ信用行爲ニシテ小切手ニ關スル行爲ハ支拂行爲ナリト云フト雖トモ余輩ハ之ヲ區別シタルノ理由ヲ知ルニ苦シム者ナリ舊法ニ於テハ小切手ハ必ス銀行ニ對シテ預金等支拂資料タルモノカ其振出ニ先チテ存スルコトヲ要シタルニ依リ或ハ此説カ一應容レラレタルカノ感

ナル作用ヲ基礎トシテ云ヒタルモノニシテ之ヲ以テ直チニ法律上ノ區別ノ基礎トセントスルハ誤マレリ

アリシモ余輩ハ舊法時代ニ於テモ仍此區別ノ存在ヲ發見シ得サリシ者ナリ爲替手形及ヒ約束手形ハ信用ノ具ナルカ故ニ支拂ニ供スルコトヲ得ス小切手ハ支拂ノ具ナルカ故ニ信用ニ供スルコトヲ得スト云フハ何等ノ言ハレ在ルコトナシ爲替手形又ハ約束手形ト雖モ支拂ノ用ニ充ツルコトヲ得ルモノナリ余輩ノ見解ヲ以テスレハ是等ノ區別ハ每年ノ家例ト同シク從來說明シ來リタルニ依リ愚ハ愚ナレトモ說明スルモノナリト云フニ過キス

第二節　手形ノ實質

第一　手形ノ成立

余輩ハ前節ニ於テ手形行爲ハ一方的商行爲ナルコトヲ一言シタリ乍併世ニ數多ノ異論者アリテ或ハ雙方的商行爲ナリト論スル者少カラス故ニ余輩ハ之ヲ一方的商行爲ナリト主張シタル理由ヲ少シク說明スルノ要アルナリ

夫レ手形行爲即振出、裏書又ハ引受等ハ手形關係トシテ何レノ時ニ成立スルモノナリヤ此問題ヲ解スルニハ一方的行爲說即チ單獨行爲說ヲ採ルト雙方的行爲說即チ契約說ヲ採ルトニ依リテ相異ラサルヲ得ス

昔時法律上ノ問題ハ總テ羅馬法ノ理論ニヨリテ解釋セラレタルトキハ手形ヨリ生スル總テノ法律關係ハ亦悉ク羅馬法ニ源ヲ酌ミ手形ノ理論ヲ說明シタリキ從ヒテ手形關係ハ消費貸借、寄託、委任、賣買、其他一般ノ無名契約等種々ノ議論ヲ擔キ出ス者アリタリシカ結局賣買類ノ諾成契約ナリトスルコトニ歸着セリ是レ振出人カ金錢等ノ報酬ヲ得テ其相手方又ハ其指圖人ニ一定ノ金錢ヲ支拂ハシムルコトヲ契約シ而シテ當事者カ其手形金額支拂ノ場所、時及報酬ヲ定ムルヲ以テ契約關係カ成立スルモノナリト見做シタリ故ニ手形ノ發行又ハ授受ハ必要ナル行爲ニ非ス是等ハ契約ノ履行ニ要スルノミナリ之ヲ極言スレハ振出人カ手形ノ債務ヲ負擔スル處ノ基因ハ手形ニ依ルモノニ非スシテ手形成立ノ合意ニ依ルモノト爲セリ此說

ハ手形ハ權利的證劵ニ非スシテ普通ノ證明證劵ナリ權利ハ證劵ニ依ラスシテ存在スルモノナリトノ議論ニ歸着ス故ニ手形上ノ債權ヲ主張セントスルモノハ其債權ノ成立要素ヲ證明セサルヘカラス之ヲ以テ是等諸成契約說ハ今日ノ手形觀念ト枘鑿相容ルヽコトナシ

斯ノ如ク手形ニ關スル行爲カ諾成的ノモノナリトスルハ不當ナリトノ議論ノ出テヽヨリ手形ニ關スル行爲ハ契約ニ因リテ成ルモノナレトモ手形ノ作成ヲ爲スニ非サレハ其權利關係ハ成立スルコトナシト論スル要書的契約說ノ世ニ出ツルヲ見ルニ至リタリ

要書的契約說ノ大要ニ曰ハク抑モ手形ノ振出人カ手形上ノ債務ヲ負擔スル所以ノモノハ定式ヲ具備セル書類ヲ他方ニ交付スルニ因ルナリ單ニ振出人ト其受取人間ニ存在セル合意カ直ニ手形上ノ債權債務ヲ惹起スルモノニ非ス其合意ニ基キ方式書面ヲ授受シタルトキニ於テ始メテ手形上ノ權利關係カ發生スルモノナリ故ニ振出人カ定式書面ニ署名シテ他方ニ授

ケタルトキハ其債務關係ニ如何ナル法律行爲ノ要素ヲ包含セシヤハ更ニ問フ處ナシ從ヒテ對價ノ如何ハ問題ヲ生スルニ至ラサルナリ

要書的契約説ニ於テモ之ヲ分チテ手形ノ成立契約ト其準備契約トノ二トセリ其準備契約ニ在リテハ振出人ハ對價ヲ得ルモノトシ振出人ハ此契約ニ因リテ相手方ニ手形ナル書面ヲ交付セサル可ラサルモノトス而シテ其交付ノ義務ハ手形成立契約ニ因リテ履行セラルヽモノニシテ書面即チ手形ノ存立シタル後ニ於テ始メテ手形上ノ關係ヲ發生スルモノト爲ルナリ之ヲ要スルニ手形授受ノ法律關係ヲ生スルモノト手形上ノ關係其モノトハ嚴格ニ之ヲ區別シ一度定式書面ナル手形ヲ交附シタル後ハ其書面ハ手形豫約即チ手形準備契約ヲ併呑スルモノトス之ニ因リテ假令手形ノ準備契約ナキトキト雖モ送金ノ目的等ニテ手形ヲ發行スル場合ニ於テハ其目的ハ送金ノ準備契約トハ全ク異リタルモノナレトモ成立契約ナルモノハ當然其效力ヲ生スルモノナリ

斯ノ如ク要書的契約ハ諸成契約ニ比シテハ頗ル進歩シタル學說ニシテ所謂新主義ナリ然レトモ手形ノ成立ハ果シテ一ノ契約ニ依ルモノナルカ卽チ雙方的行爲ナルカ假リニ此說ヲ可ナリトスルモ手形上ノ債務者ハ受者一人ニ對シテ義務ヲ負擔スルニ止マラス後者總員ニ對シテ義務ヲ負フモノナリ契約說ハ果シテ此關係ヲ說明シ得ルヤ古來契約說ヲ非ナリトスルニ三ケノ議論アリ左ニ其大要ヲ紹介セン

甲說

手形上ノ債務ハ原因ノ如何ヲ問ハス又其當事者ノ何人タルカヲ問ハス一方的行爲卽チ受者ノ債權ヲ取得スルノミニシテ債務ヲ負擔スルモノニ非ス受者ノ權利ハ授者ノ權利ト必スシモ其範圍ヲ同シクスルモノニ非ス受者ハ獨立シテ權利ヲ取得シ前者ノ無能力又ハ裏書ノ僞造等ハ所持人ノ權利ヲ害スルコトナシ要スル所手形上ノ債權債務ハ手形ト共ニ發生シ手形ト共ニ消滅スルモノニシテ是等ハ紙幣說ヨリ生スル結果ナリト云フモ不

可ナルコトナシ

乙説

手形上ノ法律關係ハ一ニ形式ニ依リテ定マルモノニシテ其意思及ヒ目的等ハ更ニ問フ處ニ非ス當事者ノ意思及ヒ目的ノ如キハ手形成立ノ遠因ニ過キス要スル所形式ノ具備セルトキニ手形カ成立スルモノニシテ其形式ハ一方ノ行爲ニ因リテ生スルモノナルニ因リ手形ノ成立ハ一方的行爲ニ基クモノト云ハサルヘカラス

丙説

手形上ノ債務者ハ一定ノ金額ヲ支拂フ可キ絶對的ノ約束ヲ爲セルモノナリ其原因關係或ハ資金關係等ハ問フ處ニ非ス手形契約ハ手形ノ授受ヲ爲スニ在リ受者ハ手形ニ關スル債務ヲ負擔スルモノニ非ス

以上ノ學説ハ輓近ニ於ケル最大新歩説ニ其大ナル影響ヲ與ヘタルモノナレハ其效ハ之ヲ沒スヘカラス而シテ輓近ニ於ケル最大進歩シタル手形ノ

一方的行爲説ノ大要ハ左ノ如キナリ

手形上ノ債權ノ成立スルハ其債權者及ヒ債務者タル當事者ノ合意ヲ必要トスルモノニ非ス手形上ノ債權關係ハ債務者カ其手形ニ署名行爲ヲ爲スニ因リテ成立スルモノナリ故ニ振出人ハ唯一ノ手形製造者ニシテ受者ノ行爲ヲ必要トスルモノニ非ス債權ハ專ラ債務者ノ意思表示ニ因リテ成立スルモノトス受者ハ所謂消極的ニ唯手形債權ヲ其所載文言ニ從ヒテ取得スルモノナリ故ニ手形ノ授受ノ如キハ手形ノ債權ヲ成立セシムルモノニ非ス唯其授受契約ノ履行タルノミナリト

此説ハ頗ル進歩シタル一方的行爲論ナリト雖モ未タ隔靴痛痒ノ感ナキニ非ス又他ノ説ノ如ク若シ手形ハ單ニ證明證券タル性質ヲ有スルニ止マルモノナリトスレハ其權利關係ハ證券ヲ離レテ存在スルモノナルニ因リ其權利關係ノ成立ハ契約ニ在リト云フハ至極穩當ノ議論ナリト雖モ手形ノ權利的證券ナルコトヲ觀念スルトキハ此説ハ採ルコトヲ得ス抑モ權利的

毛戸曰、議論精致

證券ハ權利カ其證券ト共ニ發生シ共ニ消滅スルモノニシテ授者カ方式ヲ具備シ之ニ署名行爲ヲ爲スニ至リテ完成シ其完成スルト同時ニ權利カ發生スルモノナリ而シテ權利カ證券ト共ニ發生ストハ其受者ノ定マレルトキニ之ヲ云フモノニシテ受者ノ定マラサル權利ノ發生スルモノニ非ス奈何トナレハ權利ノ主体ナケレハナリ其證券ノ作成行爲ハ授者ノ行爲ニ係リ其行爲ハ一方的ノモノニシテ他者ノ關係スルコトヲ得サルモノナリトス故ニ權利的證券ノ觀念ハ一方的行爲ト伴隨シテ二者離隔スルコトヲ得サル關係ヲ有セリ余輩ハ此故ヲ以テ手形ノ成立ハ作成者ノ一方的行爲ニ基クモノナルニ因リ其時期ハ署名行爲ヲ終了シタル時ニ在リト云ハント欲スル者ナリ此議論ハ新法ノ採用スル處ニシテ商法第四百三十五條ニ於テ手形ニ署名シタル者ハ云々責任ヲ負フト規定セルニ因リ署名行爲者ハ其意思ニ反シテ他人ノ手ニ渉リタルトキト雖モ其他人カ惡意又ハ重大ナル過失アルニ非サルトキハ其責任ヲ免ルヽコトヲ得ス之レ商法第四百四

十一條ニ規定セル處ニシテ該條ハ一面ニ於テ其責任ノ範圍ヲ定メ他面ニ於テハ其責任ノ基因ヲ確定シタルルモノト云ハサルヘカラサルナリ

第二　絶對的債務

手形債務ハ證券ヲ待チテ成立シ證券ノ消滅ト共ニ消滅スルモノニシテ其運命ハ一ニ證券ノ生死ニ關係スルモノナルコトハ前節ニ於テ詳論シタル處ナリ

手形成立ノ要素ハ手形債務成立ノ要素ニシテ手形債務成立ノ要素ハ手形成立ノ要素ナリ二者一躰ニシテ之ヲ個々分別スルトキハ手形ニ非ス手形債務ニ非サルナリ斯ノ如ク手形成立ノ要素ハ一方的行爲ニ在リテ其行爲カ方式ヲ具ヘ署名行爲ヲ濟了スルニ至リテ完成シ之ニ因リテ手形ハ成立シ手形法上ノ法律關係ハ此時ニ於テ發生スルモノニシテ其發生ニ付テハ其他ノ法律行爲ノ要素ヲ問フコトヲ要セス又タ其他ノ要素ナキモノナリ故ニ學者ハ手形ノ債務ヲ稱シテ不要因ノ債務ト云ヘリ然レトモ不要因ノ

岸本曰、一般ノ法律行爲ニ原因ノ究明ヲ要スルコトナキカ疑ナキ克ハス

語ハ一般ノ法律行爲ニ原因ヲ究明スルノ要アルカ如クニ聞ヘ手形ニ限リ其例外ナルヤノ感アラシムルヲ以テ穩當ナルモノニ非ス親友毛戸法學士カ嘗テ此種ノ債務ヲ絕對的債務ト稱ヘタルコトアリ不要因ノ語ニ勝ルコト万々ナルヲ以テ余輩ハ其稱呼ヲ承用セントス

手形債務ハ斯ノ如ク絕對的債務ナルヲ以テ是レカ權利ヲ主張セント欲スルモノハ方式的行爲ニ付テ證明スルコトヲ必要トスルアルモ一般ノ法律行爲ノ如ク意思及目的等ノ要素ハ之ヲ證明スルノ必要アラサルナリ蓋シ手形ナル書面ノ方式ニ依リテ債權ヲ創造シ之ヲ證明スルヲ以テ權利ノ存在ヲ證明スル他ノ手段ノ要ナケレハナリ

岸本曰、論理正確

手形ノ債務ハ絕對的債務ナレトモ此債務ハ約束手形ヲ除ク外手形ノ成立ト同時ニ發生スルモノニ非スシテ支拂ハ債務ハ引受ニ因リテ生シ擔保ノ債務ハ引受ノ拒絕又ハ之ニ原因シテ生シ又償還ノ債務ハ支拂ノ拒絕又ハ之ニ原因シテ生スルモノナリ之ヲ以テ手形ノ絕對的債務ハ手形ノ成立ニ

因リテ生スルモノニ非ス唯手形ノ成立ニ因リテ受者ニ其證券ニ基キ將來受クヘキ權利ヲ得セシムル處ノ利益ヲ與フルモノナリ此利益ハ即チ法律ノ保護シタルモノナルヲ以テ一種ノ權利ナリトス手形ノ授者ハ此權利ヲ害スヘカラサル義務ト將來生スルコトアルヘキ義務ニ付キ法律上ノ羈束ヲ受クルモノトス是等ノ義務ヲ稱シテ手形義務ト云フナリ然ルニ世ノ學者往々此法理ヲ辨セスシテ手形ノ成立ニ因リテ授者ハ直チニ債務ヲ負擔スルカ如ク説明スルハ誤ノ甚シキモノト云ハサルヘカラス

第三　證券的債務

余輩ハ前節ニ於テ手形ヲ定義シテ手形ハ權利的證券ナリト云ヘリ手形カ既ニ權利的證券ナリトスレハ其權利ハ即チ證券的權利ニシテ其債務ハ即チ證券的債務ナリ余輩ハ便宜ニ基キ債務ノ方面ヨリ之ヲ説明スヘシ學者或ハ手形ハ價格ノ負擔者ナル如ク説明スルコトアリ從ヒテ手形ハ商業界ニ於ケル紙幣ナリト論シ或ハ手形ヲ目シテ固有ノ權利主格ト爲シ手

形ノ所持人ヲ以テ其機關又ハ代表者ナリト説明セリ然レトモ是等ノ議論ノ採ルニ足ラサルハ深ク云フヲ待タサルトコロナリ手形債務ヲ證券的債務ナリト論スルモ手形其モノカ權利ノ主体タル如キ議論ハ之ニ依リテ生スルコトナシ手形ハ權利ヲ創設スルモノニアラス手形ヲ組織スル者カ方式ヲ具備シ署名行爲ヲ爲ス行爲カ債務關係ヲ發生スルモノニシテ是ニ因リ債務ハ發生シ他方ニ於テ權利カ創設セラレタルモノナリ其創設セラレタル權利カ手形ニ依リテ存在シ手形ニ依リテ證明セラルヽモノニシテ其存在ハ手形ノ歸屬者ノ爲メニ存在シ其證明ハ手形ノ歸屬者ノ爲メニ證明スルモノナリ手形ハ貨幣ニ代ハリテ貿易ノ效果ヲ奏スルモ紙幣トハ自ラ其性質ヲ異ニス

世ニ商業證券ヲ指シテ有價證券ト唱フルコトアルニ因リ商業證券ノ一タル手形ハ有價證券ニシテ價格ノ負擔者ナリト論スル者アルハ強チ不當ナリト云フニハ非サレトモ法律家ノ眼識ヲ以テスルトキハ證券其物カ價格

岸本曰、著者ノ論スル處正鵠ヲ得タリ

ヲ有スルモノナリト論スルコトヲ許サス商業證券ハ貨幣又ハ其他ノ財産ノ定額ヲ表示スル處ノ物件ナリ價格ハ貨物ニ在リ手形ハ貨幣ノ代用ヲ爲スモノニシテ貨物ノ價格ヲ表示スルノ具タルニ過キス手形其物ハ權利ノ存在ヲ證明スルニ在リ手形ヲ讓受クル者ハ權利ヲ讓受クル者ナリ權利ノ主体ハ人格者ニ在リ手形ニ權利ノ存在スルコトナシ其權利ハ手形ノ表示セル一定ノ金額ノ支拂ヲ受クルニ在リテ手形ハ此支拂ヲ爲スヘキコトヲ證明スルニ在リ此權利ハ手形ニ依リテ存在スルモノナリ手形ニ賣買價格アリト云フハ此權利ノ賣買價格ヲ指シテ之ヲ云フモノニ外ナラス斯ノ如ク手形ハ勿論其他ノ商業證券ハ價格ヲ代表スルモノナレトモ價格ノ主体若クハ價格ノ負擔者ナリト云フハ大ナル誤謬ニシテ世ニ是ヲ有價證券ト云フカ如キハ法律學上經濟學上何等ノ意味ナキ名稱ト云ハサルヘカラサルナリ依此觀是手形ハ價格ノ負擔者ナリト云フ議論ハ少シモ價値ナキモノナルコトヲ知ルニ足レリ

岸本曰、證券的債務ハ其性質トシテ第三者ニ對シ始メテ效果ヲ生スルモノニハ非スヤ

上來說述セシ處ニ付キテ之ヲ要言スレハ證券的ノ債權債務ト云フモノハ其書面記載ノ文言ニ依リテ決セラル、處ノモノヲ云フニ在リ商法第四百三十五條ハ一面ニ於テ署名者ノ責任ノ廣袤ヲ定ムト雖モ他面ニ於テハ手形債務ハ證券的債務ナルコトヲ言明セリ或學者ハ證券的債務ノ效果ハ直接ノ當事者間ニ於テ生スルモノニ非スシテ債務者カ善意ノ第三者ニ對スル關係ニ於テ書面記載ノ文言カ手形關係ヲ決定スルニ在リト云ヘリ余輩ハ此說ハ或ハ其言ハント欲スル所ヲ言明シ得サルニ非サルナキカヲ思フ者ナリ若シ夫レ此說ノ如ク證券的債務ノ效果ハ直接ノ當事者間ニ於テ生スルモノニ非ストセハ商法第四百三十五條ハ單ニ第三者ニ對スル處ノ規定ナリト云ハサル可ラスシテ當事者間ニ於テハ手形ハ手形トシテ效果ヲ生スルモノニ非スト云ハサル可ラサルニ至ラン此ニ於テ或學者ハ曰ハク當事者間ニ於テ手形ノ手形トシテ效果ヲ生スル所以ハ其債權債務カ絕對的ノモノナルニ因ルナリト余輩ハ此說明ニ依リテ未タ滿足スル者ニ非ス

岸本評論二个ノ振出人二个ノ保證人ニ付テモ尚獨立論ヲ主張スルコトヲ得ルカ

此説ニ依ルモ證券的效果ハ當事者間ニ於テ生スルモノニ非ラサルヲ以テ書面記載ノ文言カ手形關係ヲ決スルコトナキニ因リ絶對的債務ノ性質ハ遂ニ之ヲ説明スルコトヲ得サルニ至ルヲ如何ニセン余輩ノ考ヲ以テスルトキハ證券的債務ノ效果ハ絶對的ノモノナルヲ以テ直接ノ當事者間ニモ亦タ第三者ニ對シテモ發生シ書面記載ノ文言カ手形關係ヲ決定シ手形文言以外ノ事由ヲ以テ之ヲ決定スルコトヲ許サス從ヒテ其手形債務ハ絶對的ノ性質ヲ有スルニ至ルナリ斯クノ如ク説明スルトキハ此二者ノ區別ヲ當事者間ニ對スルモノト第三者ニ對スルモノトニ定ムルコトヲ要セス此二者ノ關係ヲ原因結果ノ相關聯シタル二个ノ者ニ區別スルコトヲ得ヘキナリ

斯ノ如ク手形債務ハ證券的債務ニシテ且ツ絶對的債務ナルニ因リ從ヒテ其債務者ノ地位ハ各獨立ノモノニシテ相互ノ關係ヲ存スルコトナシ即チ各債務者ノ債務ハ各獨立シテ存在シ各獨立シテ其效力ヲ有ス蓋シ各債務

歐洲評豈特リ手形ノミ然ランヤ

者ノ行爲ハ一方的ノモノニシテ各債務者間ニ何等ノ聯絡ヲ通スルコトナク各行爲其モノニ因リテ債務ヲ負擔スルモノナレハナリ故ニ各個ノ行爲ニ付キ無效其他取消スヘキ事由ノ存在スルモノアリトスルモ他ノ健全ナル行爲ハ各獨立ノモノナルニ因リ爲メニ何等ノ影響ヲ受クルコトナク手形ハ其健全ナル行爲者ノ爲メニ全然效力ヲ有スルモノナリ從ヒテ健全ナル手形ノ取得ハ手形ノ正當ナル歸屬ニシテ手形權利ノ移轉スルモノナリ民法ニハ盜品又ハ遺失品ナルトキハ盜難又ハ遺失ノ時ヨリ二年間取戾ヲ受クヘキモノトスルニ因リ無記名ノ手形ナルトキハ民法ノ規定ニ從ヒテ二ケ年間ハ返還ノ請求ヲ受クルコトアルカ如キモ商法第四百四十一條ハ手形ノ健全ナル行爲ニハ該規定ノ效果ヲ及ホサヽルモノトシテ手形ノ證券的性質ヲ明ニセリ又債務者カ手形ノ債務ヲ履行シタル後ト雖モ書面記載ノ文言ニ依リ又ハ其他ノ法律上ノ手續ヲ以テ手形ノ効力ヲ消滅セシムルニ非ラサレハ手形ハ消滅セサルモノナルニ因リ之ト運命ヲ與ニスル債

毛戸曰、區別ノ要那邊ニ在ル

務モ亦消滅スルコトナク之ヲ取得シタル者カ其行爲ノ健全ナルニ於テハ債務者ハ其債務ヲ免ル、コトヲ得サルナリ

第四　各債務者ノ躰樣

余輩ハ以下手形債務ニ付キ手形上ノ各債務者ノ体樣ヲ要言スヘシ手形ノ振出人ハ其振出行爲ニ因リ其受取人ニ對シテ手形上ノ義務ヲ負擔スルノミナラス其後者總員ニ對シテ手形上ノ義務ヲ負擔スルモノナリ手形ノ裏書人ハ其裏書ナル行爲ニ因リ被裏書人及ヒ其後者ニ對シテ振出人ト同一ノ義務ヲ負擔ス是レ余輩ハ先ニ裏書人ノ地位ハ振出人ト同一ナリト一言シタル所以ナリ引受人ハ其引受行爲ニ因リテ手形上ノ債務ヲ負擔ス其債務ハ支拂ヲ爲スニ在リ手形義務ハ手形權利者ニ對シテ負擔スルハ勿論ナレトモ手形義務ハ手形書面ト其運命ヲ共ニスルモノナルヲ以テ結局手形ノ歸屬者ニ對シテ履行スルモノナリ此ニ於テ説ヲ異ニスル者アリ曰ハク手形義務者ノ債務ハ手形ノ歸屬者ニ對シテ負擔スルノミナラス凡ヘテノ

當事者ニ對シテ此債務ヲ負擔スルモノナリト余輩ハ此說ニ服スルコトヲ得ス宜シク之ヲ區別シテ論セサルヘカラス單ニ手形上ノ義務ト云フトキハ凡テノ當事者ニ對シテ之ヲ負擔スルモノナリト云フハ誤リニ非サルモ既ニ手形上ノ債務ト爲リタルトキハ手形ノ歸屬者ニ對シテ負擔スルモノナリト云ハサルヘカラス蓋シ擔保請求權償還請求權及ヒ支拂請求權ハ手形ノ歸屬者即チ手形ノ所持人ノ有スル權利ニシテ所持人ニ非サレハ之ヲ行使スルコトヲ得サレハナリ

手形ノ債務者カ債權者ニ對シテ有スル抗辯ハ手形法ニ規定シタル事由ニ限ルモノトセサル可ラス權利的證券ハ其債權ヲ成立セシムルモノニシテ其效力ハ其書面記載ノ文言ニ依リテ決セラル丶モノナルニ因リ手形債務者ノ有スル對抗力ハ其書面ノ文言ニ依ルヘキヲ至當トス然レトモ惡意其他ノ事由ヲ有スル者カ其文言ニ基キ請求ヲ爲ストキハ不當タルコトアルヲ以テ手形法ニ他ノ規定ヲ設ケテ之カ抗辯權ヲ債務者ニ附與セリ故ニ手

形抗辯權ナルモノハ手形法ヲ外ニシテハ存在スルコトナシ商法第四百四十條ハ此趣旨ヲ明ニスルト同時ニ手形抗辯權以外ノ對抗力ヲ規定セリ此手形抗辯權以外ノ對抗力ヲ規定シタルハ手形抗辯權ノ例外ナリト論スル學者アレトモ余輩ハ之ヲ以テ例外ト見ス該條ハ手形抗辯權ヲ制限シタルモノニシテ手形ノ請求ニ關係ナキ事由ニ因リ抗辯シ得ル權利ヲ認メサルカノ感アルヲ以テ其反對ノ趣旨ヲ明カニスル爲メ之ヲ規定シタルモノト解セント欲ス債務者カ直接ニ對抗シ得ル事由ハ手形請求ニ關スルコトナキヲ以テ手形抗辯ト云フコトヲ得ス手形抗辯ニ就テハ手形法ニ規定シタルモノニ限ルト云ハサル可カラサルナリ

第五　手形ノ交通力

手形ハ權利的證券ナルヲ以テ商業界ニ於テハ支拂ノ方便ニ供セラレ或ハ信用ノ材料ニ使用セラルヽ之ヲ以テ古來學者ハ手形ト商業ノ關係ヲ説明シテ恰カモ血液ノ人身ニ於ケルカ如シト云ヘルハ誠ニ好比喩ナリト云フ可

シ手形ノ經濟社會ニ於ケル其效果ハ實ニ夥シキモノアリ

（一）貨幣代用

貨幣ハ價格ヲ積算シ之ヲ表式ス故ニ貨幣ハ支拂ノ物件ト爲ルナリ手形ハ價格ノ負擔者ニ非ス貨幣ノ表式スル處ノ價格ヲ貨幣ニ代ハリテ之ヲ表式スルモノナルニ因リ支拂ノ方便ニ供セラレ又タ手形ノ取引ニ依リテ商業界ノ信用ヲ維持セラルルモノナルヲ以テ貨幣ヲ使用セスシテ貨物ノ運轉ヲ爲スコトヲ得ルニ至ルモノナリ是等ノ事實ハ貨幣ノ代用ヲ爲ス結果ナリト云ハサル可ラス之ヲ要言スルトキハ左ノ如キ結果ヲ生ス

歐洲曰ク手形ノ效益ヲ說キ得テ妙

曰ハク手形ハ貨幣ノ交換ヲ省略シ從ヒテ貨幣ノ輸送ヲ省キ其價額ノ移送ヲシテ自在ナラシメ是等ノ費用及ヒ危險ヲ全免スルコトヲ得若シ夫レ手形ニシテ盜奪又ハ紛失等ノ難ニ罹ルコト在ルトセンカ公示催告等ノ手續ニ依リテ救濟スルコトヲ得ルノ途アルナリ

斯ノ如ク手形ハ貨幣ノ代用ヲ爲スモノナルニ因リ貨幣ハ之ヲ他ニ利用シ

テ其本質ノ適當ナル利益ヲ得ヘク從ヒテ借金等ノ手段ニ依ルコトナク資力以外ニ幾多ノ取引ヲ爲スコトヲ得ヘシ只タ無謀ナル者ハ手形ヲ濫用シテ經濟社會ヲ擾亂スルコトアルモ嚴正ナル手形法及ヒ破産法ハ之カ取締ヲ制定セリ

（二）臨機ノ運用

手形ハ融通ノ性質ヲ有スルモノナルニ因リ時期ヲ擇ハス何時ニテモ隨意ニ其手形ヲ利用スルコトヲ得ルモノナリ故ニ支拂ノ方便ニ充ツル爲メ或ハ信用ノ材料ニ供セン爲メニ其必要ニ應シテ之ヲ裏書移轉スルコトヲ得ヘシ然レトモ其必要ニ應シテ之ヲ運用セント欲スルモ往々ニシテ其機ヲ得ス或ハ之ヲ分割スルニ非サレハ運用スルコトヲ得サル場合アルヘシ斯ノ如キ場合ニ於テハ其滿期日ノ到來ヲ待ツノ外ナキモノナリヤト云フニ經濟社會ハ斯ノ如ク窮窟ナルモノニハ非サルナリ勿論手形ハ之ヲ分割スルコトヲ得サルモ是等ノ場合ニ於テハ手形ノ所持人ハ其支拂地ニ於ケル

銀行ニ之カ割引ヲ求ムルコトヲ得或ハ銀行ニ裏書シテ銀行ニ對スル信用ノ增大ヲ計ルコトヲ得ルナリ斯ノ如ク手形ニシテ割引銀行ノ手ニ容レシトキハ同盟銀行ハ相互ノ債權債務ヲ相殺シ以テ手形ノ交換ヲ爲スナリ

(三)　世界的交通力

余輩ハ手形ハ貨幣ノ代用ヲ爲スモノナリト說明セリ然レトモ貨幣ハ各國ニ於テ鑄造シ其交通區域ハ亦其邦域ニ區劃セラルヽニ因リ其交通力ヲ制限セラルヽモノトス然レトモ手形ハ國土ノ區域ニ依リテ其交通力ヲ妨害セラルヽコトナキヲ以テ余輩ノ先キニ說明シタル貨幣代用ノ效力ハ世界ノ貨幣ヲ代用スルモノト誤諒スル者ナキヲ保セス又往々斯ノ如キ說明ヲ爲ス者ナキニ非ス然レトモ是レ誤リニシテ手形ノ貨幣ヲ代用スルハ手形ノ振出裏書又ハ支拂等ノ場所ノ異ナルニ依リテ其鑄造國ヲ同シクセサルコトアリ其行爲ノ異ナルニ因リ代用貨幣ヲ異ニス手形ハ其種類ノ異ナル世界ノ貨幣ヲ代用スルモノニシテ例ヘハ日本ニ於テ振出シタルトキハ日

本ノ貨幣ヲ代用スルコト多カルヘク而シテ英國ニ於テ支拂フトキハ英國ノ貨幣ヲ使用スルモノナリ之ヲ要スルニ手形ノ交通ハ邦域ニ依リテ制限セラルヽコトナク世界那ノ邊ニ於テモ行ハレルモノナルヲ以テ手形ハ世界的交通力ヲ有スルモノナリト云ハサル可ラス

第三章　手形ノ發達

手形ノ發達ニ付テハ種々ナル異說アリテ何レモ信據ヲ措クニ足ルヘキモノナシ蓋シ手形ニ關シテハ文碑ノ以テ傳フヘキモノナケレハナリ故ニ各人各想其思ヒ付キタル所ヲ喋々スルノミ今其異說ノ一二ヲ揭ケテ之ヲ評論スヘシ

或說ニ曰ハク歐洲ニ於ケル手形ノ發達ハ最初貨幣交換ノ便具トシ兩替商人間ニ行ハレ其後支拂ノ使用ニ供セラレ遂ニ信用ノ方便ト爲ルニ至リタリト此說ハ冠履轉倒セルモノニシテ手形ノ流通ハ信用ヲ基礎トシ信用ヲ離レテ運用スルモノニ非ス斯ノ如キ說ハ手形ノ觀念ニ隨伴スルコトヲ得

岸本評論 權利義務ノ觀念カ貨幣ノ發明ニ因リテ發生スト云フハ獨斷ノ誹ヲ免カレサルヘシ

スト云ハサルヘカラサルナリ

又或說ニ曰ハク手形ノ基因ハ猶太人カ佛蘭西ヨリ追放サレタル後其鄕里ニ遺シタル財產ヲ引キ取ランド欲シテ旅人若クハ通信人ニ密書ヲ與ヘタルニ在リト此說ハ英佛ノ學者間ニ行ハレ獨逸學者ノ顧ミサル所ナリ余輩モ獨逸學者ニ左袒シテ此說ヲ採用セス蓋シ手形ハ自然經濟時代ニ於テ行ハレタルモノニ非サレハナリ抑モ自然經濟時代ニ於テハ商業ノ發達ナク殊ニ手形ハ交換時代ニ於テ其必要ヲ見ス賣買時代ニ於テ此必要ヲ生スルモノナリ其交換時代ヨリ賣買時代ニ進ムニハ貨幣ノ必要アリ貨幣ノ發明アリテヨリ權利義務ノ觀念ヲ伴隨シ權利關係ノ觀念カ發達シテ手形ノ必要ヲ生スルモノナリ手形ハ其必要ノ方面ヨリ一定ノ方針ニ向ツテ使用サレタルモノニ非ス伊太利ニ於テハ主トシテ貨幣交換ノ用ニ供セラレ佛國ニ於テハ主トシテ支拂ノ用ニ充テラレ又タ獨逸ニ於テハ專ラ信用ノ具トシテ用ヒラレタリ

手形ハ第十二世紀及ヒ第十三世紀ノ頃伊太利ノ市場ニ於テ萠芽ヲ出シタルハ近世學者ノ認ムル所ナリ蓋シ伊太利ハ當時世界ニ於ケル商業ノ中樞ニ當リタルニ因リ商業界ニ於ケル必要ハ此手形ノ發生ヲ感シタレハナリ其市場ニ於テハ兩替人カ露店ヲ設ケ其店頭ニ種々ノ貨幣ヲ陳列シ商人ノ需求ニ應シテ貨幣ヲ交換シ許多ノ利益ヲ占ム此ニ於テ兩替商人陸續現出スルヲ見ルニ至リタリ當時商業ノ頻繁ニ從ヒテ其需要ニ應スル爲メ貨幣ヲ鑄造シ各地ノ諸侯ハ數多ノ貨幣鑄造所ヲ設置シ從ヒテ貨幣ノ改鑄頗ル多キニ至リ遂ニ其貨幣カ各市ニ於テ流通ヲ制限セラルヽニ因リ商人ノ不便ハ云フハカリナク殆ント貨幣ノ交換ハ爲シ得サリキ

伊太利ノ商人カ漸次其營業ノ範圍ヲ擴メテ或ハ各商業地ニ移住スルカ又ハ支店ヲ設置スルニ方リテハ他所ニ於ケル流通貨幣ノ授受ヲ爲スノ必要ヲ感スルコト益大ナリ然レトモ純然タル貨幣ノ交換ハ到底其用ヲ爲サヽリシ此ニ於テ爲替ノ必要ヲ感シタルナリ

歐洲曰ク理論ヲ以テ事實ヲ推定スルハ歷史ヲ示シテ其因由ヲ教フルニ如カス

要スル所手形ノ發達ハ自然經濟ノ時代殊ニ交換時代ニ於テ見ルコトナク賣買時代ニ於テ支拂ノ目的ノ爲メ其要具ト爲リタルモノナリ其支拂ノ目的ニ充ツルニハ信用ノ發達シタルコトヲ要ス之ヲ換言スレハ經濟社會ニ於ケル信用ハ手形ノ交通力ヲ維持スルモノナリ故ニ經濟社會ニ於ケル信用ノ發達セサル時代ニ於テハ手形ハ發達スルコトナキモノタルコトヲ知ラサルヘカラサルナリ

手形ノ發達ハ上來說述セシ所ノ如ク經濟上ノ理勢ニ從フモノニシテ洋ノ東西ヲ區別スルコトナシ歐洲ニ在リテハ伊太利ニ於テ之カ發芽ヲ爲シタルモノトセリ我國ニ在リテハ何レノ時代ニ於テ手形ヲ發生セシカハ文献ノ以テ見ルニ足ルヘキモノ、存セサレトモ大阪兩替商ノ始祖タル天王寺屋五兵衛ナル者カ青砥藤綱ノ鎌倉奉行タリシ時ノ故智ニ倣ヒ始メテ大阪ニ於テ之ヲ行ヒタリトノコト口碑ニ傳ハル其後大阪奉行石丸石見守定次ナル者アリテ市政ニ意ヲ止メ始メテ十人兩替商ヲ置キ經濟社會ノ金融ヲ開通シ且ツ大ニ手形ノ流通ヲ盛ニシ遂ニ爲替交換所ノ如キモノヽ在ルヲ見ルニ至リタリ又六十日目送金手形ナルモノハ三貨圖彙ニ依レハ既ニ元錄年間ニ濫觴セシモノヽ如シ之ヲ要スルニ我國ノ手形ハ既ニ二百年前ニ在リテ大阪ニ於テ發生セシモノタルヤ毫モ疑ヒナキ所ニシテ這ハ往年大藏省銀行局第五次報告ニ依リテ明カナルニ至リタルナリ

第四章　手形ノ準備行爲

手形ハ一方的行爲ニシテ雙方的行爲即契約關係ノモノニ非ス手形ノ效力ハ其要式ヲ具備シ署名行爲ヲ爲シタルニ因リテ生シ其債務カ絕對的ノモノナルコトハ屢々敍述シタル所ニシテ手形法ハ手形ニ關スル契約ノ存在ヲ認メス從ヒテ手形豫約ナル法律行爲ヲ認ムルコトナシ故ニ本章說明セントスル所ハ手形ノ關係ニ非サルモノナリト雖モ手形關係ノ成立ニ關スル準備行爲ハ其間接ノ關係ヲ有スルモノナルヲ以テ茲ニ之ヲ說明セントス其業タルヤ強チ無益ノコトニ非サルヘシ

岸本評論直接ニ對抗シ得ヘキ事由ノ存スルトキト雖モ尚特立ノ關係ヲ爲スモノナリト云フコトヲ得ルカ

余輩ハ曩ニ手形ノ契約説ヲ駁スルニ當リテ準備契約ナルモノヲ紹介セリ其準備契約ナルモノハ手形ニ直接ノ關係ヲ有スルモノニ非サレトモ其成立ヲ助成スルモノナルヲ以テ手形ノ準備ヲ爲スモノナリト云ハサル可カラス其準備行爲ハ或ハ振出ニ關シテ存在スルコトアリ或ハ裏書、引受又ハ保證ニ關シテ存在スルコトアリテ手形ノ事項、手形ノ要件カ之カ爲メニ確定スルモノナリ故ニ資金關係手形金額ノ支拂地手形ノ種類滿期日手形金額及ヒ對價等ハ此準備行爲ニ因リテ定マルモノトス

斯ノ如ク準備行爲ハ手形上ノ關係ヲ爲スモノニ非サルヲ以テ手形ト特立ノ關係ヲ爲シ從ヒテ其法律支配ノ關係モ亦特立ノモノト爲ルナリ然ルニ手形ノ要式的行爲ヲ要式的契約ト誤想シ手形ノ準備行爲タル契約ハ方式ヲ具備スルニ非サレハ完成スルコトナク法律上未タ何等ノ效力ヲ生スルモノニ非スト論スル者アリキ是等ノ論者ハ要式的法律行爲ヲ以テ一方的ノモノト雙方的ノモノトヲ混同シテ其一方的要式行爲カ準備行爲ト毫モ

岸本評論　本論ハ世論ノ喧シキ燒點ナリ著者ハ獨得ノ論法ヲ以テ之ヲ快斷セリ

關係ヲ存スルコトナク從ヒテ法律支配ノ關係ヲ異ニシ又其雙方的要式行爲カ準備行爲ト爲ルコトナク二個ノ表意者カ方式ヲ具備スルニ因リテ其契約ヲ完成シ其法律支配ノ關係ハ終始一個ノモノト爲ラサルヘカラサルコトヲ悟ラサル者ナリ

此法理ハ啻ニ手形ニノミ通スルモノニ非ス一般ノ一方的行爲ニ適用スルコトヲ得ルモノニシテ余輩ハ嘗テ明治法學ノ紙上ニ於テ此法理ニ依リ協議ノ離婚ヲ論シタルコトアリタリ凡テノ一方的要式行爲ノ效力ハ其準備行爲ノ效力ト特立ノモノニシテ準備行爲ノ效力ハ其一方的要式行爲ノ完成ヲ求ムルコトヲ得ルニ在リ此效力ハ準備行爲ノ目的中ニ包含シ又其準備行爲ノ準備行爲タル所以ナリ此二個ノ效力ノ特立セル所ノ性質ハ其一方的要式行爲ノ完成ヲ求ムル效力ノ爲メニ變スルモノニ非ス又予盾スルコトアルナシ

第五章　手形ノ組織

第一節　手形能力

凡ソ能力ノコトニ就テハ民法總則ニ於テ之ヲ規定シ無能力者ノ行爲ハ之ヲ取消スコトヲ得ルモノトシ其之ヲ取消シタルトキハ其行爲ハ最初ヨリ無效ノモノト爲セリ而シテ商法ニ於テハ一般ノ無能力者タル未成年者及ヒ妻タル者カ營業ノ許可ヲ得タルトキハ其營業ニ就テハ之ヲ有能力者ト爲シタリ民法及ヒ商法ニ於テ營業上ノ有能力者タル資格ヲ有スル者ハ手形ニ就テモ亦其能力ヲ有スルモノナリ

右ニ述ヘタル所ハ一般ノ能力者ニ關スルモノナレトモ彼ノ代理人ノ如キハ往々ニシテ手形ニ關スル權限ヲ有セサルコトアリ如斯代理人ハ一般ノ能力ヲ有スルモノニ非サルヲ以テ特別ノ能力者ト云ハサルヘカラス

商事ニ就テ一般ノ無能力者ト特別ノ無能力者アルコトハ以上ノ説明ニ因リテ明カナルヘシ是等ノ無能力者ハ手形ニ就テモ亦無能力者ト云ハサルヘカラス無能力者ノ行爲ハ民法ノ原則ニ依リテハ之ヲ取消シ得ヘキモノ

毛戸曰ク
説明明晰

ニシテ之ヲ取消シタルトキハ前ニ述ヘタル如ク最初ヨリ其行爲ハ無效ノモノト爲ルヲ以テ此者ト法律行爲ヲ爲シタル者及ヒ第三者ノ行爲モ順次無効ノモノト爲ラサル可ラス然ラハ此原則ハ手形ヲ支配スルコトヲ得ヘキカ之ヲ換言スレハ手形ノ世界的性質及ヒ交通力ハ民法ノ原則ニ依リテ害サルヽコトナキカ否手形法ハ此原則ノ例外ヲ規定セリ此例外ハ手形能力ヲ定メタルモノニハ非サルナリ

或學者曰ハク無能力者カ手形ニ署名行爲ヲ爲シタルトキハ後日能力者ト爲リテ之ヲ追認スルモ其義務ヲ生スルコトナシト此論者ハ手形法カ取消ノ結果ニ付テ例外ヲ設ケタル規定ヲ以テ直チニ能力問題ニ付テノ規定ト誤想シタル爲メ此ノ如キ議論ヲ試ミタルモノニシテ採ルニ足ラサルナリ」

余輩カ本節ニ於テ手形能力ヲ説明スルハ能力ノ例外ヲ喋々セントスルニ非スシテ取消ヨリ生スル結果ノ例外ヲ明カニセンカ爲メナリ即チ一般又ハ特別ノ無能力者カ手形ヲ振出シ裏書ヲ爲シ或ハ保證ヲ爲スコトアリテ

手形上ノ債務ヲ負擔スルコトアリト雖モ其行爲ハ民法ノ規定ニ依リ之ヲ取消スコトヲ得ルモノニシテ之ヲ取消シタルトキハ民法ノ原則ニ依リテ其行爲ハ最初ヨリ無効ノモノト爲ルニ因リ其手形爾後ノ行爲ハ凡テ無効ノモノト爲ラサルヘカラサルモノナレトモ然ルトキハ手形ノ世界的性質及ヒ手形ノ交通力ハ害セラレ經濟社會ニ攪亂ヲ惹キ起スヘキ虞アルヲ以テ手形法ハ此原則ノ例外ヲ設ケテ假令無能力者カ之ヲ取消スコトアルモ他ノ者ノ行爲ニ其影響ヲ及ホスコトナク他ノ者ノ權利義務ハ手形上ノ權利義務トシテ有効ニ存在スルニ支障ナキモノトセリ是レ一ニ手形債務ノ獨立的性質ヲ有スルヲ以テ署名行爲其モノニ因リ責任ヲ負フト云フ原則ニ從フモノトス然レトモ其取消シタル無能力者ノ行爲ハ最初ヨリ存在セサルモノト爲ルヲ以テ若シ無能力者ノ行爲カ裏書ナルトキハ第四百六十四條ニ所言手形裏書ノ連續ヲ缺クヲ以テ該條ニ考照スルトキハ其手形ハ全然効力ヲ消失セルモノト云ハサルヘカラスシテ第四百三十八條ハ該條

ト兩立セサルカノ疑ヲ存セシム此兩條ノ調和ハ之ヲ如何ニシテ結了セシムルコトヲ得ルカ余輩ハ之ヲ裏書ノ章下ニ於テ説明セン

第二節　署名行爲

手形ハ權利的證券ニシテ其義務ハ證券的義務ナリ手形義務者ノ手形上ノ義務ヲ負擔スルハ契約ニ非ス事務管理ニ非ス不當利得ニ非ス又不法行爲ニ因ルニ非スシテ其手形ニ署名又ハ記名捺印ヲ爲シタルカ爲メナリ手形ニ署名又ハ記名捺印ヲ爲ストキハ即チ證券的債務ヲ負擔スルニ至ルモノトス

署名問題ニ付テハ新法典發布以來學者及ヒ實際家ノ間ニ議論嘖々トシテ決スルコトナク余輩ハ署名ハ自書ナルト他書ナルトヲ問ハス苟モ手形人員ノ權利内ノ行爲ニ屬スルトキハ之ヲ有效ノモノナリト論シタリシカ其後第十四議會ニ於テ商法ニ於ケル署名ニ關スル法案ヲ議定シ署名ニ代フルニ記名捺印ヲ以テスルコトヲ得ト定メラレタリ然レトモ其署名行爲ニ

關スル法律ハ遡及ノ效力ヲ有スルモノニ非サルト同時ニ舊法典及ヒ新法典ノ下ニ於テ解ケサリシ處ノ署名問題ハ茲ニ消滅スルニ至リタリ(以下便宜ノ爲メ署名又ハ記名捺印ヲ爲シタル者ヲ單ニ署名者ト呼ヒ是等ノ行爲ヲ署名行爲ト呼フ)

署名行爲ニシテ其者ノ責任ニ歸スルトキハ其責任ノ範圍基本ハ其署名行爲ヲ爲シタル其手形ノ文言ニ從フヘキモノトス是レ手形ハ權利的證券ニシテ其義務ハ證券的義務ナルカ爲メナリ故ニ其署名者ハ其手形ノ文言以外ニ於テ有シ又ハ負擔スル處ノ權利又ハ義務ノ幅員ヲ異ニスルコトアリトスルモ是等ハ手形關係ニ非ス手形以外ニ於ケル債務關係ナルヲ以テ其當事者間ニ於テハ第四百四十條但書ニ依リ直接ニ對抗シ得ルモ其第三者ニ對シテハ之ヲ主張スルコトヲ得ス其手形ノ文言ニ指示スル處ノ義務ヲ全クセサルヘカラス茲ニ於テ一問題ヲ生ス署名者カ其文言ニ從ヒテ義務ヲ負フハ署名行爲當時ノ文言ニ從フヘキヤ將タ署名行爲以後ノ文言ニモ

從ハサルヘカラサルカ其前ノ意義ニ從フヘキモノトスルトキハ其後者ノ爲シタル行爲ニ付テハ義務ヲ負擔スルコトナク若シ其後ノ意義ニ從フヘキモノトスルトキハ其後者ノ爲シタル行爲ニ付テモ手形文言トシテ指示スル處ノ義務ヲ免ルヽコトヲ得サルヘシ余輩ノ考ヲ以テスルトキハ署名者ハ署名當時ノ手形文言ニ限リ手形上ノ義務ヲ負擔スヘキカ如シ蓋シ署名行爲ヲ爲シタル後ニ其手形ニ文言ヲ記入スルコトアルモ其文言ハ後者ノ行爲ニ係リ署名者ノ行爲ニ非サレハナリ然ラハ署名者ノ義務ハ署名行爲ノ當時ニ於ケル書面全文ニ及フヘキモノナルカト云フニ必スシモ然リト答フルコトヲ得ス蓋シ手形ニ署名行爲ヲ爲シタル者ハ其署名行爲ニ基キ其手形ノ文言ニ從ヒテ手形上ノ義務ヲ負擔スルモノナレハナリ之ヲ以テ振出人ハ其署名行爲ニ基キ手形組織ノ文言ニ從ヒテ手形上ノ義務ヲ負擔シ裏書人及ヒ引受人等ハ裏書又ハ引受ヲ組織スル處ノ文言ニ從ヒテ手形上ノ義務ヲ負擔スルモノト爲ルナリ

前二問ニ對シテ異論ヲ試ムル者ノ說ニ曰ハク手形義務ハ獨立的義務ノモノニシテ他者ノ行爲ニ付テ義務ヲ負擔スルモノニ非スト余輩ハ妄ニ此說ヲ排斥スルモノニ非ス然レトモ手形上ノ義務ハ手形ト運命ヲ共ニスルモノニシテ其文言カ手形義務ヲ表示スルモノナリ故ニ手形ニ署名行爲ヲ爲シタル者ハ其文言カ有效ニ表示スル處ノ義務ヲ負擔スルモノニシテ其負擔ノ原因ハ署名行爲ニ在リ署名行爲カ一方的ノモノナルヲ以テ他者ニ關聯スル處ナシ之ヲ以テ獨立ノ義務ト云フモ其負擔スル處ノ義務ハ手形不可分ナル文言ニ就テ之ヲ負擔スルモノニ外ナラサルナリ

上來說述スルカ如ク手形ニ署名行爲ヲ爲シタル者ハ其署名行爲ニ因リテ手形義務ヲ負擔スルモノナリ然ラハ如何ナル手形ニ就テモ其署名行爲ヲ爲シタル者ハ之カ義務ヲ負擔セサルヘカラサルカ之ヲ換言スレハ僞造又ハ變造ニ罹ル手形ニ署名行爲ヲ爲ストキハ其署名者ハ手形上ノ義務ヲ負擔スルニ至ルモノナルカ余輩ハ此問題ヲ決スルニ先チ聊カ僞造變造ノ意

義ヲ明カニセサルヘカラス抑モ偽造トハ權利ナクシテ他人ノ名義ヲ以テ其者ニ義務ノ歸着スヘキ文書ヲ作製スルモノニシテ之ヲ要言スルトキハ記錄者ノ資格ヲ詐ハルモノト爲ルナリ而シテ變造トハ眞正ニ成立セル既存文書ノ效力ノ一部分ヲ增減變換スルモノニシテ之ヲ要言スルトキハ既存文書ノ證據力ノ一部分ヲ害スルモノト爲ルナリ偽造變造ニ關スル一般ノ意義ハ上述セシ處ノ如シト雖モ署名ヲ自書主義ニ制限スルトキハ偽造ノ意義ニ變更ヲ生シテ權限内ニ於ケル文書ノ作製ト雖モ其署名カ自書ナラサルトキハ其文書ハ偽造ニ出テタルモノト爲ルナリ余輩ハ自書主義說ヲ排斥スル者ナレトモ今ヤ補充法ノ制定セラルヽニ至リタルヲ以テ特種ノ意義ニ於ケル偽造ナルモノヽ生スルコトナキニ至リタリト云ハサルヘカラス

偽造又ハ變造ノ手形ハ手形トシテ有效ナルコトヲ得ルカ各國ノ法制ハ其主義ヲ一定スルコトナシ我舊商法ノ如キハ手形トシテ之ヲ有效ナリトセ

リ法理ニ依リテ之ヲ論スルトキハ一般ノ原則ニ反スルモノニシテ之ヲ有效ナリトスルノ理由アルコトナシ

斯ク論シ來リテ我新法典ヲ顧ミルニ其第四百三十七條ハ僞造又ハ變造ノ部分ニ就テノミ之ヲ無效トスルモノヽ如シ斯ノ如ク僞造又ハ變造ノ手形ヲ無效トスルトキハ其手形ノ存在ヲ許スヘカラサルカ此問題ニ付テハ一般ノ法理ニ依リテ之ヲ説明スルトキハ然リト答ヘサルヘカラス然レトモ手形ノ世界的性質ハ法律ヲ以テ之ヲ無效トスルモ形式的要件ヲ具備スルトキハ其手形ハ當然流通シテ已マサルモノナルニ因リ經濟社會ノ秩序ヲ保チ其急ヲ救フノ策ヲ講セサルヘカラサル必要アリテ存ス玆ニ於テ法律ハ一般ノ原則ニ例外ヲ設ケ其無效手形ニ署名行爲ヲ爲ス者アルトキハ其手形ニ一ノ效力ヲ與ヘ其手形ノ社會ニ存在スルコトヲ認メタリ僞造又ハ變造ニ罹ル無效手形ノ社會ニ存在スルコトヲ認メタルニ因リテ左ノ結果ヲ生ス

(一)偽造セラレタル者

手形ノ記錄者タル資格ヲ詐ハラレタル者ハ手形上ノ義務ヲ負擔スルコトナシ蓋シ自己ノ行爲ニ基カスシテ義務ヲ負擔スルコトハ例外ナキ法律上ノ原則ナレハナリ

(二)變造セラレタル者

手形ノ記錄者タル資格ヲ詐ハラレタルニ非スシテ手形效力ノ一部ヲ害サレタル者ハ其害サレタル部分ニ付テハ其責任ナキハ其無效手形ノ社會ニ存在スルト否トヲ問ハサレトモ其以外ニ於テ自己カ適法ニ負擔シタル責任ハ之ヲ免カルヽコトヲ得ルカ第四百三十七條第一項ニ依ルトキハ偽造又ハ變造シタル手形ニ署名シタル者ハ其偽造又ハ變造シタル手形ノ文言ニ從ヒテ責任ヲ負フト規定セルニ因リ其變造セラレタル者ハ其變造手形ニ署名行爲ヲ爲シタル者ニ非サルヲ以テ一見スル處手形上ノ義務ヲ負擔スルコトナキカ如シト雖モ變造ノ行爲ニ因リテ其手形ノ效力カ全部消滅

毛月日ク變造ノ結果文言カ判定スヘカラサルニ至リタル場合ニ於テモ變造セラレタル者ハ手形上ノ責任ヲ有スルカ著者カ之ヲ論及セサルハ如何

スルモノニ非ス其變造セラレサル手形ニ署名行爲ヲ爲シタル效力ハ其文言ニ從ヒテ其署名者ヲ拘束スルモノトス變造セラレタル者ハ其變造セラレサル文言即チ正當文言ニ從ヒテ負擔シタル手形上ノ義務ハ之ヲ免カルコトヲ得サルモノトシ以テ一面ニ於テ第四百三十五條ノ規定ニ制限ヲ附シタルニ在ルナリ

(三) 僞造又ハ變造ノ手形ニ署名行爲ヲ爲シタル者

僞造又ハ變造シタル手形ハ無效ナリト雖モ是ニ署名行爲ヲ爲ストキハ之カ爲メ其手形カ社會ニ存在スルニ至ルモノナルヲ以テ是ニ署名行爲ヲ爲シタル者ハ其僞造又ハ變造シタル手形ノ文言ニ從ヒテ手形上ノ責任ヲ負擔セサルヘカラサルナリ而シテ其署名者ノ善意ナルト惡意ナルト又過失アルト無過失ナルトハ之ヲ問ハス要スル處其署名行爲カ其無效手形ヲシテ社會ニ存在セシムルニ至ラシメタルヲ以テ此責任ヲ負擔セシムルニ至ルモノナリ

（四）偽造又ハ變造シタル手形ノ取得者

偽造又ハ變造シタル手形ハ元來無效ナレトモ之ニ署名行爲ヲ爲シタル爲メ之カ社會ニ存在スルニ至リタルモノナリトシテ絕對的ニ之ニ何等ノ效力ヲモ與ヘサルモノトセンカ善意又ハ無過失ノ者ハ之カ爲メ尠カラサル損害ヲ被ムルニ至リ其迷惑一片ナラサルノミナラス併セテ正當手形ノ流通ヲモ害スルニ至ルヘキヲ以テ宜シク場合ヲ區別シテ之ニ法律上ノ效力ヲ與ヘサルヘカラス

（甲）善意又ハ重過失ナキ者

茲ニ取得者ニ重過失ナキコトヲ要セシ理由奈何ト云フニ元來手形ハ他ノ證券ト異ニシテ自在ニ運轉スルモノナルヲ以テ其性質ト爲スモノナルニ因リ通常ノ注意ヲ以テハ其偽造又ハ變造タルコトヲ看破シ得サル場合ノ在ルアリ然ルニ仍過失ノ存スルモノナリトシテ之ヲ保護スルニ足ラストスルハ聊カ酷ニ失スルノミナラス經濟社會ノ發達ヲ妨クルモノト云ハサ

岸本評論著者ハ義ニ變造以前ニ於ケル署名行爲ハ其以後ニ於テ仍拘束ヲ受クルモノナリト論シ今茲ニ無效手形ノ署名者ノ責任ヲ論シテ變造前ニ言ヒ及ハサルハ其粗策ナル詐ヲ免レサルノミナラス手形上ノ權利ニシテ署名者以

ルヘカラス之ヲ以テ輕過失者ノ如キハ之ヲ宥恕スヘキ理由ノ存スルモノナリ斯ノ如ク無效手形ノ社會ニ存在スルコトヲ認メタル必要ハ是等ノ者ヲ保護セシカ爲メニ在リ故ニ署名者ノ責任モ亦是等ノ者ニ對シテノミ之ヲ履行スヘキモノトス之ヲ以テ是等ノ者ハ其無效手形ヲ仍手形トシテ其手形上ノ權利ヲ取得ス然レトモ其權利ハ其手形ニ署名行爲ヲ爲シタル者ニ對シテノミ之ヲ行ヒ得ルモノトス

(乙) 惡意又ハ重大ナル過失者

法律ハ前ニモ述フル如ク無效手形ノ社會ニ存在スルコトヲ認メタルハ善意又ハ無過失ノ取得者ヲ保護セシカ爲メニシテ惡意又ハ重大ナル過失ニ因リテ其無效手形ヲ取得シタル者ノ如キハ之ヲ顧ミルノ要アラサルヲ以テ是等ノ者ニ手形上ノ權利ヲ與フルコトナク從ヒテ前ニ述ヘタル署名行爲ヨリ生スル義務ノ問題モ存在スルコトナキナリ

(五) 僞造者又ハ變造者

外ノ者ニ對シテ行ヒ得ル場合ノ生スルモノニ非サルヲ以テ手形上ノ權利ハ署名者ニ對シテ行ヒ得ルモノナリト論セルハ著者ノ杜撰ナリト云ハサルヘカラサルカ如シ

何人ト雖モ不法行爲ニ因リテ權利ヲ取得スルコトヲ得サルハ例外ナキ法律上ノ原則ナリ之ヲ以テ手形ノ僞造者又ハ變造者ハ其行爲ニ因リテ手形上ノ權利ヲ取得スルコトナキハ敢テ多言ヲ要セサルモノトス變造以前ニ手形ニ署名行爲ヲ爲シタル者ハ其眞正ナル手形文言ニ從ヒテ其義務ヲ負擔シ其義務ハ其變造アリタル爲メ毫モ輕重ノ存セサルコトハ前述シタル處ノ如シ而シテ手形ニ署名行爲ヲ爲シタル者ハ其變造以前ニ署名行爲ヲ爲シタル者ナルカ將タ變造以後ニ署名行爲ヲ爲シタルモノナルカハ之ヲ決スルコト頗ル困難ニシテ容易ノ業ニ非サルヘシ此ニ於テ法律ハ豫メ此問題ヲ決シテ其困難ヲ除キタリ此問題ヲ豫決シタル其理由ハ署名者ノ利益ヲ斟酌推定シタルモノナルヲ以テ變造後ニ署名行爲ヲ爲シタルモノナリト主張スル者ニ於テ擧證ノ責任ヲ悉クサヽルヘカラス此推定ハ果シテ無效手形ノ存在ヲ認メタル理由ト矛盾スルコトナキカ署名者ニモ惡意又ハ重大ナル過失ナク取得者ニモ亦惡意又ハ重大ナル過失ナシトセンカ取

毛戸曰、此理由ハ果シテ正當ナルカ疑ナキ能ハス

得者ノ存在スル所以ハ署名行爲アリタルカ爲メナリ之ヲ以テ此者ニ擧證ノ責任ヲ負擔セシムルモノトスレハ無效手形ノ存在ヲ認メタル理由ト和合シテ聊カ矛盾スル處ナキカ如シ

茲ニ僞造ノ手形ト云ヒ一言ノ裏書ニ及ハサルモノハ如何ナル理ナリヤ裏書ノ僞造ハ當然僞造ノ手形ナル文字ノ收容スル處ト爲ルカ若シ之ヲ收容スルモノナリトスレハ別ニ問題ヲ生スルコトナシト雖モ之ニ反シテ之ヲ收容スルモノニ非ストセハ別ニ規定ナキヲ以テ一般ノ原則ニ立チ歸ヘリ其僞造以後ニ於ケル手形ノ存在ヲ認ムルコトヲ得サルニ至ルナリ今文字ノミニ依リテ之ヲ見ルトキハ手形ヲ僞造スルトハ手形ナル方式的證券ヲ新ニ作製スルヲ云フモノナルニ因リ其裏書ノ僞造ハ此內ニ收容スルモノニ非サルカ如シ茲ニ於テ或論者ノ說ニ曰ハク裏書ノ僞造ナルモノナシ之ハ手形ノ變造ナリト此論者ハ未タ僞造變造ノ區別ヲ辨セサルモノニシテ採ルニ足ラサルモノトス我手形法ニシテ若シ此說ヲ容レ裏書ノ僞造ヲ以

毛戸曰、暫ラク疑ヲ存ス

岸本評論予ハ嘗テ明治法學ノ誌上ニ之カ卑見ヲ縷述シタルコトアリ恰モ著者ノ見解ト符合ス

テ手形ノ變造中ニ繰込ムモノナリトセハ實ニ呆然タルノ外ナシト云ハサルヘカラス余輩ハ萬々此ノ如キコトナキヲ信スル者ナリ余輩ノ見解ヲ以テスルトキハ一文書中數多ノ署名者ノ存在スル場合ニ於テ其全部ノ署名者ヲ詐ハルトキハ文書全部ノ僞造ニシテ其一部ノ署名者ヲ詐ハルトキハ文書一部ノ僞造ナリトス裏書ノ僞造ハ手形ノ一部ヲ僞造スルモノニシテ手形ノ僞造トハ全部的ノ僞造ト部分的ノ僞造トヲ包含スルモノト爲ルナリ一部僞造即チ裏書ヲ僞造シテ流通シタル場合ニ於テハ善意又ハ無過失ノ取得者ハ僞造以前ノ署名者ニ對シテ手形上ノ權利ヲ主張シ得ルカ此問題ハ親友ナル法學士毛戸勝元君ト數回論究シタル處ニシテ今以テ互ニ守持スル處ナリ同學士ハ曰ハク手形債務者ノ義務ヲ負擔スル所以ハ手形ニ署名行爲ヲ爲スニ在リ又手形權利者ノ權利ヲ取得スル所以ハ惡意又ハ重大ナル過失ナキ取得行爲ヲ爲スニ在リ裏書ハ僞造ニ罹ルト云フモ署名行爲ヲ爲シタル者ノ責任ハ消滅スル者ニ非ス是レ第四百四十一條ノ規定ス

毛戸曰、裏書ノ僞造ニ因リテ手形上ノ權利カ消滅スルコトハ著者ニ於テ之ヲ論證スルノ責任アリ然レトモ著者ハ此點ニ付テ充分ノ責ヲ

ル處ナリト債務負擔ノ所以ト權利取得ノ原因ハ同學士ノ說ニ相違アルコトナシ然レトモ裏書僞造ノ手形ノ取得者ハ僞造以前ノ署名者ニ對シテモ仍其權利ヲ行ヒ得ルモノナリトスルハ果シテ議論ノ綮肯ヲ得タル說ナリト云フコトヲ得ルカ手形所持人ノ手形權利ヲ取得スル所以ハ第四百四十一條ニ規定シ就中僞造又ハ變造ノ手形ノ取得ニ就テハ第四百三十七條ノ規定スル處ナリ善意又ハ無過失ニシテ其僞造又ハ變造ノ手形ヲ取得シタル者ハ手形上ノ權利ヲ有スト雖モ其權利ハ義務者ニ對シテ行ヒ得ルモノナルハ論ヲ俟タス而シテ其義務者トハ其署名行爲ニ因リ義務ヲ負フ處ノ者ヲ云フニ外ナラス第四百三十五條ニ於テ手形ニ署名シタル者ハ其手形ノ文言ニ從ヒテ責任ヲ負フト云フハ無效手形ノ文言ニ從ヒテモ義務ヲ負フト云フノ意義ニ非ス無效手形ノ文言ニ從ヒテ義務ヲ負フ者ハ第四百三十七條ニ規定シタル者ニ限ルナリ或ハ曰ハン裏書ノ僞造ハ其部分ノミ無效ト爲ルモ僞造ニ罹ラサル部分ハ仍有效タルコトヲ妨ケスト此說ハ一見

盡クス能ハス之レ余カ著者ノ説ニ服セサル所以ナリ

其理アルカ如キモ手形ハ裏書ノ僞造アリタル爲メ其流通力ヲ遮斷セラルヽモノナリ流通力ヲ失ヒタル手形ハ手形トシテ有效ナルモノニ非ス然レトモ仍社會ニ其存在スルコトヲ認ムルハ其僞造手形ニ署名行爲ヲ爲シタルカ爲メナリ斯ノ如ク裏書カ僞造ニ罹リテ手形カ無效ノモノトナレハ其僞造前ノ署名行爲モ亦其效力ヲ有スルモノニ非ス其僞造手形ニ署名行爲ヲ爲シタルカ故ニ其手形カ社會ニ存在スルコトヲ認メラレ其署名シタル爲メ責任ヲ負フニ至リタルモノナレハ其手形ノ取得者モ其者ニ對スル權利ヲ取得シタル者ナリト云ハサルヘカラサルナリ又裏書ノ僞造ニ罹ルトキハ第四百六十四條ニ依リテ其連續ヲ缺クモノト爲ルニ因リ其權利ヲ行フコトヲ得サルニ至ルヲ以テ見ルモ亦タ余輩ノ所説ノ至當ナルコトヲ知ルニ足レリ此點ニ付テモ議論アルヲ以テ仍其章下ニ於テ詳論スルコトアルヘシ

然レトモ此ニ一ノ例外アリテ存ス振出人ノ數人アル手形ニ付キ其一部ノ

岸本評論振出人ノ數人アルトキハ各自各個ノ手形ヲ振出シタルト異ナルコトナシト云ヘル著者ノ議論ハ或ハ附會ニ屬スルコトナキカ

署名ヲ詐ハル場合之ナリ此ノ如キハ僞造ノ手形ナルヲ以テ乃チ全部無効ノモノナリト云フヲ至當トスルニ似タレトモ裏書ノ連續ヲ缺クコトナク又他ノ一部ノ署名者カ正當ノ者ナルヲ以テ此手形ハ其正當部分ハ有効ニ成立スルコトヲ妨ケスト云ハサルヘカラサルナリ蓋シ後編ニ於テ說明スルカ如ク振出人ノ數人アル場合ニハ各自一個ノ手形ヲ振出シタルト異ナルコトナク殊ニ各自ノ間ニ於テ何等ノ連鎖ヲモ生スルモノニ非サレハナリ

夫レ手形行爲ハ其行爲者自身ニ於テ之ヲ爲スト他人ヲ以テ之ヲ爲サシムルトヲ問ハス其責任內ノ行爲ナルトキハ凡テ之ヲ有効ノモノト爲スニ因リテ代理人ノ名ヲ以テ手形ニ署名行爲ヲ爲スモ亦其手形ハ有効ノモノト爲ルナリ然レトモ手形ハ其文言ニ依リテ効力ヲ有シ署名者ハ其文言ニ從ヒテ義務ヲ負フモノナルヲ以テ代理人カ手形ニ署名行爲ヲ爲スニ本人ノ爲メニスルコトヲ記載セサルトキハ其實代理人ノ行爲ナルニモセヨ代

毛戸曰、御尤モ

理人即チ現實ノ署名者ノミ手形上ノ義務ヲ負ヒ本人ハ其義務ヲ負擔スルコトナキナリ此場合ニ於テハ代理人カ自己ノ爲メニ署名行爲ヲ爲スノ意思ナカリシヲ以テ一般ノ原則ニ於テハ其署名行爲ハ無效タラサルヘカラサルモノナレトモ署名者ハ其文言ニ從ヒテ義務ヲ負ヒ其署名行爲ノ自己ノ爲シタルモノナルト否トハ手形關係ニ影響ナキモノナルヲ以テ其義務ヲ免ル丶コトヲ得ス但タ直接ニ對抗シ得ル事由ノ存スルトキハ此限リニ非サルナリ

本人ノ爲メニスルコトヲ記載セスシテ自己ノ署名行爲ヲ爲シタル代理人カ爾後本人ノ追認ヲ得タルトキハ本人ハ民法ノ規定ニ從ヒ手形義務ヲ負擔シ其代理人ハ其責任ヲ免ル丶ニ至ルヘシト論スル者アリ此論者ハ手形義務ノ證劵的義務ナル本質ヲ忘却シタル者ナリ手形ノ義務ヲ負擔スル者ハ不羈獨立ノ署名行爲ヲ爲シタル者ナリトス本人カ追認ヲ爲シタルトキハ手形關係以外ニ於ケル民法上ノ義務ヲ負擔スルコトアルヘシ然レトモ

其署名者ノ手形義務ハ之カ爲メニ之ヲ免ルヽコトヲ得サルモノトス
代理人ノ署名行爲ニ付テハ各國ノ法制區々ニシテ一ナラス舊商法ハ本法ノ裏面ヲ規定シテ其結果同一ニ期セシメタレトモ第十二議會ニ提出シタル法案ハ本法ト反對ノ規定ヲ爲セリ其第十二議會ニ提出シタル法案ハ手形ノ性質ニ反スル規定ナルヲ以テ本法ノ編纂者ハ其非ヲ改メタルハ固ヨリ當然ノコトナリト云ハサルヘカラス

第三節　手形事項

手形ニハ手形法ニ定メタル必要事項又ハ有效事項ナルモノアリ是等ハ各條ニ指示スル處ニシテ有效事項ハ之ヲ缺クトキト雖モ手形上ニ何等ノ關係ヲ及ホサヽルニ反シテ必要事項ヲ缺クトキハ其手形ハ忽チ無效ノモノトナルナリ
手形法規定以外ノ事項ヲ手形ニ記載スルトキハ之カ爲メニ手形ニ如何ナル影響ヲ及ホスヘキヤ乞フ以下少シク之ヲ論究セン

手形法ノ規定以外ノ事項トハ余輩便宜ノ爲メ之ヲ不要事項ト名ツク茲ニ不要事項トシテ説明セントト欲スル處ノモノハ獨リ手形ニ付テ不要ナル事項ヲ云フニ止マラス手形法ニ規定ナキ事項ヲ指シテ之ヲ云フナリ

各國ノ法制ノ異ナルニ依リ手形法ニ不要事項ノ規定ヲ爲スコトアルノミナラス無效事項ノ規定ヲ爲スコトアリ我舊商法ノ如キハ手形ニ違法ノ事項ヲ揭ケタルトキハ其手形ヲ無效ノモノトセリ茲ニ於テ或解釋家ノ如キハ手形ニ規定ナキ事項ヲ手形ニ揭ケタル場合ヲ二箇ニ區別シテ一ヲ手形文面ニ關係ヲ及ホスモノト他ヲ手形文面ニ關係ヲ及ホサヽルモノトセリ違法及ハ自殺的ノ事項ヲ揭ケタルモノヲ前者ノ場合トシ違法及ハ自殺的ノ事項ニ非サルモ手形法ニ規定ナキ事項ヲ揭ケタルモノヲ後者ノ場合トス是等ノ規定是等ノ解釋ハ徒ラニ手形ノ流通力ニ妨害ヲ與フルモノニシテ手形要件ヲ完備セルニ拘ハラス偶々違法及ハ自殺的ノ事項ノ記載アル爲メ手形其モノヲ無效ノモノナリトセルハ失當モ亦甚シキモノト云ハサ

岸本評論 此断定ハ實ニ諸多ノ難問チ決スルコトチ得ヘシ

毛戸曰、解釋其當ヲ得タリ

ルヘカラス此故ヲ以テ新法ハ此規定ヲ存セサルナリ而シテ新法ニ於テ此規定ヲ存セサルニ因リ疑問ハ更ニ生スルニ至リタリ新法ノ此規定ヲ設ケサルハ舊法ノ如キ規定ヲ俟ツヲ要セスト爲シタルニ在ルカ將タ舊法ノ趣旨ヲ非ナリトシテ其手形ヲ有效ノモノナリトスルニ在ルカ疑問ハ疑問ヲ胎ムニ至リヌ此疑問ニ付テハ種々ノ答解ヲ試ムル者アレトモ余輩ノ見解ヲ以テスルトキハ手形ノ署名者ハ其手形ノ文言ニ從ヒテ義務ヲ負ヒ手形ノ效力ハ手形法ノ規定ニ從ヒテ定メラル、モノニシテ手形ノ文言トハ手形ニ必然記載スヘキモノ及ヒ記載スルトキハ手形法ノ規定ニ依リテ效力ヲ生スル處ノモノヲ云フ故ニ手形ニシテ手形要件ヲ具備スルトキハ其違法又ハ自殺的ノ記載ヲ存スルモ手形ニ就テ特立ノ支配ヲ爲ス手形法ヨリ之ヲ見ルトキハ手形上ノ文言ニ非ス手形上ノ文言ニ非サルトキハ其記載ハ手形上ノ文言ニ影響ヲ及ホス理由アルコトナキヲ以テ其等ノ手形ハ其記載ニ關係ナク手形トシテ有效ニ存在スルコトヲ得ルモノナルニ因リ新

毛戸曰、手形ノ文言ト云フヲ手形法ニ於テ效力ヲ定メタル記載

法ハ此理論ニ基キ其規定ヲ存スルノ必要ナシトシテ規定セサリシモノト論スルコトヲ得ルナリ

以上ノ理由ヲ以テ我法典ハ無效事項ニ關スル規定ヲ存セサルナリ然ルニ不要事項ニ付テハ新法第四百三十九條ニ於テ之カ規定ヲ設ケタリ其規定ニ曰ハク『本編ニ規定ナキ事項ハ之ヲ手形ニ記載スルモ手形上ノ效力ヲ生セス』ト抑モ該條ハ注意的ノ規定ナルカ將タ嚴正的ノ規定ナルカ反對論ノ存スルニモ拘ハラス余輩ハ之ヲ以テ注意的ノ規定ナリト論スル者ナリ若シ百歩ヲ讓リテ該條ヲ以テ缺クヘカラサル規定ナリトスレハ前論違法事項ノ記載ヲ爲シタル手形ハ仍無效ノモノナリト論セサルヘカラサルニ至ルヘシ余輩ハ前論ノ理由ト同一ノ理由ヲ以テ該條ハ缺クヘカラサルモノニ非スト信スル者ナリ抑モ手形文言ハ手形法規定ノ文言ナリ手形法ヲ離レテ手形文言ナルモノアルコトナシ第四百三十五條ニ於テ手形ニ署名行爲ヲ爲シタル者ハ其手形ノ文言ニ從ヒテ責任ヲ負フト規定シタル其文言

事項ト解スルハ早計ナリ從ツテ四三九條ヲ注意的ノ法文ナリト解スルハ妄ナリ

毛戸曰、誤マレリト云フニハアラサルモ此ノ如キ書方ハ讀者ヲ誤マラスノ恐アリ支拂ノ部ニ於テ著者ノ論スル所ヲ見ントス

ハ手形法ニ於テ記載事項ノ效力ヲ定メタルモノヲ言ヒ手形法ニ規定ナキ事項ハ手形上ノ效力ヲ生スルモノニ非サルコトハ明カニシテ其他手形ノ本質ヲ探究シテ之ヲ知ルコトヲ得ヘシ斯ノ如ク不要事項ヲ手形ニ記載スルモ手形上ニ毫モ關係ヲ生スルコトナキヲ以テ例ヘハ手形面ニ主タル金額ヲ揭ケ其側ニ其半額ヲ減シ或ハ其半數ヲ拋棄スル等ノ記載ヲ爲スモ必要事項ニ非サルヲ以テ其記載ハ手形上ノ效力ヲ生スルコトナシ然ラハ內金何圓ヲ受取リタリトノ記載ヲ爲ストキハ其記載ハ手形上ノ效力ヲ生スルカ此點ニ付テハ議論ヲ試ムル者多シト雖モ之レ亦手形法ニ規定ナキ事項ナルヲ以テ等シク之ヲ不要事項ナリトシテ手形上ノ效力ヲ生セサルモノト論セサルヘカラサルナリ

第六章　手形ニ關スル行爲ノ場所

凡ソ法律行爲ノ行爲地ハ國內法及ヒ國際私法ノ法律支配ノ關係ヲ定ムルニ付キ重要ナル問題ヲ生ス殊ニ手形ハ世界的性質ヲ有スルヨリシテ此問

題ヲ生スル場合ノ最モ多ク遭遇スルモノナリ其國際私法ニ渉ル問題ニ付テハ別ニ法例ノ定ムル處アルヲ以テ此ニハ專ラ國內法ニ於ケル法律支配ノ關係ヲ研究スルニ止メン

民法ニ於テハ債務ノ履行ハ債權者ノ現時ノ住所ニ於テ之ヲ爲スヘキモノナリトスレトモ其履行ノ督促又ハ通知等ハ何レノ場所ニ於テ之ヲ爲スヘキヤニ付テハ之ヲ規定スルコトナシ之ヲ以テ其督促又ハ通知等ハ一般ノ規定ニ從ヒ其到達ニ依リテ效力ヲ生スルモノト爲スヘキニ因リ法例ノ規定ニ準シ其行爲ハ督促又ハ通知ヲ發シタル場所ニ於テ爲シタルモノト見做サヽルヘカラス之ヲ以テ民法ノ規定ハ手形ニ關スル行爲ノ場所ニ適用スルコトヲ得ス抑モ手形ハ交通力ヲ有スルト同時ニ世界的性質ノ隨伴スルモノナルヲ以テ手形ニ關スル行爲ヲ債權者ノ現時ノ住所又ハ督促若クハ通知ヲ發シタル場所ニ於テ之ヲ爲シタルモノトスルトキハ手形關係者ノ困難云フヘカラサルナリ果シテ然ルトキハ手形ハ容易ニ發行セラレサ

ルニ至リテ貨物ノ轉還ニ妨害ヲ與フルコト尠少ニ非サルヘシ茲ニ於テ商法ハ手形ニ關スル行爲ノ場所ヲ特ニ定ムルコトヽセリ

(一)手形ノ引受又ハ支拂ヲ求ムル爲メニスル呈示

手形權利者ハ手形ノ引受又ハ支拂ヲ得ル爲メニハ手形ノ呈示ヲ爲スコトアルヘシ此呈示行爲ハ至重ノモノニシテ此呈示ハ督促又ハ通知ト異ニシテ現ニ此呈示ヲ爲シタルコトヲ要ス而シテ此呈示ハ其之ヲ受クル者ノ營業所ニ於テ之ヲ爲スヘキモノナリトス若シ其營業所ノ之ナキトキハ其者ノ住所又ハ居所ノ一ニ於テ之ヲ爲スコトヲ要ス但他所拂ノ手形ナルトキハ支拂ノ爲メニスル呈示ハ支拂擔當者ナキ場合ニハ支拂地ニ於テ之ヲ爲サヽルヘカラス之レ支拂地ニ於テ支拂ヲ受クヘキモノナレハ其呈示モ亦支拂地ニ於テ之ヲ爲サヽルヘカラサレハナリ序次一言ノ以テ費ヤスヘキハ茲ニ法律ハ住所又ハ居所ト云ヘルコト之ナリ何レノ法律ニ於テモ住所又ハ居所ニ付テ規定ヲ爲スト雖モ其住所又ハ居所ノ範圍ニ付テ規定ヲ爲

シタルモノ一モアルコトナシ從ヒテ實際上ニ於テハ頗ル困難ナル事例ニ遭遇スルコト多シ余輩ノ考ヲ以テスレハ住所又ハ居所ノ範圍ノ如キハ私法ヲ以テ之ヲ定ムヘキモノニ非ス宜シク公法ニ於テ之ヲ定ムヘキモノナリ住所又ハ居所ノ範圍ハ身分取扱管轄ヲ以テ區劃スヘキモノナルニ似タリ蓋シ住所及ヒ居所ノ管轄ハ身分取扱署ノ主宰スル處ナレハナリ

(二) 拒絕證書ノ作成

手形ノ引受又ハ支拂ヲ拒ミタルトキハ其前者ニ對スル權利ノ行使ヲ爲スル爲メニハ拒絕證書ナルモノヲ作成セサルヘカラス此拒絕證書作成ノ場所ハ前項ト同シク其拒者ノ營業所ニ於テ之ヲ爲スヘキモノトス若シ其營業所之ナキトキハ其者ノ住所又ハ居所ノ一ニ於テ之ヲ爲スヘキモノトス其之ヲ拒者ノ方ニ於テ爲スヘキモノトセルハ其拒絕ノ理由ヲ明確ニスルト一ハ拒者ニ再考ノ餘裕ヲ與ヘテ以テ其引受又ハ其支拂ヲ促カスノ方便ニ供スルモノナリトス

他所拂ノ手形ナルトキハ支拂拒絶證書ハ支拂地ニ於テ之ヲ作成セサルヘカラス之レ支拂地ニ於テ支拂ハレサルニ因リ其場所ニ於テ之ヲ作ルハ當然ノコトナレハナリ此場合ニ於テ其營業所ノ存在ヲ要セス又住所若クハ居所ノ存在ヲモ要セス第四百四十二條第二項ニ準シ拒絶證書ヲ作ルヘキ公證人又ハ執達吏ハ其役場又ハ官署若クハ公署ニ於テ拒絶證書ヲ作ルコトヲ得ヘシ

(三) 其他手形上ノ權利ノ行使又ハ保全

手形ノ呈示又ハ拒絶證書作成ノ外擔保ノ請求《行使》又ハ償還ノ請求《保全》等ノ權利行爲モ亦其義務者ノ營業所ニ於テ爲スヘキモノトス若シ其營業所カ之ナキトキハ其者ノ住所又ハ居所ノ一ニ於テ之ヲ爲スコトヲ要スルモノトス

以上ノ三項ハ手形ノ性質ヲ鑑ミテ以テ法律上之ヲ定メタルモノナリト雖モ當事者カ便宜ノ爲メ他ノ場所ヲ定ムルニ之ヲ拒ムノ理由ナキヲ以テ相

手方ノ承諾ヲ得ルトキハ如何ナル場所ニ於テ是等ノ行為ヲ為スモ敢テ妨ケサルモノトス

以上ノ者ノ營業所、住所又ハ居所カ知レサルトキハ之ヲ探明セサルヘカラス而シテ之ヲ探明スヘキ者ハ拒絶證書ヲ作ルヘキ公證人又ハ執達吏ナリトス蓋シ此探明ハ手形關係ニ於テ重大ナル關係ヲ有スルモノナルニ因リ其探明ヲ為シタルコトハ之ヲ明確ニセサルヘカラス之ヲ明確ニスルニハ幾多ノ方法アルヘシト雖モ是等ノ公機關ノ手ヲ經テ為スヘキノ簡且ツ確實ナルニ若クコトナケレハナリ是等ノ公機關ハ其地ノ官署(警察署ノ如キ)又ハ公署(市町村役場ノ如キ)ニ就テ問合ヲ為シテ之ヲ探明スルコトヲ要ス斯ノ如ク問合ヲ為スモ仍其營業所、住所又ハ居所ノ知レサルトキハ其役場又ハ官署若クハ公署ヲ以テ之ニ代ヘ其所ニ於テ拒絶證書ヲ作ルコトヲ得ルモノトス

利害關係人ノ營業所、住所又ハ居所ノ知レサル場合ニ於テ拒絶證書ヲ作ル

場所ハ右ノ規定ニ依リテ定メラルヽト雖モ引受又ハ支拂ヲ求ムル爲メニスル呈示又ハ其他權利ノ行使若クハ保全ヲ爲ス場所ニ就テ何等ノ規定ヲ設クルコトナシ是等ノ行爲ハ如何ナル場所ニ於テ之ヲ爲スコトヲ得ヘキヤ又若シ其營業所、住所又ハ居所ノ知レサルトキハ是等ノ行爲ヲ爲スコトヲ得サルカ此問題ニ付テハ正文ノ根據ヲ有スルコトナシ

抑モ手形ノ呈示又ハ手形權利ノ行使若クハ其保全ノ行爲ハ利害關係人其者又ハ其代理人ニ對シテ之ヲ爲スヘキモノナレハ其營業所、住所又ハ居所ノ知レサルトキハ其者ノ承諾ヲ得テ他ノ場所ニ於テ之ヲ爲スコトヲ得ルモ若シ其者ノ所在ヲモ知ル能ハサルトキハ呈示其他權利ノ行使又ハ保全ノ行爲ヲ爲スコトヲ得サルニ似タリ拒絕證書ヲ作成スルニハ手形ノ呈示ヲ爲シタルモ之ニ應セサル場合ニ限ルモノナルコトハ第四百六十五條第四百六十七條第四百七十五條及ヒ第四百八十七條ニ定ムル處ナリ然ラハ此場合ニ於テハ第四百四十二條第二項ニ依リ拒絕證書ノ作成ヲ爲スヘキ

モノニ非サルカ如シ然レトモ拒絶ハ必スシモ積極的行爲ノ在リタルコトヲ要スルモノニ非ス相手方カ行爲者ノ求メニ應セス又ハ求ムルコトヲ得サル狀態ヲ總稱スルモノナリ第五百十五條第三號ニ於テ云々拒絶者ニ面會スルコト能ハサリシ理由ト云ヒ又第四號ニ於テ請求ヲ爲スコト能ハサリシ地云々ト在ルニ因リテ之ヲ知ルコトヲ得ヘシ

第七章　時效

手形法ニ於テ時效ト云フトキハ必ス消滅時效ナラサルヘカラス蓋シ手形ハ裏書ニ因リテ之ヲ取得スル外ハ交付ニ因リテ之ヲ取得スルモノニシテ時效ニ因リテ之ヲ取得スルハ手形ノ性質ニ非サレハナリ故ニ本章說述スル處ハ此消滅時效ノ何モノタルヤニ在ルナリ

本章ハ手形時效ニ因リテ消滅スル所ノ權利ハ如何其時效ノ期間ハ幾許又其起算點ハ之ヲ如何ニシテ定ムヘキヤヲ規定セルモノナリ以下順次之ヲ說明スヘシ

時效ニ因リテ消滅スル所ノ權利ハ支拂請求權及ヒ償還請求權ノ二者ナリトス擔保請求權ノ如キハ時效ニ因リテ消滅スル所ノモノニ非ス盖シ引受ヲ拒ミタルニ因リテ引受拒絶證書ヲ作成シタルトキハ擔保ノ請求ヲ爲スコトヲ得ルト雖モ此權利ハ第四百七十五條ノ手續ヲ爲シタルコトヲ要シ之ヲ追行スルニハ償還請求權ヲ行フ前ナルコトヲ要スルモノナルヲ以テ既ニ償還請求權ヲ行フ能ハサルニ至リタルトキハ擔保請求權ハ當然消滅スルニ至ルモノナルニ因リ特ニ擔保請求權ヲシテ時效ニ罹ラシメテ之ヲ消滅セシムルノ要アラサレハナリ此支拂請求權ハ引受人又ハ約束手形ノ振出人ニ對スル所ノ債權ナルヲ以テ此權利ノ消滅ハ其引受人又ハ約束手形ノ振出人ノ義務ヲ免脱スルモノナリ

支拂請求權ハ三年償還請求權ハ六个月ノ期間ヲ以テ時效ヲ成就スルモノトス斯ノ如ク支拂請求權ト償還請求權トヲ區別シテ時效ノ期間ヲ異ニシタルハ如何ナル理由ノ存在スルモノナリヤ舊法典ニ於テハ此二個ノ權利

ニ付テ區別スルコトナク時效ノ期間ヲ等シク三年トセリ新舊二法典ヲ比較スルトキハ固ヨリ舊法ノ不可ナルヤ言ヲ待タサルナリ抑モ償還請求權ナルモノハ手形法上第二次ニ來ル所ノ權利ニシテ手形義務者ハ最初ヨリ此義務ヲ負擔スルモノニ非ス手形ノ發行手形ノ流通ヲ容易ナラシムル爲メニハ前者ノ義務ヲ永久ニ拘束スルノ不可ナルヲ以テ手形債權者ヲ害スルコトナキ限リハ速ニ其責任ヲ解クノ勝レルニ若カサルナリ支拂請求權ハ引受行爲又ハ約束手形ノ振出行爲ニ因リ確定セラレタルモノニシテ支拂ノ義務ハ手形ニ於ケル順當ノ債務ナリ此順當ノ債務ハ償還義務者ノ債務ニ比シテ之ヲ永久ニ拘束スルモ手形ノ發行手形ノ流通ヲ阻害スルノ虞アルコトナシ然レトモ之ニ一般ノ商事時效タル五年ノ期間ヲ有タシムルハ徒ラニ手形關係ヲ永ク存續セシムルモノニシテ寧ロ經濟社會ニ於ケル信用ノ澁滯ヲ釀モスニ至ルモノナリ此ニ於テ新法典ハ二個ノ權利ノ消滅時效ニ長短ノ差異ヲ設ケタルモノニシテ經濟社會ノ秩序ヲ保チ至當ノ規

定ナリト云ハサルヘカラス

支拂請求權ト償還請求權トハ時效ノ起算點ヲ異ニス即チ支拂請求權ハ滿期日ヨリ之ヲ起算スルモノナレトモ償還請求權ニ付テハ之ヲ區別シテ所持人ノ有スル償還請求權ハ支拂拒絶證書作成ノ日ヨリ之ヲ起算シ裏書人ノ有スル償還請求權ハ其者カ償還ヲ爲シタル日ヨリ之ヲ起算スルモノトス而シテ所持人ノ有スル償還請求權ハ滿期日ニ於ケル支拂ノ拒絶ニ因リテ生スルモノナレハ支拂請求權ト同シク滿期日ヨリ之ヲ起算スルヲ以テ當然トスヘキカ如キモ此權利ハ支拂拒絶證書ヲ作成スルニ非サレハ之ヲ行使スルコトヲ得サルモノナルニ因リ未タ權利ノ行使ヲ爲シ得サルニ先チテ時效ノ起算點ヲ定ムルハ其當ヲ得タルモノニ非ス之ヲ以テ所持人ノ有スル償還請求權ハ支拂拒絶證書ヲ作成シタル日ヨリ時效ヲ起算スト爲シタル新法ノ規定ハ頗ル當ヲ得タルモノニシテ舊法ノ償還請求ノ通知ヲ爲シタル日ヨリ時效ヲ起算ストノ規定ハ毫モ其理由ナキモノナリ又裏書

人ノ有スル償還請求權ハ其者カ後者ニ對シテ償還ヲ爲シタルニ因リテ生シ其生シタルカ爲メニ前者ニ其償還ヲ請求スルコトヲ得ルノ權利ナルヲ以テ償還ノ通知ヲ爲シタルト否トヲ問フヘキモノニ非ス其償還ヲ爲シタル日ヨリ時效ヲ起算スルハ亦當然ノコトヽ云ハサルヘカラス

以上說述スル所ニ依リ時效ニ罹リテ消滅スル處ノ權利、時效ノ期間及ヒ其起算點ヲ明カニシタリ然レトモ未タ時效ノ中斷、停止ニ付テハ手形法ニ於テ一言ノ之ニ及フコトナキヲ以テ聊カ之カ說明ノ勞ヲ執ラサルヘカラス』

舊法ニ於テハ時效ノ中斷ヲ爲スニハ必ス裁判上ノ手續ヲ爲サヽルヘカラサルモノト爲シ其停止ニ付テハ一言ノ之ニ及フモノナシ從ヒテ舊法ノ下ニ於テハ種々ノ疑問ヲ生シタリシカ新法ニ於テハ手形法ニ時效ノ中斷及ヒ停止ノ規定ナキハ勿論商法全般ニ於テ時效ノ中斷及ヒ停止ニ關スル規定ノ存在スルコトナシ是レ時效ノ中斷及ヒ停止ニ付テハ民法ノ規定ニ從フノ意思ナルカ抑モ亦時效ノ中斷及ヒ停止ヲ認メサルニ在ルカ第四百四

毛戸曰、慧眼々々

岸本評論著者ノ論述盖シ正鵠ヲ得タリ

十條ニ於テ手形ノ債務者ハ本編ニ規定ナキ事由ヲ以テ手形上ノ請求ヲ為ス者ニ對抗スルコトヲ得ス但直接ニ之ニ對抗スルコトヲ得ヘキ事由ハ此限ニ在ラスト規定セリ然レトモ之ヲ以テ直ニ本問ヲ決スルノ材料ト為スニ足ラス蓋シ時效ヲ援用シテ利益ヲ有スル者ハ被請求者タル其債務者ナリト雖モ時效ノ中斷又ハ停止ヲ主張シテ利益ヲ有スル者ハ請求者タル其債權者ナルヲ以テ債權者カ手形法ニ規定ナキ事由ヲ以テ對抗スルコトヲ得ストノ規定ヲ存セサレハナリ手形ハ其文言ニ依リテ效力ヲ有スルモノナリト雖モ手形ノ死活ハ手形法ノ規定ニ依リテ支配セラレ其證券的債務ノ性質ニ反セサル限リハ一般ノ原則ニ依リテ手形法ノ規定ヲ補充扶翼シテ之ヲ解釋スルコトヲ妨ケス余輩ハ時效ノ中斷又ハ停止ニ付テハ民法ノ規定ニ全然準據スヘキモノナリト主張スル者ナリ此解釋ハ特リ手形法ニ止マラス商法全般ニ付テ之ヲ應用スルコトヲ得舊法典ニハ時效ノ規定ヲ存スルト同時ニ其中斷及ヒ停止ニ付テモ亦規定ヲ為シ民法ノ規定ニ準據

セサルコトヽセリ然ルニ新法典ハ時效ノ期間ニ付テ民法ノ時效ノ例外ヲ定メタレトモ其他ニ付テハ何等ノ規定ヲ設ケス其何等ノ規定ヲ設ケサルハ第一條ニ依リテ民法ノ規定ヲ適用スルニ在ルヤ言ヲ待タサルナリ假リニ百歩ヲ讓リ余輩ノ説明ヲ誤レルモノトシ手形法ノ規定ハ第四百三十五條及ヒ第四百四十條ノ規定ニ依リ獨立シテ存在シ一般法ノ補充解釋ヲ許スモノニ非ストセンカ否右ノ兩條ハ此精神ヲ示スモノニ非ス亦此ノ如キ解釋ハ正條ノ根據ヲ有セサルノミナラス商法第一條ノ規定ト調和スルコト克ハサルヲ如何ニセン

第八章　資金

舊法典ニハ資金關係ヲ以テ手形關係ト看做シ其第八百三條以下ニ於テ之カ規定ヲ存シタリシ爲メ資金ニ關スル評論又ハ疑問ハ續出スルニ至リ就中支拂人ニ資金ヲ送付シタルトキハ其資金ニ就テノ權利ハ何人カ有スルヤトノ問題ヲ生シタリ然レトモ手形ノ觀念ニ基キテ之ヲ解釋スルトキハ

毫モ疑問トナラサルナリ手形ノ觀念ニ於テハ資金ハ手形ト何等ノ關係ヲ有スルコトナク手形ノ效力ハ資金ノ存在スルト否トニ拘ハラス手形要件ヲ具備シタル文書ニ署名行爲ヲ爲スニ因リテ生シ又資金カ支拂人ニ送付セラレタルト否トヲ問ハス引受ヲ爲シタルニ因リテ支拂力ヲ生スルモノニシテ資金關係ハ手形ノ振出ノ場合ニ在リテハ準備行爲中ニ含畜スルコトアリ之ヲ以テ法制上數多ノ議論ノ存スルニモ拘ハラス新法典ハ手形法上ノ規定ト爲サス從ヒテ手形關係ト看做サヽリシナリ抑モ資金ハ支拂ノ對價(報酬)ニシテ資金義務ヲ負擔スル所ノ者ハ手形ノ振出ニ付テ利益ヲ有スル所ノ者ナリ其利益ヲ有スル所ノ者ハ多クハ其振出人ナリト雖モ彼ノ振出委託者ノ如キハ其振出ニ付テ利益ヲ有スル者ナレハ振出人ニ非スト雖モ資金義務者ナラサルヘカラス資金ハ支拂ノ對價ニシテ此對價ハ資金義務者カ供スヘキモノナルヲ以テ資金關係ハ資金義務ト支拂人ノ間ニ於テ生スル所ノ法律關係ニシテ資金ニ付テノ權利者ハ其手形ノ所持人ニ非

スシテ支拂人ナリ故ニ支拂人ト資金義務者ノ間ニ於ケル關係ハ資金ノ外ニ非ス斯ノ如ク資金關係ハ資金義務者ト支拂人間ノ特別ナル法律關係ナルヲ以テ手形上ノ關係ニ非ス資金義務者カ其資金ニ關スル義務ヲ履行シタリトスルモ其義務ノ履行ハ手形所持人ニ對シテ何等ノ效力ヲ生スルコトナキヲ以テ自己ノ凡テノ後者ニ對シテ擔保ヲ供スル義務及ヒ償還ヲ爲ス義務ヲ免ルヽコトヲ得ス

斯ノ如ク資金關係ハ資金義務者ト支拂人トノ間ニ於ケル手形以外ノ特別關係ニ屬スルモノナルヲ以テ支拂人カ手形ノ引受ヲ爲スモ之ニ因リテ支拂人カ資金ノ送付ヲ受ケタルモノナリト推定スルコトハ其當ヲ得タルモノニ非ス資金ノ授受ハ資金關係者間ニ於ケル特別ノ行爲ニ依ラサルヘカラス之ヲ以テ其當事者間ニ於テハ或ハ信用ヲ以テ資金ニ充ツルコトアリ或ハ現金ノ授受ヲ以テ之ヲ爲スコトアリ然レトモ資金義務者カ支拂人ニ對シテ有スル債權ハ直ニ之ヲ以テ資金ニ充ルコトヲ得ス即チ其債權ヲ有

スルノ故ヲ以テ其支拂人ニ宛テ手形ヲ振出シ特ニ資金ニ付テ關係ヲ定メサルトキハ其支拂人カ引受ヲ拒ムモ之ニ對シテ義務ノ不履行ヲ以テ對抗スルコトヲ得ス蓋シ債權關係カ法律行爲ノ當事者間ニ存在スルモノニシテ債務者ハ債權者ノ單一ナル意思ニ從ヒ其債權者ニ非サル他者ニ對シテ債務ノ履行ヲ爲スヘキコトヲ強ヒラルヽ義務ノ存スルモノニ非サレハナリ此場合ニ於テハ債務ノ更改ヲ來タスヘキヲ以テ民法ノ規定ニ從ヒ更改ノ方法ニ依ラサルヘカラサルナリ債務者ノ承諾ヲ得テ爲替手形ヲ振出シタルトキハ振出人ノ有セシ債權ハ直ニ消滅シ債權ヲ生ス此新債權ハ支拂人カ支拂ヲ爲シ又ハ振出人ニ於テ償還義務及ヒ不當利得ノ償還義務ヲ免ルヽニ至リテ消滅ニ歸スルモノナリ

手形ノ更改力ハ爲替手形ニ止マリ約束手形及ヒ小切手ニ付テハ及ハサルモノトス然レトモ約束手形及ヒ小切手ハ裏書ヲ以テ他ノ債務ヲ消滅セシメントスル行爲ハ債務ノ要素ヲ變更スルモノニシテ更改ト云フコトヲ得

ルカ如シ暫ク疑問ヲ留メテ研究ノ資ニ供ス

第九章　不當利得

手形ハ權利的證劵ニシテ其義務ハ證劵的義務ナルコトハ余輩ノ屢々論シタル所ナリ其權利的證劵タリ又其證劵的義務タルニハ等シク手形要件ノ具備スルコトヲ要ス若シ其要件ニシテ具備セサルコトアランカ權利的證劵ニ非ス又證劵的義務ニ非ス從ヒテ手形上ノ債權ナルモノヽ發生スルコトナシ然レトモ其文書カ實質的ノ要件ヲ缺クコトアルモ苟クモ形式ヲ具ヘテ手形ノ容姿ヲ爲ストキハ手形ハ流通力ヲ有スルモノナルヲ以テ社會ニ轉輾スルニ至ルコトアラン而シテ其手形ニシテ支拂ヲ得サルトキハ償還請求ノ權利ヲ行使スルニ至ルヘシ此時ニ於テ手形ノ要件ヲ缺キシ所ノ義務者ニ在リテハ手形上ノ債務ヲ負擔スルコトナキヲ以テ所持人ハ此者ニ對シ償還ノ請求ヲ爲スコトヲ得サルナリ果シテ然ラハ此場合ニ於テハ手形上ノ請求權ヲ有セストスルモ普通法ノ規定ニ因リテ債務者ニ對抗ス

ルコトヲ得ルカ是レ一場ノ疑問ナルヘシ要件ヲ缺キシ手形ノ義務者トシテ指名セラレタル者ハ手形法上ノ義務ヲ負擔スルモノニ非ス又普通法上ノ義務ヲモ負擔スルモノニ非ス唯無效手形ノ授者ニ對シテハ權利ノ主張ヲ爲スコトヲ得ル場合ノ生スルコトアリ然レトモ手形上ノ不當利得償還ノ請求權ヲ有スルモノニ非ス其之ヲ受取ルニ當リテ之ニ對價ヲ支拂ヒタルモノナルトキハ其支拂ヒタル對價ノ返還ハ之ヲ請求スルコトヲ得ヘシ然レトモ是レ手形法上ノ請求ニ非スシテ普通法上ノ不當利得返還ノ請求ニ外ナラサルモノナリ

以上說述シタル所ハ手形ノ最初ヨリ成立セサル場合ニ於ケル權利義務ニ就テ論究シタルモノナリ余輩ハ是ヨリ進ンテ手形ノ要件ヲ完備シ其權利義務ノ有效ニ成立シ又ハ有效ニ成立セサルモ流通力ヲ有スル手形ノ債權カ時效ニ罹リテ消滅シ又ハ其他ノ權利ノ行使ニ必要ナル手續ヲ欠缺シタル爲メ手形ノ權利ノ消滅シタル場合ニ於ケル其權利義務ニ就テ聊カ之ヲ

論究セントト欲ス

手形ヨリ生シタル權利カ前節ニ於テ說明シタルカ如ク時效ニ罹リテ消滅シ又ハ其他ノ權利ノ行使ニ必要ナル手續ノ欠缺ニ因リテ消滅シタルトキハ手形上ノ權利ナルモノヽ存在スルコトナキニ至リタルヲ以テ手形ノ所持人ハ權利ノ上ニ眠リタルモノトシテ自ラ之ヲ甘シ其權利ノ主張ヲ爲スコトヲ得サルモノトスルハ手形ノ本質上至當ノコトニシテ手形法理ノ動カスヘカラサル處ナリ蓋シ之レ手形ノ效力ヲ明確ニシ其流通力ノ敏捷ナルコトヲ保存セシムルノ必要アレハナリ然レトモ手形ノ世界的性質ヲ有スルヨリシテ或場合ニ在リテハ所持人ニ對シテ苛酷タルコトヲ免レス故ニ新法典ハ所持人ノ其有セシ所ノ手形權利カ時效ニ罹リ又ハ手續ノ欠缺ニ因リテ消滅シタルトキト雖モ振出人又ハ引受人ニ對シテハ其等ノ者カ受ケタル利益ノ限度ニ於テ償還ノ請求ヲ爲スコトヲ得ルモノトシテ手形法規ノ嚴格ヲ融和シタリ然レトモ其振出人ニ對シテ其償還ヲ請求シ得ル

ニハ之ヲ區別シテ論スルノ要アリ若シ夫レ其手形ニシテ要件ヲ具備セサルモノナルトキハ假令其手形ニ流通力ヲ有セシムルモ元來手形ヨリ生シタル權利ナルモノヽ存在セサルヲ以テ其受ケタル利益ノ限度ニ於テ償還ヲ爲サシムルコトヲ得ス但其直接ノ當事者間ニ在リテハ普通法ノ規定ニ因リテ之ヲ償還セシムルコトヲ得ルハ前述セシ處ノ如シ故ニ振出人カ其受ケタル利益ノ限度ニ於テ償還ノ請求ニ應セサルヘカラサル場合ハ手形上ノ債務ヲ負擔シタル場合ニ限ルモノト知ラサルヘカラサルナリ

斯ノ如ク所持人ハ手形權利ノ消滅シタルトキハ振出人又ハ引受人ニ對シテ其者等カ受ケタル利益ノ限度ニ於テ償還ノ請求ヲ爲スコトヲ得ルモ其裏書人ニ對シテ此請求ヲ爲スコトヲ得ス之レ蓋シ振出人ハ其手形ヲ振出スニ當リテハ對價ヲ得タルモ對價ヲ支拂ヒタルコトナク又引受人ハ支拂ノ對價ヲ得タルモ對價ヲ拂ヒタルコトナキニ反シテ裏書人ハ其裏書ヲ爲スニ當リテハ對價ヲ得タルモ亦タ對價ヲ支拂ヒタルヘキモノナルヲ以テ

裏書人ハ所持人カ手形上ノ權利ヲ失ヒタル爲メニ不當ニ利得ヲ爲シタルモノト云フコトヲ得サルヘケレハナリ

余輩ハ更ニ進ンテ振出委託者ノ存在セシ場合ヲ觀察スヘシ夫レ振出委託者ノ存在セシトキハ振出人ハ對價ヲ得サルヲ以テ右ノ償還請求ニ應スル理由ナキモ其委託者ハ之カ對價ヲ得タルモノナルヲ以テ所持人ハ其委託者ニ對シテ不當利得ノ償還ヲ請求スルコトヲ得ルヤノ疑問ヲ生ス然レトモ振出委託者ノ如キハ手形義務ヲ負擔シタル者ニ非ス抑モ不當利得ノ償還ヲ請求シ得ル權利ハ手形權利ノ体樣ヲ變シタルモノナルヲ以テ手形上ノ義務ヲ負擔シタル者ニ對スルニ非サレハ之ヲ行使スルコトヲ得サルハ法理ノ疑ヲ存セサル所ナリ

最後ニ臨ンテ論究スヘキハ不當利得ノ償還請求權ハ如何ナル時效ニ罹リテ消滅スヘキヤ又其起算點ハ何レニ在リテ存スルヤノ問題是ナリ抑モ時效ノ期間ノ進行ハ其權利ノ行使ヲ爲シ得ル時ヲ以テ始マルモノトスルハ

岸本評論不當利得償還ノ請求權ハ手形債權ニ非サルヲ以テ商行爲ヨリ生シタル債權ナリト云フコトヲ得ス從ヒテ商法ノ時效ニ罹ラシムルノ不當ナルコトヲ論シタル著者ノ說ハ當ヲ得タルモノト云ハサルヘカラス
毛戸曰、同感

民法ノ規定スル所ニシテ是ヲ原則トス本問ノ權利ハ手形債權ノ行使ニ非スシテ不當利得ノ返還請求權ノ行使ナルヲ以テ手形債權ノ時效期間ノ起算點ト同一ノ起算點ヲ定ムルハ不當ノコトニ屬スルヲ以テ反對論者ノ存在スルニモ拘ハラス余輩ハ不當利得償還請求權ヲ行使シ得ル時ヲ以テ其起算點ト爲スヘキモノナリト云ハント欲スル者ナリ次ニ本問ノ時效ハ民法ノ時效ニ從フヘキモノナリヤ將タ商法ノ時效ニ從フヘキモノナリヤヲ決セサルヘカラス若シ之ヲ商法ノ時效ニ從フヘキモノトセハ此不當利得償還請求權ハ第二百八十五條ニ依リ商行爲ニ因リテ生シタルモノナリト爲サヽルヘカラス而シテ第二百六十三條ニ依ルトキハ手形ニ關スル行爲ハ商行爲ニシテ之ニ因リ生スル債權ハ手形債權ナラサルヘカラス本問不當利得償還ノ請求權ハ手形債權ニ非サルヲ以テ商行爲ニ因リテ生シタル債權ニ非ス從ヒテ商法ノ時效ニ罹リテ消滅スヘキモノニ非サルカ如シ之ヲ以テ余輩ノ考フル處ニ依レハ商法ノ時效ハ商行爲ニ因リテ生シタル債

鷟洲曰、未タ容易ニ首肯スル能ハス

權ノ時效ヲ定メタルモノニシテ商法ニ規定シタル債權ト雖モ其性質ニ從ヒ商行爲ニ因リテ生シタルモノニ非サルトキハ民法ノ時效ニ從ハシムヘキニ似タリ故ニ本問不當利得償還ノ請求權ノ如キハ商法ニ於テ之ヲ規定セリト雖モ其性質ハ商行爲ニ非サルヲ以テ民法ノ時效ニ從フヘキモノナリト云ハサルヘカラサルナリ

第二編　爲替手形

第一章　爲替手形ノ性質

世ノ論者多クハ爲替手形ヲ論シテ信用ノ具ナリト云ヘリ然レトモ此說未タ以テ綮肯ヲ得タルモノニ非ス手形法ハ信用法ノ一種ニ屬シ信用ノ具ハ獨リ爲替手形ニ止マラス約束手形及ヒ小切手ト雖モ亦信用ノ具ト爲ルモノナリ各種ノ手形ヲ區別センニハ其性質ニ依ルコトヲ得スシテ形式ニ依ルノ外アラス

爲替手形ハ他ノ手形ト同シク信用ノ機關ニシテ貨幣ヲ代表シ能ク貨物ヲ輾環シ以テ經濟社會ニ於ケル交通ノ活達ヲ爲サシムル處ノ力ヲ有ス之ヲ以テ爲替手形ハ貨物輾環ノ用ニ供セラルヘキ第三者ノ支拂ニ係ル權利的證券ナリト云フコトヲ得ヘシ然レトモ小切手モ亦貨物輾環ノ用ニ供セラルヘキ第三者ノ支拂ニ係ル權利的證書ナルヲ以テ未タ爲替手形ノ意義ヲ

岸本評論權利カ信用ノ機關タル働キヲ爲ストハ少シク妥當ヲ缺クノ嫌アリ

毛戸曰、何故ニ手形ノ觀念ニ伴ハサルカ

明カニシタルモノナリト云フヘカラスト雖モ小切手ハ主トシテ其目的カ支拂ヲ爲スニ在ルモノナルヲ以テ主タル目的ノ差異ニ依リ此二者ノ區別ヲ爲スコトヲ得ルモノトス

余輩ハ茲ニ爲替手形ハ信用ノ機關ナリト云フト雖モ手形其物ハ一ノ紙片ニ過キサルヲ以テ紙片カ此效力ヲ有スルモノナリト云フニ非ス紙片カ證明スル處ノ手形權利カ紙片ニ依リテ此働ヲ爲スト云フニ在ルナリ然ルニ歐洲ノ學者中ニハ手形權利ヲ二種ニ分チテ一ヲ手形物權ト云ヒ他ノ一ヲ手形債權ト云ヘリ其手形物權トハ紙片ヲ指シテ云ヒ手形債權トハ紙片ノ證明スル處ノ權利ヲ指シテ之ヲ云フモノトセリ然レトモ手形ハ其成立ノ時ニ於テ直ニ權利ヲ發生スト云フノ不當ナルコトハ余輩ノ既ニ論シタル處ニシテ又手形物權ナルモノヲ認メ手形ノ本質トシテ發生スル處ノ權利ヲ物權取得ノ方法ニ依リ取得セシメントスルハ手形(權利)ノ觀念ニ伴ハサル説明ナリト云ハサルヘカラサルナリ之ヲ以テ手形物權カ信用ノ機關ト

毛戸曰、著者ノ手形行爲ノ定義ニ對シテハ難ナキ能ハス何トナレハ若シ著者ノ定義ニ從ヘハ手形所持人ニ手形ヲ受取ル旨ヲ記載シ署名スルモ亦手形行爲ト云ハサルヘカラサレハナリ

爲ルモノナリト解スルコトヲ避ケサルヘカラス

第二章　手形行爲

手形ニ關スル商行爲中ニハ一方的商行爲ト双方的商行爲ノ二者ヲ包含シ又一方的商行爲中ニモ手形行爲ナルモノト否ラサルモノトノ二アリ本章説明セントスル所ハ其手形行爲ノ何モノナルヤニ在リ手形行爲トハ手形ニ要スヘキ方式的行爲ヲ云ヒ手形ニ要スヘキ方式的行爲トハ手形法規定ノ事項ヲ記載シ之ニ署名行爲ヲ爲ス處ノ行爲ヲ云フモノニシテ振出、裏書、引受（參加引受）及ヒ保證ノ法律行爲ナリトス

手形行爲ハ手形ニ要スヘキ方式的行爲ナルヲ以テ手形ニ要スルコトナク手形ニ關シテ生スル處ノ行爲ハ手形行爲ニ非サルナリ

手形行爲ハ絶對的法律行爲ニシテ又片面的即チ單獨的法律行爲ナリ此絶對的且ツ單獨的法律行爲ハ要式的行爲ナルヲ以テ毫モ双方的法律行爲ノ觀念ヲ以テ之ヲ説明スルコトヲ得サルハ總則ニ於テ準備行爲ノ説明ヲ爲

著者曰、受取ノ旨ヲ記載シテ署名行爲ヲ爲スハ余輩ノ所謂手形ニ要スヘキ方式的行爲ニ非サルナリ

スニ當リテ一言シタル處ナリ

第一節　手形ノ振出

手形即チ權利的證券ハ定式ノ要件ヲ具備シテ始メテ成立スルモノナリ其要件ヲ具備スル處ノ行爲ヲ振出ト云フ之ヲ換言スレハ手形ノ振出ハ手形ヲ作製スル處ノ行爲ナリトス而シテ手形要件ニハ之ヲ欠缺スルトキハ全ク成立セサルモノト法律ノ規定ヲ以テ之ヲ補缺シ其成立ヲ妨ケサルモノトアリ又要件以外ノ事項ヲ記載スルトキハ偶々其效力ヲ生スルモノアリ以下區別シテ之ヲ論スヘシ

第一款　手形ノ要素

手形ノ要素トハ手形要件中缺クヘカラサル處ノモノニシテ之ヲ缺クトキハ手形トシテ成立スルコトヲ得サル處ノモノヲ云フ

(一)爲替手形タルコトヲ示スヘキ文字

此要件ハ各國ノ法制區々ニシテ或ハ之ヲ必要トシ或ハ之ヲ必要トセサル

モノアリ英佛ノ手形法ニハ之ヲ必要トスルコトナシ我手形法ハ獨逸法系ノ法制ニ倣ヒテ之ヲ要件トスルコト、セリ蓋シ其他ノ要件ヲ具備シテ此要件ヲ欠缺スルトキハ往々ニシテ小切手ト區別スルコト克ハサルノミナラス手形以外ノ民事債權證書ト之ヲ區別スルコトノ困難ナル場合ニ立チ至ルコト尠カラス加之以後ノ署名行爲者ヲシテ手形ナルコトノ注意ヲ惹カシメ其所持人ヲシテ手形法上ノ手續ヲ怠ラサラシメンカ爲メニ此要件ヲ掲ケシムルコトニ於テ幾多ノ必要ノ存在スヘケレハナリ之ヲ以テ各國ノ法制ニ於テ之ヲ要件ト爲サヽルニモ拘ハラス我法典ニ於テ之カ規定ノ存在ヲ見ルニ至リタルナリ

爲替手形ナル文字ノ表示ヲ要件トスルコト斯ノ如シト雖モ必スシモ爲替手形ナル文字ヲ以テ記載ノ必要アルモノトスルニ非ス單ニ爲替手形ナルコトヲ知リ得ヘキ表示ヲ爲セハ足ルナリ故ニ爲替ト書クモ爲替證券ト書クモ又ハ片假名變体等ノ文字ヲ以テ表示スルモ可ナリ要ハ只爲替手形ナ

ルコトヲ知ラシメ得ルニ至ラハ足レルモノナリ然ラハ外國語ヲ以テ爲替手形ナルコトノ表示ヲ爲スニ於テ毫モ不可ナキニ似タリ蓋シ手形法ニ於テ手形記載文字ハ日本語ニ限ルトノ規定ナキニ於テハ文字ハ世界的ノ性質ヲ有スルモノナルヲ以テ之ヲ混用スルモ手形タルコトヲ害スルコトナケレハナリ

(二)一定ノ金額

手形債權ノ目的ハ金錢ノ支拂ヲ爲スニ在リテ此目的カ即チ手形ト他ノ商業證券ヲ區別スル處ノ基因ト爲ルナリ他ノ商業證券ニ在リテハ單リ金錢ノ支拂ニ限ラス或ハ貨物ノ引渡ヲ以テ其目的トスルコトヲ得レトモ手形債權ノ目的ハ必ス金錢ノ支拂ヲ爲スコトニ限ラサルヘカラサルナリ

斯ノ如ク手形ノ目的ハ金錢ノ支拂ヲ爲スニ在ルヲ以テ其金額ヲ手形ニ記載スルハ重要ノ事項ナリト云ハサルヘカラス之ヲ以テ各國ノ法制ハ何レモ之ヲ要件トセサルハナシ而シテ其金額ヲ記載スルニハ必ス一定シタル

昔生曰、著者ノ論決ヲ可トス

金額ナラサルヘカラス其之ヲ一定シタルモノナラサルヘカラサル必要ハ何處ニ在リテ存スルヤ學者往々之カ説明ヲ怠ル者アリ今少シク此説述ニ時間ヲ費サントス抑モ手形ハ貨幣ニ代ハリテ貨物ノ輾環ヲ掌リ市場ニ於テ取引ノ目的ト爲ルモノナルヲ以テ其流通力ヲシテ活達自在ナラシメサルヘカラス手形金額ハ計算ノ後ニ定ムルコトヲ得セシメ又ハ或貨物ノ時價ヲ標準トスルカ如キハ手形ノ流通活達ヲ害スルニ至ルヘシ此理由ヨリシテ左ノ問題ヲ決スルコトヲ得ヘシ曰ハク利息附手形ハ計算ノ後ニ定ムルコトヲ得ルトスルモ其金額ハ一定ノモノニ非サルヲ以テ手形金額ト爲スコトヲ得スト而シテ獨法ニテハ其利息ヲ附シタル部分ノミヲ無效トシ墺國法ニテハ手形ヲ無效トシ英國法ニテハ手形、利息共ニ無效トセリ然レトモ墺ト英ハ結果ヲ異ニスルモノニ非ス我新法典ニ於テハ之ヲ如何ニ定ムヘキヤ余輩ノ考ヲ以テスルトキハ手形行爲者ノ意思ハ之ヲ分ツヘカラサルモノニ在リタルヤ推知シ得ヘク即チ主從ノ金額ヲ以テ手形金額ト爲シタルモノナルヲ以テ其主從ノ金額ハ一個ノ金額ト見サルヘカラサルニ因リ畢竟不定ノ金額ヲ記載シタルモノトシ手形要件ヲ欠缺セル無效ノ手形ト云ハサルヘカラサルカ如シ

斯ノ如ク手形ニハ一定ノ金額ヲ記載セサルヘカラサルモノトセリ然ラハ苟モ金額ナルトキハ何國ノ通貨ヲ以テスルモ手形要件タルニ妨クルコトナキカ國家ハ他ノ國家ノ通貨ヲ認ムルハ貨幣制度ニ於ケル一例外ニシテ手形法ニ所謂金額トハ其手形ノ成立ヲ司ル邦國ノ通貨ヲ以テ積算シタル處ノモノヲ云フト解スヘキニ似タリ然レトモ余輩ノ考ヲ以テスレハ金額其モノハ手形成立國ノ通貨ニ依リテ積算シタルモノナラサルヘカラサル必要ナシトスヘキカ如シ蓋シ國家ハ他ノ國家ノ通貨ヲ認ムルハ貨幣制度ノ例外ニ屬スト云フト雖モ這ハ之ヲ認メテ自國ノ通貨ト爲ス場合ニ於ケル説明ニ過キス苟モ他國ノ自主權ヲ認メタル以上ハ他國ノ通貨ヲ認メサルコトヲ得サル可ケレハナリ之ヲ以テ手形金額ハ何レノ國ノ通貨ヲ以テ

積算シタル金額ニテモ之ヲ記載スルコトヲ得ヘシ民法第四百三條ニハ外國ノ通貨ヲ以テ債權額ヲ指定シタル場合ニ付テ規定セリ此規定ハ手形金額ニ適用セラル丶モノタルヤ毫モ疑ノ存セサル處ナリ
手形金額ハ舊法典ニ依ルトキハ必ス文辭ヲ以テ之ヲ記載スヘキモノト爲セシモ我國ニ於テハ文字ト數字トノ區別ノ存在セサルヲ以テ新法典ハ單ニ「一定ノ金額」ヲ記載スヘシト爲シタリ然ルトキハ金額ヲ記載スルニ付キ接字的ニ之ヲ記載スル場合例ヘハ貳參伍圓或ハ二三五圓ト記載スルコトアリ又ハ文句的ニ之ヲ記載スル場合例ヘハ貳百參拾伍圓或ハ二百三十五圓ト記載スルコトアリ此二個ノ記載方ニ付テハ別ニ明規スルコトナキヲ以テ此二個ノ場合モ亦共ニ金額ノ記載アルモノト見做サ丶ルヘカラス次ニ起ルヘキ問題ハ右ノ接字的ノ記載ト文句的ノ記載ト併記シテ爾カモ相牴觸スルトキハ何レヲ以テ正當トスヘキヤ英法ニ依レハ文句的ノ金額ヲ記載シタル方ニ手形金額タル效力ヲ與フルモノトセリ又獨逸法系ノ法制

ニ在リテハ文句的ノ記載ニ手形金額タル效力ヲ與フレトモ其一方ノミヲ二重ニ記載シ其間ニ牴觸スルトキハ其金額ノ最モ小額ナルモノニ手形金額タル效力ヲ與フルモノトセリ我新法典ハ主要ナル部分ノ記載ト其他ノ部分ノ記載ト相牴觸スルトキハ其主要ナル部分ノ記載ニ手形金額タル效力ヲ與フルモノトセリ此規定ハ更ニ問題ヲ生ス即チ主要ナル部分トハ如何ナル部分ヲ指シテ之ヲ云フヤ是ナリ若シ夫レ主要ナル部分ヲ一定シテ其部分ニ相牴觸スル處ノ二個ノ金額ヲ併記スルトキハ其孰レヲ以テ手形金額ト看做スヘキヤ到底事實承審官ノ認定ノ資料ヲ定ムルコト能ハサルヘシ之ニ因リ此規定ヲ以テ未タ滿足スルコトヲ得サルナリ

(三) 成立人員

爲替手形ノ成立ニハ必ス三個ノ人員ヲ存セサルヘカラス曰ハク振出人曰ハク受取人曰ハク支拂人是ナリ夫ノ所持人、保證人又ハ參加人ノ如キモ手形人員ニ外ナラサレトモ所謂成立人員ニハ非サルナリ以下成立人員ヲ細

毛戸曰、無記名手形ノ金額ヲ制限シタルハ金額ノ小ナルトキハ人ノ其署名如何ニ資力ニ留意セスシテ之ヲ流通シ

別シテ其大要ヲ説明スヘシ

(甲) 受取人ノ氏名又ハ商號

爲替手形ハ記名式ナルトキハ勿論指圖式ナルト無記名式ナルトヲ問ハス其成立人員ニ三個アルコトヲ要スルヤ上ニ述ヘタルカ如シ而シテ其三個ノ人員ハ手形成立ノ要件ナルヲ以テ記名式及ヒ指圖式ノ手形ニハ必ス之ヲ記載セサルヘカラサルモ無記名式ノ手形ナルトキハ其人員中受取人ノ氏名又ハ商號ヲ記載スルコトナシ是レ無記名式手形ノ無記名式タル所以ナリ其無記名式手形ハ如何ナル制限ニモ服スルコトナクシテ之ヲ發行スルコトヲ得ルヤト云フニ法規ヲ外ニシテハ然リト答ヘサル可ラス然レトモ無記名式手形ノ濫發ハ其發行ノ容易便利ナル丈ケ諸種ノ弊害ノ之ニ伴フモノニシテ法律ノ規定ヲ以テ之ヲ制限スルノ必要アリテ存ス之ヲ制限スルニハ金額ノ最低度ヲ定ムルヲ以テ其方法ヲ得タルニ近キカ如シ蓋シ其發行ノ容易且ツ便利ナルヲ以テ無分別ニ之ヲ發行シ其發行スルヤ多ク

昔生曰、手形人員ハ凡テ單數ニハ非スヤ複數人員ノ行爲ハ果シテ手形ノ本質ニ乖戻スルコトナキカ

濠洲曰、金額制限ヲ以テ特リ發行人ニ注意ヲ促サシムル爲メトノ立法理由首肯シ難シ

以テ多數人ニ迷惑ヲ及ホス恐アルニ因ラサルカ

ハ少許ノ金額ニ在リ之ヲ以テ或金額以下ノ手形ハ無記名式ニテ之ヲ發行スルコトヲ得ストセハ巨額ノ手形ヲ發行スル者ハ左思右考濫リニ之ヲ發行スルコト少ナキヲ以テ爲メニ諸種ノ弊害ノ之ニ伴フコトヲ防止シ得ヘケレハナリ此理由ニ基キ法律ハ三十圓以下ノ手形ハ無記名式ニテ之ヲ發行スルコトヲ許サストセリ斯ノ如キ無記名式手形ニハ手形成立人員ニ三個アルコトヲ要スルモ受取人ハ手形記載ノ要件ト爲ラス之ニ反シテ記名式及ヒ指圖式ノ手形ニハ手形ノ成立人員ハ盡ク記載要件ヲ爲スモノナルヲ以テ受取人ノ記載ハ之ヲ缺クコトヲ得サルナリ之レ記名式及ヒ指圖式タル所以ニシテ抑モ亦無記名式手形ト區別スル處ノ要件タリ

手形ニ數名ノ受取人ノ存在スルコトヲ得ルカ此問題ハ古ク存セルモノニシテ兎角ノ議論ヲ聞ケリ然レトモ余輩ノ考ヲ以テスルトキハ甚タ無雜作ニシテ一人ノ受取人モ數人ノ受取人モ猶受取人ナリ手形法上之ヲ否認スル規定ノ存スルコトナク又手形ノ性質上一人ニ非スンハ受取人タルコト

ヲ得サル理由ハ存スルコトナシト云フヘキニ似タリ蓋シ受取人ノ數名存スル場合ニ於テ其受取人カ一个ノ手形ノ受取行爲ヲ爲スニ妨ケナク且ツ手形ノ權利的證券タル觀念ト相容レサルコトナケレハナリ

斯ノ如ク受取人ハ手形ノ記載要件ヲ爲スモノナレハ其受取人ヲ表示スヘキ標式ナカルヘカラス舊法典ニ於テハ氏名ヲ記載スヘキモノト爲シ佛國ノ如キハ其何人ナルカヲ知リ得レハ足レリトセルヲ以テ我舊法典ノ下ニ於テモ之ヲ同一ニ論スル者アリタリキ然レトモ我新法典ハ氏名又ハ商號ヲ記載スヘキモノトセルヲ以テ必ス受取人ノ氏名ヲ記載シ又其商號ヲ有スル者ナルトキハ氏名又ハ商號ノ二者其一ヲ記載セサルヘカラサルナリ而シテ氏名又ハ商號ヲ記載スルトキハ住所又ハ營業所ノ如キハ之ヲ記載スルコトヲ要セサルナリ

受取人ハ手形ノ成立人員ノ一ナルモ此成立人員ハ必スシモ三個特立ノモノナラサルヘカラサルモノニ非ス形式上三個ノ人員ヲ具備スルトキハ實

毛戸曰、受取人ト支拂人トハ同一人タルヲ得ルニアラサルカ（四四七參照）

体上ハ三人アルコトヲ要セス然レトモ受取人ニシテ支拂人ト爲ルコトヲ得サルハ法律上ノ許サヽル處ニ非サルヨリハ寧ロ事實上其行爲ノ活働ヲ爲サヽルカ爲メナリ只此二者ヲ兼ネ得ル處ノ者ハ振出人アルノミ振出人ハ自己ヲ受取人トシテ爲替手形ヲ振出スコトヲ得之ヲ一見スルトキハ振出人ハ自ラ受取人ト爲リテ手形ヲ振出スハ不能ノコトニ屬スルカ如キモ振出人ハ受取人トシ之ヲ裏書シテ手形ノ流通ヲ爲スコトヲ得ルヲ以テ此二者ヲ兼ネシムルモ毫モ手形ノ性質ヲ害スルコトナシ之レ舊法典ニ所謂自己指圖手形ト云フモノニ相當スレトモ指圖ノ語ハ適當ノモノニ非サルヲ以テ新法典ニ是等ノ法語ヲ除キタルハ至當ノコトヽ云フヘシ

（乙）支拂人ノ氏名又ハ商號

支拂人ハ記名式手形、指圖式手形及ヒ無記名式手形ヲ通シテ手形ノ記載要件タリ其支拂人タルコトヲ表示スヘキ標式ハ受取人ノ表示ト同シク其氏名又ハ商號ヲ記載スヘキモノトス支拂人モ亦數人存在スルコトヲ得ルカ余輩ハ然リト答ヘント欲ス蓋シ手形ニ數人ノ受取人アルコトヲ妨ケサルカ如ク支拂人ノ數人存在スルコトハ毫モ手形ノ性質ヲ害セサルノミナラス支拂人ノ數人カ引受ヲ爲シタルトキハ第二百七十三條ニ依リ連帶ノ義務ヲ負擔スルモノナルヲ以テ却テ手形流通ノ證憑力ヲ鞏固ニシ經濟社會ノ利益ヲ增進シ且ツ其支拂行爲ノ妨害ヲ招クコトナキヲ以テナリ然ルニ論者アリ支拂ノ委託ハ必ス單純ナルコトヲ要スルモノナルヲ以テ數人ノ支拂人ヲ存スルコトハ此單純ノ委託ニ違反スルモノナレハ支拂人ハ必ス一人ナラサルヘカラスト論セリ余輩ハ「單純ナル支拂ノ委託」ナル文字ヲ此如ク解釋スルコトヲ得サルモノナリ單純ナル委託ハ支拂ノ單純ナルコトヲ指シテ云フモノニシテ支拂ノ單純ナルコトハ支拂人ノ數人存在スルコト、相容レサルモノニ非ス蓋シ支拂ノ單純トハ手形金額ノ必ス支拂ハルヘキコトノ言ニシテ支拂ニ條件若クハ制限ヲ付シ其他支拂ノ確保ヲ缺ク如キ支拂ノ委託ナラサルコトヲ要スルニ在リテ支拂人ノ數人存在スルコ

岸本評論數人ノ支拂人ヲ設定スルコトヲ得ト論スル結果ハ著者ノ說ノ如クナラサルヘカラス

毛戸〃疑ナキ能ハス

トハ此支拂ノ確保ヲ缺クモノニ非サレハナリ
斯ノ如ク手形ニ數人ノ支拂人ヲ存スルコトヲ得ルヤ理論ノ正ニ疑ヲ容レサル處ナレトモ更ニ重要ナル問題ヲ生ス即チ數人ノ支拂人ハ必ス同一ノ土地ニ住所ヲ有スルコトヲ要スルヤ否ヤ是ナリ或學者ハ之ニ答ヘテ他所拂ノ手形ナルトキハ數人ノ支拂人カ必スシモ同一ノ土地ニ住所ヲ有スルコトヲ要セサレトモ住所地拂ノ手形ナルトキハ數人ノ支拂人ハ必ス同一ノ土地ニ住所ヲ有セサルヘカラスト云ヘリ然レトモ住所拂ノ手形ナルトキハ何故ニ數人ノ支拂人カ同一ノ土地ニ住所ヲ有セサルヘカラサルカヲ證明セス若シ其同一ノ土地ニ住所ヲ有セサルヘカラストセハ手形ノ流通中ニ支拂人ノ一人カ住所ヲ他ノ異リタル土地ニ轉シタルトキハ其手形ハ成立條件ヲ欠缺スルニ至ルモノト云ハサルヘカラス而シテ此等ノ議論ハ其根據ヲ求ムルニ甚タ苦マサルヲ得ス否何等ノ根據ヲ有セサルモノナリ余輩ノ所信ニ因ルトキハ手形ノ支拂地ハ支拂人ノ住所地ト同一ナルコト

ヲ要セサルハ勿論數人ノ支拂人ハ共同ニ非スンハ支拂ヲ爲シ得サルニ非ス支拂人ノ住所地カ異ナル爲メニ單純ナル委託ニ違反スルコトナシ數人ノ支拂人ハ連帶シテ支拂ヲ爲スニ至ルモ其支拂行爲ハ各人獨立ノ行爲ナリ甲支拂人ノ住所地カ支拂地ト同一ノ土地ニ存シテ乙支拂人ノ住所カ支拂地ト異ナル土地ニ在ルトキハ其手形ハ甲支拂人ニ付テハ住所拂ノ手形ト爲ルモ乙支拂人ニ付テハ他所拂ノ手形ト爲ル而シテ毫モ怪シム處ナシト論セサルヲ得サルナリ手形ハ住所拂ノモノナルカ否ラサレハ他所拂ノモノナラサルヘカラス一ノ手形ニシテ住所拂ノモノト他所拂ノモノトノ二者ヲ兼ヌルハ手形ノ本質ニ非スト論スル者ハ手形ノ支拂人ハ普通一人ナリ數人アルヘカラスト主張スルコトヲ要ス否ラスシテ支拂人ノ數人存在スルコトヲ認メタルトキハ其主張ノ根據ヲ有セサルニ至ルヘシ殊ニ法文ハ支拂地ヲ記載スヘキモノトシタルヲ以テ孰レノ住所地ヲ以テモ支拂地ト定ムルコトヲ要セス又支拂地ヲ定メサルトキハ支拂人ノ住所地ヲ

以テ支拂人ト定ムルモノナルヲ以テ支拂人ノ數人アルトキハ各支拂人ニ就テ其支拂地ヲ定ムルコトハ何等ノ制限ナキ條文ノ解釋ニ於テ手形ノ本質ヲ害スルコトアラサルナリ

振出人ハ受取人タル手形人員ヲ兼ネ得ルカ如ク振出人ハ支拂人ヲ兼ヌルコトヲ得之レ舊法典ニ所謂自己宛手形ト云フモノニ相當ス振出人カ自己ヲ支拂人ト定ムルトキハ約束手形ト區別スルコトナキニ至ルカ如シ如何トナレハ約束手形ハ振出人ハ即チ支拂人タレハナリ然レトモ手形ノ成立ニ於テ約束手形ノ成立人員ハ二個タルモ爲替手形ノ成立人員ハ三個タル點ニ於テ手形ノ成立人員ニ於ケル差異ハ少シモ變スルコトナシ其爲替手形ニ於ケル振出人カ支拂人ヲ兼ヌルハ約束手形ノ振出人ノ如ク振出人タルカ故ニ支拂人タルニ非スシテ支拂人ト定メタルカ故ニ支拂人タルニ在リテ實体上同一ノ人タルモ手形ノ形式上ニ於テハ嚴然特立シタル二個ノ資格ヲ有ス之ヲ以テ振出人カ自己ヲ支拂人ト定メタル爲替手形ハ約束手

形ト其性質ヲ異ニスルモノニ非スト論スル者ハ未タ二者ノ性質ヲ攻究セサルニ座スル罪ヲ免カルヘカラサルナリ

(丙) 振出人ノ氏名又ハ商號

新法典ハ振出人ノ氏名又ハ商號ヲ記載スルコトヲ以テ列擧事項ノ中ニ數フルコトナシト雖モ其第四百四十五條本文ニ於テ之ヲ記載スルコトヲ必要トセルヲ以テ列擧要件ニ非サルモ亦其必要條件ナルコトハ敢テ言フヲ待タサル處ナリ而シテ法文ニハ「振出人之ニ署名スルコトヲ要ス」ト規定セルヲ以テ其署名トハ氏名ヲ記載スルコトヲ云ヒテ商號ハ之ヲ記載スヘカラサルモノナルカ第三號及ヒ第四號ニハ「氏名又ハ商號」ト規定セルヲ以テ振出人ハ手形ニ氏名ハ之ヲ記載スヘキモ商號ハ之ヲ記載スヘカラサルカ如キ感ヲ擁カシム然レトモ商號ハ商業ニ付テ商人ヲ代表スル處ノ名稱ナルヲ以テ署名ト云フトキハ氏名及ヒ商號ヲ包含スルモノト解セサルヘカラス

岸本評論 著者ノ議論正鵠ヲ得タルモノト認ム惜哉少シク説明ノ足ラサル感アリ

為替手形ノ振出人ハ手形ノ原動力ヲ作成スルモノナリ此原動力ノ作成者ハ必ス一人ナラサルヘカラス數人アルヘカラサルカ之ヲ換言スレハ手形ノ振出人ハ一人以上存在スルコトヲ得ルカ舊法典ニハ振出ノ場所ヲ掲クルコトヲ以テ手形要件ト為セシヨリ手形ノ振出ハ唯一不可分ノ行為ナリ一アリテ二アルヘカラス故ニ振出人ハ一人ニ限ルナリト論シ或ハ振出人ハ數人アルコトヲ得ルモ振出ノ場所ハ必ス一ナラサルヘカラスト論スル者アリタリキ現ニ東京地方裁判所ニ於テハ此趣旨ニ因リテ判決ヲ試ミタリ然レトモ是等ノ論者ハ未タ手形ノ振出ナル行為ノ性質ヲ攻究セサルモノナリト云ハサルヘカラス

抑モ手形ノ振出ハ手形要件ヲ具備セル手形ニ署名行為ヲ為スニ因リ成立スルモノナリ斯ノ如ク手形ノ振出ハ振出人カ署名行為ヲ為スニ因リ成立スルモノトセハ數人カ之ニ署名行為ヲ為ストキハ之カ為メニ手形ノ振出ヲ妨クルモノナリト論スル根據ヲ有スルコトナシ而シテ手形ノ振出行為

ハ唯一不可分ノモノナリトノ論結ハ各人ノ振出行爲ニ付テ言明シ得ル處ニシテ之ヲ例セハ甲カ署名行爲ヲ爲シテ丁ニ交付シ更ニ乙及ヒ丙モ順次之ニ署名行爲ヲ爲シテ丁ニ交付シタルトキハ交付ノ行爲ハ二度以上ニ及フモ各人ノ振出行爲ハ毫モ欠缺スル處ナシ故ニ手形ノ振出人ハ一人ニ限ルトスルノ理由ノ存スルコトナク二人以上幾人存在スルモ振出人トシテ署名行爲ヲ爲スニハ必スシモ同時ノ行爲ヲ必要トスルモノニ非ス又其場所ノ同一ナルコトヲ要スルモノニ非ス故ニ甲ハ東京ニ於テ手形ヲ振出シ東京ヲ以テ振出ノ場所ト爲シ乙ハ横濱ニ於テ其手形ニ振出人トシテ署名行爲ヲ爲シ横濱ヲ以テ振出ノ場所ト爲スコトヲ得是レ蓋シ各人ノ爲シタル行爲ハ各人ノ單獨ナル行爲ニシテ其行爲カ互ニ相關鎖スル處ナキヲ以テ此各人ノ行爲ハ同時ニ同一場所ニ於テセサルヘカラサル理由ノ存スルコトナケレハナリ要スル所手形ハ數人ニ於テ之ヲ振出スコトヲ得ルモノニシテ其振出行爲ハ各人格別ノ單獨行爲ナルヲ以テ各人ハ各別ノ場所ニ

於テ之ヲ振出スコトヲ得ルモノトス之ヲ以テ舊法典ノ下ニ於テモ振出ノ場所ハ必ス一ナラサルヘカラストスルノ必要ナク各振出ノ場所ヲ記載スルコトヲ得ト云ハサルヘカラス新法典ニ於テハ振出ノ場所ハ手形ノ記載要件ト爲ラサルニ因リ此問題ハ單ニ手形ハ數人ニテ之ヲ振出スコトヲ得ルヤ否ヤニ存ス余輩ハ前述ノ理由ヲ以テ之ヲ是認スルモノナリ

(四) 單純ナル支拂ノ委託

手形ニ於ケル支拂ノ委託ハ通常「前記金額ハ何某殿ノ指圖人ニ御支拂可被成候也」ト記載スル處ノモノニシテ手形ノ本文ヲ指シテ之ヲ云フナリ手形ハ上來屢々陳述シタルカ如ク其體カニ支拂ハルヘキ事ノ文字上ニ明カナルニ非サレハ何人モ之ヲ信シテ受取ル者無ク之カ爲メニ手形ノ流通ヲ遮斷シ從ヒテ經濟社會ニ於ケル交通流融ノ發達ヲ妨クルニ至ルヘキヲ以テ何レノ國ノ法制ニ於テモ支拂ノ委託ニ關スル制限ナキハ非サルナリ而シテ如何ナル制限ヲ附スルトキハ此目的ヲ達スルコトヲ得ルヤト云フニ其

委託ノ單純ナルコトヲ要ストスルニ若クハナシ之ヲ以テ新法典ニ於テハ單純ナル支拂ノ委託ヲ手形ニ記載スヘキモノトセリ苟クモ手形ノ支拂委託ニシテ單純ナラサルトキハ手形ノ成立條件ヲ欠缺スルニ至ルヲ以テ其書面ハ手形トシテハ無效ノモノト云ハサルヘカラサルナリ故ニ支拂ノ委託ニ制限ヲ附スルトキハ其條件乃至制限カ第四百三十九條ニ依リ手形法ニ規定ナキ事項ノ記載ヲ爲シタルモノトシテ手形上ノ效力ヲ生セシメサルニ非ス其委託カ單純ノモノニ非サルヲ以テ手形要件ヲ欠缺スルモノトシテ手形其物ヲ無效トスルニ在ルナリ

法典ハ玆ニ委託ナル文字ヲ使用スルカ故ニ振出人ト支拂人トノ間ニ委託契約ノ成立スルモノナルカノ感アラシム即チ振出人ハ手形ヲ以テ委託契約ノ申込ヲ爲シ支拂人ハ引受ニ依リテ承諾ノ意思表示ヲ爲スニ似タリ然レトモ委託ハ第三者ノ支拂ヲ爲スヘキ言明ノ法語ニシテ振出行爲ノ一部分タル單獨的行爲ナリ引受ハ後ニ至リテ尙ホモ說明スルカ如ク委託ヲ引

受クルモノニ非ス支拂義務ヲ擔任スル處ノ行爲ニシテ固ヨリ單獨的行爲ナリ振出人ハ支拂ノ義務ヲ負擔スルモノニ非サルヲ以テ第三者ニ代位辨濟ノ委託ヲ爲スノ理由ナキハ勿論支拂人タル成立人員ハ其支拂人タル第三者ノ承諾ヲ要セスシテ之ヲ設定シ得ルモノナルヲ以テ此者ニ其委託ヲ爲スノ要アルコトナシ畢竟スルニ委託ナル法語ノ意義ニハ未塵タモ雙方的行爲ノ性質ヲ包含スルコトナシ

委託ノ單純ナラサルヘカラサルハ勿論ノコトナレトモ他面ニ於テハ所謂手形ノ三式ヲ明カニ割立スヘキ意義ヲ有スルヤ毫モ疑ヲ挿ムコトナシ手形ノ三式トハ記名式、指圖式及ヒ無記名式是ナリ我法典ニハ明カニ指圖式ノコトヲ規定セスト雖モ指圖式ノ使用ヲ許サスト解釋スルハ其正鵠ヲ得タルモノニ非サルヘシ而シテ手形ノ三式ハ特立シテ各其效力アリト雖モ之ヲ混用スルトキハ所謂三式ヲ濫用スルモノニシテ結局要件ノ牴觸ヲ來タスナリ牴觸シタル要件ハ自殺セルモノニシテ記載ノ效力アルコトナシ』

（五）振出ノ年月日

手形ニ振出ノ年月日ヲ手形要件トシテ記載スヘキヤ否ヤニ付テハ各國ノ法制自ラ二派ニ分ル、アリ一ハ振出ノ年月日ノ如キハ手形要件トシテ記載ノ必要ナシ故ニ偶々之ヲ記載スルモ效力ヲ生セス記載セサルモ無效ニ非ストセリ英法及ヒ一千八百八十五年萬國會議手形法案ハ此派ニ屬シ又他ノ一ハ振出ノ年月日ヲ以テ手形ノ記載要件トシ若シ之ヲ記載セサルトキハ手形其物ヲ無效トセリ佛、獨及ヒ我新舊法典等ハ此派ニ屬ス余輩ハ振出ノ年月日ヲ以テ手形ノ要件トセサル理由ヲ追究スルヨリモ其之ヲ必要條件トスル理由ヲ釋明セント欲ス

（甲）能力ヲ審査スルノ要アリ

凡ソ手形上ノ責任ヲ負擔スルニハ手形行爲ニ付テノ能力ヲ有スル者ナラサルヘカラス若シ手形上ノ能力ヲ有セサル者ニシテ手形ニ署名行爲ヲ爲シタリトセンカ手形上ノ義務ヲ負擔スルコトナキニ至ルヘシ斯ノ如ク署

名者ノ義務ハ能力ノ有無ニ因リテ或ハ之ヲ負擔シ或ハ之ヲ負擔セサルニ至ルモノトセハ其署名行爲當時ニ於テ果シテ能力ヲ有セシヤ否ヤヲ審査スルノ要アリ而シテ振出人ニ就テハ其署名行爲ヲ爲スニ當リ其年月日ヲ手形ニ記載スルニ非サレハ果シテ其振出ノ當時能力ヲ有セシヤ否ヤヲ知ルコトヲ得ス之レ茲ニ振出ノ年月日ヲ記載スルコトヲ以テ手形要件ト爲シタル理由ノ一ナリトス

(乙)支拂停止ハ時期ヲ審査スルノ要アリ

手形ヲ振出スニ當リ振出人ハ既ニ支拂ノ停止ヲ爲シ又ハ其停止ニ際シタル者ナリトセンカ手形ヲ振出シテ義務ノ更改ヲ爲シ以テ舊義務ヲ消滅セシメ又ハ手形ヲ振出シテ無償行爲乃至其他權利行爲ヲ爲ス者トシテ破產法ノ規定ニ從ハサルヘカラサルモノナルヲ以テ振出年月日ヲ手形ニ記載セシムルノ要アリトス是レ之ヲ手形要件ト爲シタル理由ノ二ナリ

(丙)滿期日又ハ呈示期間ヲ知ルノ要アリ

若シ夫レ手形ニ振出ノ年月日ヲ記載セサルコト在リトセンカ日附後定期拂ノ手形ニ在リテハ其滿期日ヲ定ムルコトヲ得ス又一覽拂若クハ一覽後定期拂ノ手形ニ在リテハ其呈示期間ノ經過シ始ムルコトヲ得ス之ヲ以テ手形ニハ其振出ノ年月日ヲ記載セシムルノ要アリトス是レ之ヲ手形ノ記載要件ト爲シタル理由ノ三ナリ

第二款　手形ノ通素

手形ノ要素ハ前款ニ於テ詳シク論シタルカ如ク必ス具備スヘキ處ノ要件ヲ指シテ之ヲ言ヒ若シ之ヲ缺クトキハ手形トシテ成立スルコトナキモノヲ云フ反之手形ノ通素ハ通常之ヲ記載スヘキモノナレトモ偶々之ヲ缺クコト在リタリトテ手形トシテ成立スルコトヲ妨ケス法律ハ特別ノ規定ヲ以テ之ヲ補充スル處ノモノヲ云フ蓋シ手形ノ通素ト爲シタル事項ノ如キハ往々ニシテ之ヲ揭クルコトヲ忘却スルコトアリ又在リ得ルコトナリ然ルニ之ヲ以テ直ニ手形其物ノ成立ヲ認メサルモノトスルニ至リテハ聊

カ酷ニ失シ又頗ル便利ヲ缺クニ至ルヘケレハナリ之ヲ以テ法律ハ假令手形ニ是等ノ條件ヲ缺クモ特別ノ規定ヲ以テ之ヲ補充シ其等ノ手形ヲ有效ノモノト爲シタルナリ而シテ手形ノ通素ト爲スヘキモノハ左ノ二個ノ事項ナリトス

(一) 一定ノ滿期日

手形ハ金錢ノ支拂ヲ委託スルモノナルヲ以テ其支拂期日ヲ明示スルコトハ實ニ必要ノコト丶云ハサルヘカラス其支拂期日ヲ稱シテ滿期日ト云フナリ此滿期日ヲ手形ニ記載スルニハ其期日ノ必ス確定セルコト又ハ確定シ得ルコトヲ要ス若シ夫レ否ラスシテ五日又ハ七日ト云ヒ或ハ船舶何號入港シタル日ト云フカ如ク不確定又ハ未必條件附ノ日ヲ以テ滿期日ヲ定ムルトキハ手形本來ノ性質ニ違反スルヲ以テ採ルヘキコトニ非ス之ヲ以テ法典ハ手形ノ滿期日ハ必ス一定ノモノナラサルヘカラサルモノトセリ故ニ滿期日トシテ手形ニ記載スルモ不確定又ハ未必條件附ノモノナル

トキハ其手形ニハ滿期日ノ記載ナキモノトス而シテ其一定ノ滿期日ヲ掲クルニ必ス何月某日ト爲スヘキモノトスルトキハ頗ル不便ナルヲ以テ滿期日ヲ定ムルニハ諸多ノ方法ニ依ルコト丶セリ此諸種ノ方法ニ付テハ各國ノ法制ハ區々トシテ一樣ナラス英國ノ如キハ頗ル寬大ニシテ一覽ノ日、確定セル將來ノ日又ハ確定スヘキ將來ノ日ヲ以テ滿期日ト爲スコトヲ得日附後又ハ一覽後一定ノ時期ヲ經過シタル時ニ支拂フヘキ手形及ヒ發生スルコトノ確定ナル特定ノ事實ノ發生シタル時又ハ其以後一定ノ時期ヲ經過シタル時ニ支拂フヘキ手形ハ有效ノモノトセリ反之獨、佛其他多クノ諸國及ヒ我新舊法典ノ如キハ頗ル愼重ノ法制ヲ採レリ盖シ手形ノ所持人ニ於テ一見以テ注意ヲ喚起シ得ル處ノ方法ヲ採ルニ非サレハ彼等ハ往々ニシテ手形上ノ權利ヲ失フニ至ルヘク殊ニ手形債務者ニ在リテハ其失權スヘキコトヲ豫期シテ故ラニ滿期日ヲ定ムル處ノ不明確ナル方法ヲ採ルニ至ルヘケレハナリ之ヲ以テ我新法典ハ左ノ四個ノ方法ニ因リテ滿期日

ノ種類ヲ定ムルコトヲ要ストセリ

(甲)確定セル日

確定セル日トハ何月某日又ハ天長節若クハ紀元節ト云フカ如ク一定不動ノ日ニシテ記載ノ當時ニ於テ既ニ其日ノ確定セル處ノモノニシテ此滿期日アル手形ヲ確定日拂ノ爲替手形ト云フ

(乙)日附後確定セル期間ヲ經過セル日

日附後確定セル期間ヲ經過セル日トハ手形ニ何月某日ヨリ幾日目ト云フカ如ク日附後一定ノ期間ヲ經過シタル其最後ノ日ヲ指スモノニシテ此滿期日ノ記載アル手形ヲ日附後定期拂ノ爲替手形ト云フ而シテ茲ニ日附後ト在ルニ因リ振出ノ年月日ヲ以テ之ヲ定ムヘキモノニ限ラス更ニ爾後ノ月日ヲ記載シテ此日附ヲ以テ定ムルコトヲ得ルト云フ者アレトモ是等ノ説ハ採ルニ足ラス蓋シ日附トハ振出ノ年月日ヲ云フモノニシテ其他ニ滿期日ヲ起算スヘキ年月日ヲ記載スルヲ要ストセル手形法ノ規定ナキヲ以

テ手形上ノ效力ヲ生スルコトナケレハナリ

（丙）一覽ノ日

一覽ノ日トハ手形ノ支拂人カ所持人ヨリ手形金額ノ支拂ノ爲メニ呈示ヲ受ケタル日即チ手形ヲ閲覽シタル日ヲ指スモノニシテ手形面上ニ於テハ暦日上ノ計算ヲ爲シ得サル處ノモノナリ此滿期日ノ記載アル手形ヲ一覽拂ノ爲替手形ト云フ

（丁）一覽後確定セル期間ヲ經過シタル日

一覽後確定セル期間ヲ經過シタル日トハ前項一覽ノ日ヨリ起算シテ幾日目ト云フモノニシテ通常「御一覽後幾日目ニ御支拂被下度候」ト在ルモノ是ナリ此滿期日ノ記載アル手形ヲ一覽後定期拂ノ爲替手形ト云フナリ

以上說述スル處ノ方法ニ憑リ滿期日ヲ定メテ其一ヲ手形ニ記載スヘキモノトスレトモ既ニ述ヘタルカ如ク時ニ或ハ之カ記載ヲ忘却スルコトアリテ屢々其記載ヲ缺クコトアルヘシ佛國ニ於テハ議論アレトモ英法及ヒ我

新舊法典ハ之ヲ無效ノモノトセス此ノ如キ場合ニ於テハ法律ハ其手形ヲ一覽拂ノモノトセリ之レ蓋シ一定ノ滿期日ヲ缺ク處ノ手形ヲ無效トスルノ酷ナルモ其他ノ滿期日ヲ以テ之ニ擬スルコトハ頗ル失當ナルニ因リ一覽拂ノモノトスルノ外ナケレハナリ

滿期日ハ必ス手形ノ全面ニ於テ之ヲ分別スヘカラサルモノナルカ各國ノ法制ハ區々トシテ歸一スル處ナシ獨逸法ニ於テハ之ヲ不可分ノモノトシ英法ニ於テハ之ヲ分別シ得ルモノトシテ割拂手形ナルモノヲ認メ佛法及ヒ我新舊法典ハ之ニ付キ何等ノ規定ヲ爲スコトナシ獨逸法ノ理由トスル處ハ手形ニ於ケル支拂ノ委託ハ必ス單純ノモノナラサルヘカラス又滿期日ハ一定ノモノナラサルヘカラス割拂ハ滿期日ノ一定ヲ缺クモノナリト云フニ在リ英法ノ理由トスル處ハ割拂ノ委託ハ單純ナル支拂ノ委託ヲ妨ケサルノミナラス滿期日ハ割拂ノ場合ニ於テモ一定ナルモノナリト云フニ在リ余輩ノ考ヲ以テスルトキハ獨逸法ヲ良シトス蓋シ我手形法ハ第四

百八十四條ニ手形金額ノ全部ニ付キ引受アリタルトキト雖モ所持人ハ其一部ノ支拂ヲ拒ムコトヲ得スト規定セルニ因リ滿期日ハ分別スヘカラサルコトヲ推知シ得ヘク若シ之ヲ分別シ得ヘキモノトセハ全部ニ付キ引受アリタルトキハ全部ニ付キ滿期日ノ到レルモノナルヲ以テ其一部ノ支拂ヲ拒ムコトヲ得サルハ他面ニ於テハ寧ロ其權利ナルヲ以テ此餘ノ規定カ其意味ヲ爲サヽルニ至ルヘシ殊ニ況ヤ其支拂ハ一種ノ制限ヲ爲スモノニシテ單純ナル支拂ノ委託ニ反スルモノナルヲ以テ手形ノ成立ヲ爲サヽルモノト云ハサルヘカラサレハナリ

(二)支拂地

佛法ニテハ爲替手形ノ振出地ト支拂地ヲ分ツヘカラサルモノト爲セリ然レトモ實ニ其根據ヲ有セサルモノニシテ手形ノ性質タル流通輾環ノ必要ヨリシテ殊ニ振出人ノ便利ヲ疏通シ手形ノ振出地ト支拂地トヲ異ニスルコトヲ得セシメサル可ラス之ヲ以テ多數ノ法制ハ振出地ト異ナル地ヲ以

テ支拂地ト爲スコトヲ得ルモノトセリ我新舊法典ハ右ノ理由ヲ以テ多數ノ法制ニ從ヒ振出地ト支拂地ハ之ヲ異ニスルモ聊カ妨ケナキノミナラス振出地ノ何地タルヲ問ハス支拂地ハ必ス之ヲ定メ置カサルヘカラサルモノトシテ以テ之ヲ手形ノ要件トセリ蓋シ佛法制ノ如ク振出地ト支拂地トヲ分ツヘカラサルモノトセハ振出地ノ記載ヲ以テ事足ルヘシト雖モ我法制ノ如ク振出地ト支拂地トハ之ヲ分ツコトヲ得且ツ振出地ノ記載ヲ以テ手形要件ト爲サヽルニ於テハ支拂地ヲ以テ手形ノ要件トシ之ヲ手形ニ記載スルカ若シ之ヲ缺クトキハ特別ノ方法ニ依リ之ヲ補充スルニ非サレハ手形ノ支拂ヲ受クルコト頗ル困難ナル場合ニ立チ至ルヘケレハナリ斯ノ如ク多數ノ法制ハ振出地以外ニ支拂地ヲ定ムルコトヲ得トスルモ之カ記載ニ付テハ自ラ二派ニ岐カル即チ一ハ手形ニ記載スルコトヲ要スルモノニシテ獨逸法典ヲ始メトシテ多クノ法制ノ採ル處ナリ他ハ之ヲ手形ニ記載スルコトヲ要セサルモノニシテ佛法典ヲ始メトシテ我法制之ニ倣ヘリ

岸本評論著者ノ論可ナリ

我法制ニ於テハ之ヲ關係的要件ト爲シテ支拂地ヲ手形ニ記載セサルトキハ之ヲ以テ直ニ手形ヲ無效トセス其場合ニ於テハ支拂人ノ住所地ヲ以テ其支拂地ト定メ以テ其手形ノ成立ヲ補充セリ然レトモ其支拂人ノ住所地ヲ以テ其支拂地ト爲スニハ單ニ支拂人ノ住所地ノ知レタルヲ以テ足レリトスルモノニ非ス住所地トシテ手形ニ記載シタルコトヲ要ス故ニ手形ニ住所地ノ記載ナキトキハ假令實際ニ於テ支拂人ノ住所地ノ知レタル場合ニ在リテモ之ヲ支拂地ト爲スコトヲ得サルナリ支拂地ハ一ニ限ルヘキカ將タ二以上ヲ存スルモ妨ケナキカノ問題ハ振出地ハ二以上アルモ妨ケナキヤノ問題ト共ニ常ニ提出セラル、處ナリ然レトモ支拂ノ委託ハ單純ナラサルヘカラスト云フ要件ノ存スル以上ハ振出地ノ問題ト同日ノ論ニ非ス余輩ハ二個以上ノ支拂地ノ記載アルトキハ支拂ノ委託ハ單純ナラサルモノトシテ其手形ヲ無效ノモノト云ハント欲ス或ハ云ハンカ支拂地ノ記載ト支拂ノ委託ノ記載ハ元來別項ノモノナルヲ以テ其支拂ノ委託ヲ記載

昔生曰、著者ノ議論ヲ採用ス

シタル文言ニシテ單純ナルトキハ二个以上ノ支拂地ヲ記載スルモ支拂ノ委託ハ單純ナラサルヘカラストノ要件ヲ缺クコトナシ之ヲ以テ支拂地ノ記載要件ハ特立ノモノナリト然レトモ甲地又ハ乙地ヲ以テ支拂地トシ或ハ甲地及ヒ乙地ヲ以テ支拂地トストキハ未定ノ土地又ハ其數个ノ土地ニ於テ支拂フヘキコトヲ定メタルモノニシテ各個ノ要件ハ特立ノモノナリト云フコトヲ得ス委託ハ單純ナルモノニ非ス之ヲ以テ二个以上ノ支拂地ヲ記載スルトキハ其手形ハ無效ノモノト云ハサルヘカラサルナリ然レトモ二人以上ノ支拂人ノ存スルトキハ其各自ノ支拂地ヲ異ニスルハ敢テ支拂ノ委託ハ單純ナラサル可ラストノ原則ニ違反スルコト無キヲ以テ此場合ニ於ケル支拂地ハ二个以上存在スルモ手形ノ成立ヲ妨クルコトナシ然ラハ手形金額ヲ分割シテ或部分ハ甲地ニ於テ支拂フヘシ他ノ部分ハ乙地ニ於テ支拂ヘシト云フカ如ク二个以上ノ支拂地ヲ定ムトキハ之ヲ有效トスルカ余輩ハ手形金額ノ分割ヲ認メサルヲ以テ此問題ハ否認セ

サルヘカラサルナリ余輩ハ終ニ臨ンテ仍一言ヲ費スヘキ要アリ爲替手形ノ通素ヲ揭クルモ手形法ニ規定スル處ト異ナル事情ノ記載ヲ爲ストキハ其效力如何ノ問題是ナリ此場合ニ於テハ其手形ヲ無效トス可シトノ說ト通素ヲ揭ケサルモノト看做ス說トノ二アリ余輩ハ後說ヲ採用シ法律ノ規定ヲ以テ之ヲ補充ス可キモノナリト信スル者ナリ

第三款　手形ノ偶素

手形ハ要素ヲ具ヘテ成立シ通素ヲ具ヘテ方式ヲ完成シ偶素ヲ充テ、成立ニ特別效力ヲ附着ス故ニ手形ハ偶素ヲ缺クモ其成立ヲ妨クルコトナシ然レトモ之レ在ルカ爲メニ一種特別ノ效力ヲ增發シ手形ノ信用ヲ增大ニスルノ便ヲ得從ヒテ流通ノ途ヲ擴張スルモノト云ハサル可ラス

(一)豫備支拂人

爲替手形ニハ支拂人ノ記載ナカル可ラサルハ勿論ナルモ單ニ支拂人ノ記載アルノミニテハ未タ支拂人ハ引受又ハ手形金額ノ支拂ヲ爲スヘキコト

ノ必シ難キヲ以テ其手形ノ支拂力ノ充全ナルコトヲ保スヘカラス果シテ然ラハ場合ニ依リテハ其手形ノ信用ヲ得スシテ受取人又ハ被裏書人ヲ求ムルニ困難ナルコトアルヘシ之ヲ以テ振出人ニ於テ豫備支拂人ヲ記載スルトキハ假令支拂人ニ於テ支拂ヲ爲サヽルコトアルモ豫備支拂人ニ於テ引受又ハ支拂ヲ爲スコトアルヘシトノ希望ヲ以テ手形ヲ受取ル者ノ排出スヘキニ因リ振出人ハ振出ニ際シテ爲替手形ニ豫備支拂人ヲ存設シタルコトヲ記載スルコトヲ得之ヲ記載シタルトキハ爲替手形ノ特別ナル效力ヲ發生スルモノトス豫備支拂人ヲ存設スルニハ其支拂地ニ於ケル者ナラサルヘカラス故ニ支拂人ト異ニシテ其支拂地以外ノ土地ニ住所ヲ有スル處ノ者ヲ以テ豫備支拂人ト定ムルコトヲ得ス蓋シ支拂地ニ於テ支拂人カ引受又ハ支拂ヲ拒ミタルトキハ直ニ引受又ハ支拂ヲ受クヘキ手段ヲ設クルニ非サレハ所持人ハ煩勞ニ耐ヘスシテ手形ノ受領ヲ厭フニ至ルヘキヲ以テ其支拂地以外ノ土地ニ住所ヲ有スル者ヲ以テ豫備支拂人ニ定ムルハ

岸本評論 著者ノ論述スルカ如キ理由ヲ發見スル克ハス予ハ寧ロ支拂地以外ニ住所ヲ有スル者ヲ以テ豫備支拂人ト爲スコトヲ得ヘシト信ス

豫備支拂人ノ存設ヲ認メタル法律ノ精神ヲ悖沒スルニ至ルヘケレハナリ然ラハ其支拂地ニ營業所ヲ有スル者ヲ以テ豫備支拂人ニ定ムルコトヲ得ルカ元來第四百四十八條ニハ支拂地ニ住所ヲ有スル者ニ限ルト云フカ如ク何等ノ規定ナキモ第四百五十二條及ヒ第四百五十三條ノ規定ニ照合スルトキハ其支拂地ニ住所地ヲ有スル者ニ限ルト云フ精神ノ伏在セルコトヲ推知スルニ餘リ在ルヲ以テ其支拂地ニ營業所ヲ有スル者ノ如キハ豫備支拂人ト爲スヘカラサルニ似タリ蓋シ營業所ヲ有スル者ハ營業所ニ於テ自ラ營業ヲ爲スコトアルヘシト雖モ商人ノ或者ハ自身其營業所ニ在ラサルコト多シ之ヲ以テ是等ノ者ヲ豫備支拂人ニ定ムルモ之ヲ定メタル理由ヲ缺クニ至ルヘケレハナリ

(二) 支拂擔當者

爲替手形ハ支拂人ノ住所地ニ於テ支拂ヲ爲ス可キモノト否ラサルモノトアリ其住所地ニ於テ支拂ヲ爲ス可キモノハ之ヲ住所地拂ノ爲替手形ト云

ヒ其住所地以外ノ土地ニ於テ支拂ヲ爲スヘキモノハ之ヲ他所拂ノ爲替手形ト云フ其他所拂ノ爲替手形ニハ支拂擔當者ヲ存設シテ之ヲ手形ニ記載スルコトヲ得之ヲ手形ニ記載スルトキハ手形上ノ效力ヲ生スルモノニシテ即チ手形ノ偶素ヲ爲スモノナリ爲替手形ハ必ス支拂人カ住所地ヲ離レテ支拂地ニ到リ爲替手形ノ支拂ヲ爲サヽル可ラサルモノトセス支拂人ハ往々ニシテ滿期日ヲ知ラサルコトアリテ所持人ハ支拂地ニ於ケル支拂ヲ得サルコトアルヘシ之ヲ以テ爲替手形ニ支拂擔當者ヲ定メ置クトキハ滿期日ニ於テ支拂人ノ支拂地ニ在ルヲ要セスシテ支拂ヲ受クルコトヲ得ルヲ以テ手形ノ流通ヲ進捗活達ナラシムルコトヲ得ルナリ支拂擔當者トハ此ノ如ク支拂人ノ支拂ヲ擔當シ支拂人ノ支拂フヘキ金額ヲ此者ニ於テ支拂フ處ノ者ヲ云フ

斯ノ如ク爲替手形ニ支拂擔當者ヲ存設スルコトヲ得ルハ必ス其爲替手形ノ他所拂ノモノナルコトヲ要ス故ニ支拂人ノ住所地ヲ以テ支拂地ト定メ

タルトキハ以上ノ如キ理由ナキヲ以テ支拂擔當者ヲ存設スルコトヲ得ス之ヲ手形ニ記載スルモ手形上ノ效力ヲ生スルコトナシ然ラハ支拂人ノ住所地ヲ以テ支拂地ト定メタルトキト雖モ其支拂地ニ於ケル支拂ノ場所ヲ定メ支拂ノ場所カ支拂人ノ住所地ト遠ク隔離セルモノナルトキハ他所拂ノ爲替手形ト同一ニ支拂擔當者ヲ定メ置クコトヲ得ヘキカ如シ理由ハ同一ナルモ支拂人ノ住所地ヲ以テ支拂地ト定メタルトキハ支拂擔當者ノ存設ヲ認ムヘキモノニ非スト答ヘサルヘカラス住所地ト他所拂地トハ何ヲ以テ之ヲ區別スルコトヲ得ルカ法律上何等ノ標準ナシト雖モ住所地ハ住所ヲ直轄スル處ノ行政區劃ニ依リテ之ヲ定ムヘキヲ至當トスルニ似タリ而シテ其直轄區劃ハ戸籍官廳ノ管轄區ニ依リテ定マルモノトス

(三)支拂ノ場所

爲替手形ニ支拂地ヲ定メテ之ヲ記載シ若クハ之ヲ記載セサルモ其手形ニ記載シタル支拂人ノ住所地ヲ以テ支拂地ト爲スヘキニ因リ爲替手形ニ於

ケル支拂地ハ之ヲ知ルコトヲ得而シテ其支拂地ハ直ニ以テ支拂ノ場所ヲ定メタルニ非サレトモ第四百四十二條ニ依リ其支拂ヲ求ムル場所ハ支拂人ノ支拂地ニ於ケル營業所ナリトシ若シ營業所ナキトキハ其支拂地ニ於ケル住所又ハ居所ナリトス然レトモ他所拂ノ爲替手形ナルトキハ其支拂地ニ於ケル住所又ハ居所ヲ存セサルコトハ勿論營業所ヲモ存セサルコトアルヘキヲ以テ支拂ヲ得ルコト甚タ困難ナリト云ハサルヘカラス第四百四十二條ハ支拂ヲ求ムル爲メノ場所ヲ定メタルモノニシテ支拂ヲ爲ス爲メノ場所ヲ定メタルモノニ非ストスルモ支拂ヲ得ルコトノ困難ナルハ同一ナリト云ハサルヘカラス住所地拂ノ爲替手形ニ付テモ同一ノ困難ヲ生スルコトアリ之ヲ以テ爲替手形ニハ手形ノ支拂地ヲ定ムルコトヲ以テ足レリトスルノミナラス其定メタル支拂地ニ於テ支拂ヲ爲スヘキ場所ヲ定メテ之ヲ手形ニ記載スルニ於テハ所持人ノ便利ナルノミナラス支拂人ニ於テモ金錢授受ノ便利ヲ得ルモノナリ

斯ノ如ク手形ニ支拂ノ場所ヲ記載スルコトヲ得ルモ其支拂ハ場所ヲ定メ得ルニハ必ス其定メタル支拂地内ニ於ケルコトヲ要シ且ツ支拂ニ關スル行爲ニ限リ手形上ノ效力ヲ存スルモノトス故ニ引受ノ爲メニスル呈示行爲ノ如キハ第四百四十二條ニ從ヒテ爲サヽルヘカラス又支拂ノ場所ニ於テ支拂ヲ得サルトキニ於ケル其拒絶證書ノ作成モ亦第四百四十二條ノ規定ニ從ヒテ之ヲ爲サヽル可ラサルナリ

(四)裏書禁止

振出人カ爲替手形ヲ振出スニ當リ其手形ノ記名式ナルト指圖式ナルトヲ分タス其裏書ヲ禁スルコトヲ記載スルトキハ手形上ノ效力ヲ生シ其手形ハ手形タル本質ノ一分ヲ失ヒテ流通力ヲ有セサルニ至ルモノナリ

(五)手形ノ呈示ヲ爲スヘキコト

支拂地カ支拂人ノ住所地ト異ナル場合ニ於テハ支拂擔當者ヲ設定シ得ルコトハ既ニ説明セリ支拂擔當者ヲ設定シタルトキハ引受ヲ求ムル爲メニ

岸本評論　著者ノ論述ヲ以テ大ニ可トス　毛戸曰、岸本氏同感

手形ノ呈示ヲ爲スヘキコトヲ記載シタルトキハ其記載ハ手形ノ偶素ヲ爲スモノニシテ所持人ハ其權利行使ノ要件トシテ此呈示ヲ爲サヽルヘカラサルナリ

第二節　交付

手形ノ振出ナル行爲ハ手形要件ヲ具備シタル書面ニ署名行爲ヲ爲シテ之ヲ受取人ニ交付スルコトヲ要スルカ將タ手形要件ヲ具備シタル書面ニ署名行爲ヲ爲タルトキハ手形ノ振出行爲ハ完結スルモノナルカ世ノ論者往々ニシテ手形ノ振出行爲ハ手形要件ヲ具備シタル書面ニ署名行爲ヲ爲シテ之ヲ受取人ニ交付スルニ非サレハ完結スルコトナシ單ニ其署名行爲ヲ爲シタルニ止マルトキハ手形ハ未タ振出サレタルモノニ非ス其振出ノ準備ヲ爲シタルニ止マルノミナリト言ヘリ是等ノ論者ハ未タ深ク手形行爲ノ何モノナルヤヲ識ラサル處ノ者ナリ余輩ハ總論ニ於テ詳論シタルカ如ク手形行爲ハ一方的行爲ニシテ相手方ノ行爲ヲ待ツコトヲ要セサル處ノ

モノナリ故ニ手形ノ交付ノ如キ授受關係ハ手形法ノ關係ニ非ス從ヒテ手形行爲ト云フコトヲ得ス何トナレハ交付ヲ爲スニハ一方ノ行爲ニ因リテ之ヲ完成スルコトヲ得ス必ス相手方ノ受領ナル行爲ヲ待タサル可ラサルヲ以テ是等ノ行爲ハ雙方的ノ行爲ナルヘケレハナリ之ヲ以テ手形ノ振出行爲ナルモノハ手形要件ヲ具備シタル書面ニ署名行爲ヲ爲スニ因リテ完結スルモノニシテ之ヲ換言スレハ手形ノ成立ハ即チ手形ノ振出ニシテ手形ノ成立ト手形ノ振出ハ別名同体ノモノナリ世ノ論者此理論ヲ辨諒セサルカ爲メ手形ハ成立スルモ之ヲ受取人ニ交付スルニ非サレハ手形ハ未タ振出サレサルモノナリト論セリ余輩ノ議論ニシテ誤リナキコトハ手形法第二章第一節全部ノ規定ニ依リテ之ヲ證明スルコトヲ得ヘシ即チ其第四百四十五條ニ於テ爲替手形ニハ左ノ事項ヲ記載シ振出人之ニ署名スルコトヲ要スト規定シテ以テ手形ノ成立ヲ完全ナラシムルト同時ニ振出ノ行爲ヲ完結セシメタルモノニシテ其他ノ條文ニ於テ交付ヲ爲スヘキコトノ

規定アルコトナシ舊法典ニハ引受ハ之ヲ交付スルコトヲ要スル如キ規定アリシヲ以テ手形行爲ニハ交付ナル行爲ヲ要スルカノ如ク思意シタル者モ在リタレトモ該規定ノ理由ナキコト明カナルヲ以テ新法典ニハ之ヲ削除シテ手形ノ理論ヲ一貫セリ斯ノ如ク論スルトキハ手形ノ要件ヲ具備シテ之ニ署名行爲ヲ爲シタル書面ハ手形ノ成立シタルモノナルヲ以テ準備契約ノ存在セルモノナルトキハ其署名者ハ其契約ニ基キ交付ノ義務ヲ負擔シ未タ手形ノ振出行爲ナキモノトシテ其交付ヲ拒ムコトヲ得サルニ至ルナリ然ラハ準備契約ノ存在セサルモ署名者ハ手形ノ文言ニ從ヒテ義務ヲ負フモノナルニ因リ其受取人タルヘキ者ニ對シテ手形ノ振出行爲ニ付テ義務ヲ負フ者ニ非スヤト云フニ手形上ノ權利ヲ主張シ得ル處ノ者ハ手形ノ所持人ナラサル可ラス假令受取人トシテ記名セラレタル者ト雖モ未タ手形ヲ取得セサル以上ハ從ヒテ手形權利ヲ取得スルコトナシ又手形ノ交付ヲ求ムルハ手形ニ記名セラレタルカ故ニ非ス準備契約ニ基キ之ヲ求

ムル權利ヲ取得シタルニ因ルナリ故ニ手形ノ交付ニ關スル問題ハ全然手形法ノ問題ニ非スト云ハサルヘカラス要スルニ手形ハ其成立ニ依リテ振出行爲ヲ完結シ其交付ノ問題ハ手形法ニ關係ナキ處ニシテ民法ノ支配スヘキ處ナリトス

第三節　手形ノ裏書

第一欵　裏書ノ性質

爲替手形ハ其性質ノ一トシテ貨幣ノ代用力ヲ有ス此貨幣ノ代用力ヲ指シテ手形ノ流通力ト云フ一般ノ債權ニ在リテハ流通力ハ指圖債權及ヒ無記名債權ノミ特有ノモノニシテ指名債權ニ存セサルヲ以テ民法ノ原則トス故ニ指名債權ヲ第三者ニ讓渡スニハ其債務者ニ通知シテ其承諾ヲ得又ハ少クトモ其通知ヲ爲スコトヲ要ス一般債權ノ移轉ハ之ヲ讓渡ト稱スルモ爲替手形ノ移轉ハ之ヲ裏書ト稱ス蓋シ一ハ債權カ證券ヲ離レテ獨存スルモノナレトモ他ハ證券ヲ待テ發生存在スルモノナルニ因ルナリ手形ノ流

通行爲ハ之ヲ分チ一ヲ裏書ト云ヒ他ヲ交付ト云フ裏書ハ記名式及ヒ指圖式ノ爲替手形ニ存シ交付ハ無記名式及ヒ署式裏書ノ爲替手形ニ存スルモノトス而シテ本節說明セント欲スル處ハ其裏書ノ行爲ニ依ル手形ノ流通力ノ奈何是ナリ斯ノ如ク爲替手形ノ代用力ハ手形ノ裏書ニ依リテ行働スルモノニシテ此裏書ナルモノハ西曆一千六百年代ノ頃ヨリ專ラ佛蘭西及ヒ伊太利ニ於テ行ハレシモノナリ其初メ手形ノ所持人カ其正當ノ權利者タルコトヲ證明センカ爲メ手形ノ引渡人ニ對シテ手形ノ裏面ニ移轉ノ事實ヲ記載セシメタリシカ遂ニ手形ノ移轉方法ト爲ルニ至リタリト傳フ蓋シ此說ハ想像ノ大過ナキ處ニシテ爾來經歷シテ一ノ方式的行爲ト爲リタルハ疑フ可ラサル事實ナリトス

爲替手形ノ流通力ハ裏書ナル行爲ニ因リテ行ハルト雖モ此裏書ナル行爲ハ法律上如何ナル性質ヲ有スルモノナルカ換言スレハ裏書行爲ハ手形行爲ナルカ將タ非手形行爲ナルカ之ヲ非手形行爲ナリトスレハ裏書行爲ノ

爲メニ手形上ノ效力ヲ生スルモノニ非ス然レトモ之ヲ手形行爲ナリトスレハ裏書行爲ニ因リテ手形上ノ效力ヲ生ス今之ヲ各國ノ法制ニ參照スルニ孰レモ之ヲ手形行爲トスルモノヽ如シ我法典ニ於テモ手形行爲トシテ之ヲ規定セリ之ヲ以テ裏書ハ讓渡ニ非ス一般ノ原則ニ因ルトキハ讓渡ハ債權關係ノ當事者雙方ノ意思ニ因リテ之ヲ爲スモノナルニ因リ其行爲タルヤ固ヨリ雙方的ノモノタリ然レトモ裏書ハ單獨ノ行爲ニ依リテ成立スルヲ以テ一方的ノモノナリ故ニ裏書ハ債權ノ讓渡ト其性質ヲ異ニスルモノナルニ固リ讓渡ノ觀念ヲ以テ之ヲ說明スルコトヲ得ス然レトモ我手形法ハ第四百五十五條ニ於テ裏書ニ依リテ之ヲ讓渡スコトヲ得ト規定セルニ因リ恰カモ裏書ハ手形ノ讓渡ノ如ク思意シ得ラルヽモ讓渡ト裏書ハ別異ノモノニシテ手形法ニ讓渡ト規定セルハ移轉ノ意ヲ明言シタルモノニシテ要スル處手形行爲ニ非スト解セサルヘカス斯ノ如ク爲替手形ノ裏書ハ一方的ノ性質ヲ有スルモノナルニ因リ定式ニ從ヒテ之ヲ爲ストキハ其

行爲ハ直ニ成立シ手形上ノ效力ヲ生スルニ至ル故ニ其裏書ヲ爲スニ至ラシメタル原因ノ如キハ非手形關係ニシテ專ラ民法ノ規定ニ從ヒテ之ヲ支配スヘキモノナリ振出人カ其記名式ナルト指圖式ナルトヲ問ハス手形法ニ於テ規定シタル事項ナルヲ以テ其手形ノ裏書ヲ爲スモ手形上ノ效力ヲ生セサルモノトス記名式手形ノ發行ハ振出人ニ於テ其裏書ヲ禁スルノ意思ナルヘキモ手形ノ其本性トシテ流通力ヲ有スルニ因リ特ニ之ヲ禁止スル旨ノ記載ヲ爲サヽルトキハ其裏書ニ付キ振出人ハ手形上ノ義務ヲ負擔スルモノナリ

第二欵　裏書ノ方式

前欵ニ於テ說明シタルカ如ク手形ノ裏書ハ方式ヲ具備スヘキ手形行爲ノ一ナルヲ以テ裏書モ亦方式的行爲ノ一ナリトス裏書ノ方式ハ各國ノ法制ニ於テ必スシモ歸一スルモノニ非ス我舊法典ニ於テハ裏書ノ方式ニ三種ノ別アリタリキ即チ其一ハ年月日場所ヲ掲ケ裏書人之ニ被裏書人ノ氏名

ヲ記載シ且ツ署名行爲ヲ爲シ其二ハ年月日場所ヲ掲ケ裏書人之ニ署名行爲ヲ爲スニ在リ又其三ハ裏書人ハ單ニ之ニ署名行爲ヲ爲スニ在ルモノトス手形ノ振出ニ付テ其場所ノ記載ヲ手形要件ト爲ストキハ手形ノ裏書ニ付テモ其場所ヲ記載要件トスルノ要アルヘシト雖モ元來手形ノ振出又ハ裏書ノ場所ノ要アルハ國際私法上ニ關スル問題ニ係リ手形法上ノ問題ニ非サルヲ以テ之ヲ記載スルノ必要アラサルナリ之ニ因リ新法典ハ手形ノ振出ニ付テ其場所ノ記載ヲ手形要件ト爲サヽルヲ以テ裏書ニ付テモ其場所ノ記載ヲ手形要件ト爲サヽルナリ

手形ノ裏書ハ手形行爲ノ一ナルヲ以テ爲替手形其物ニ之ヲ爲スヘキハ言フヲ待タサレトモ手形法ニ於テ手形ノ謄本制度ヲ採用シタル以上ハ其謄本ニ裏書ヲ爲スコトヲ得セシムルモ不可ナキノミナラス手形ニ補箋ヲ爲スコトヲ認メタルニ於テハ其補箋ニ之ヲ爲スモ有效ノモノト云ハサルヘカラス蓋シ手形ノ謄本ハ原本ノ返還ヲ得サル場合ニ於テハ原本ニ代ハル

處ノ效力ヲ有シ償還ヲ求ムルコトヲ得ルモノナルニ因リ之ニ裏書ノ效力ヲ附與スルモ不當ノモノニ非サレハナリ舊法典ニ於テハ手形ノ謄本ニ付テ規定ヲ存スレトモ之ニ裏書ヲ爲スコトノ規定ヲ存セサルノミナラス其補箋ニ至リテハ更ニ何等ノ規定ヲ設ケサリシナリ然レトモ新法典ハ手形ノ謄本又ハ補箋ニ爲シタル裏書ニ其爲替手形ニ爲シタルモノト同一ノ效力ヲ附與セリ

(一) 普通方式

普通方式ノ裏書ニハ左ノ事項ノ具備スルコトヲ要ス

(甲) 被裏書人ノ氏名又ハ商號

爲替手形ハ其權利者ナリトシテ其手形ニ記載セラレタル處ノ者ニ屬スルモノニシテ此者ハ即チ爲替手形ノ權利者ナリ從ヒテ其者ノ氏名ヲ記載スルカ又ハ商人ニ付テハ其商號ヲ記載スルニ非サレハ如何ナル人カ其手形ノ權利者ナルカヲ知リ得サルヘシ故ニ裏書ヲ爲スニ當リテハ其裏書ニ因

リテ權利者ト爲ル處ノ者ヲ表示スル處ノ氏名又ハ商號ヲ記載スヘキハ必須ノ事項ナリトス其權利者ノ何人ナルカヲ知ル爲メニ其氏名又ハ商號ヲ表示スルコトヲ要スルモノナリト雖モ其何人ナルカヲ知リ得レハ則チ足レリトシテ之ニ雅號又ハ俳名ナトヲ記載スルモ手形法規定ノ事項ニ非サルヲ以テ其被裏書人ヲ表示シタルモノトシテ手形上ノ效力ヲ生スルコトナシ

(乙)裏書ノ年月日

爲替手形ノ振出ニ於テ其振出ノ年月日ヲ記載要件ト爲スカ如ク爲替手形ノ裏書ニ付テモ其裏書ノ年月日ヲ記載スルコトヲ以テ必要トス蓋シ裏書人カ其裏書ノ當時能力ヲ有シタルモノナルカ將タ又支拂停止ヲ爲シタル時期ニ非サルナキカヲ知ルノ要アルヲ以テ手形ノ裏書ニハ必ス其年月日ヲ記載セサル可ラサレハナリ

(丙)裏書人ノ署名行爲

爲替手形ノ裏書人ハ其裏書ヲ爲スニ至ルマテハ自已カ其手形ニ付テ權利者タリ所持人タル者ナリ今其手形ヲ他人ノ所持ニ移轉セントスルニハ畧式裏書又ハ無記名式ノモノニ非サル限リハ單ニ交付ノミニテ法律上ニ於ケル手形ノ權利ヲ移轉スルコトナシ之ヲ以テ裏書人ハ法律上他人ノ所持ニ移轉シタルモノナリトシテ其移轉行爲ニ基ク義務ヲ負擔スル爲メ之ニ署名行爲ヲ爲スコトヲ要スルモノナリ爲替手形ノ裏書ニ以上三个ノ要素ヲ具備セシメタルトキハ交付ノ行爲ヲ要セス玆ニ手形ノ裏書ナルモノヽ成立スルヲ見ルニ至リ其結果トシテ手形法ニ規定シタル處ノ效力ヲ生スルモノナリ

(二)特例方式

前項ニ於テ説述シタル處ハ裏書方式ノ普通ナルモノニシテ此方式ニ依ルトキハ手形ハ何人ノ手ヨリ何人ノ手ニ移轉シタルモノナルカヲ現實ニ之ヲ知ルコトヲ得ト雖モ本項ニ説述セント欲スル處ノ特例方式ニ依リテハ

之ヲ知ルコトヲ得ス所持人ハ頗ル危險ノ地位ニ在ルモノナレトモ亦甚タ便利ノモノニシテ手形ハ單ニ交付ニ依リテ自在ニ轉輾スルニ至リ一得ハ一失ヲ償フコトヲ得テ餘リアリト云フヘシ即チ本項ノ方式ニ依ルトキハ手形ノ裏書ハ單ニ裏書人ノ之ニ署名行爲ヲ爲スノミニシテ完成シ前項ノ(甲)(乙)ノ二要素ヲ要セサルモノナリ學術語ニ於テハ之ヲ稱シテ白地式ノ裏書ト云フ

爲替手形ニ白地式ノ裏書ヲ爲ストキハ其手形ハ爾後何等ノ方式ヲ要スルコトナク引渡ノミヲ以テ手ヨリ手ニ轉輾流通シ得ルニ至リ全ク無記名式ノ爲替手形ト同一ノ狀態ニテ在ルナリ否其手形ハ結局無記名式ト同一ノ效力ヲ有スルモノニシテ第四百四十一條ノ規定ニ從フトキハ所持人ハ即チ手形金額ヲ受取ル處ノ權利ヲ有スルモノナリ

前項ニ於テ裏書ノ年月日ヲ其記載要件ト爲シタルハ手形ノ振出ノ年月日ニ於ケルカ如ク裏書ニ付テノ能力、支拂停止ノ場合ニ於ケル裏書ノ時期ヲ調査スルノ要アリシモ特例方式ニ基ク裏書ニ依ルトキハ手形ニ付テノ能力、支拂停止ニ際スル裏書ノ時期等ハ之ヲ調査スルノ要ナキモノトセリ乍併此等ハ手形法ニ於ケル問題ニ非スシテ民法又ハ手形法以外ノ商法ニ於ケル問題ナルヲ以テ此等ノ法律ノ支配ヲ受クルハ格別ノ事ニ屬スルモノトス此理由ヨリシテ論スルトキハ裏書ノ年月日ノ如キハ呈示期間ヲ知ルノ要ナク又滿期日ヲ知ルノ要ナキヲ以テ前項ノ普通方式ニ依ル裏書ノ場合ニ於テモ法制上ニテハ必要ノ事項ニ屬セサルナリ

手形ノ裏書ニ就テモ手形ノ振出ノ場合ニ於ケルカ如ク偶素ヲ具備セシムルコトアリ即チ裏書人ハ裏書ヲ爲スニ當リ支拂地ニ於ケル豫備支拂人ヲ定メ又ハ手形上ノ責任ヲ負ハス或ハ裏書ヲ禁スル旨ヲ其裏書ニ附記シタルトキハ手形上ノ效力ヲ生スルモノトス然レトモ裏書ニ就テハ振出ノ場合ニ於ケルカ如ク支拂地ニ於ケル支拂ノ場所ヲ定メ又ハ支拂擔當人ヲ存設スルモ手形法ニ規定ナキ事項ナルヲ以テ手形上ノ效力ヲ生スルモノニ

岸本評論
奇說交々
出ツ
墺洲曰、
權利ノ種
類亦多ヒ
設
毛戸曰、
手形上ノ
權利ハ確
定セルモ
ノトス
昔生曰、
著者ノ識
論ニ同惑

非ス

第三欵　裏書ノ效力

為替手形ハ裏書ニ依リテ被裏書人ニ移轉ス其移轉スル處ノ實体ハ手形ノ成立又ハ裏書ニ依リテ存在スル處ノ權利ニシテ爾カモ一種特別ノ權利ナリ此權利ハ引受ヲ求ムル權利ノ外確定セル處ノ債權ニ非スシテ將來擔保ヲ求ムル處ノ權利支拂ヲ求ムル處ノ權利拒絶證書ヲ作成スル處ノ權利及ヒ償還ヲ求ムル處ノ權利ノ發因ナリトス是等ノ權利ノ多クハ手形ノ流通中或ル事實ニ因リテ發生スルモノナリ多クノ學者ハ手形ハ其成立又ハ裏書ニ依リテ是等ノ權利ヲ發生スルモノヽ如ク說明スレトモ誤ナリ既ニ第一編ニ於テ論シタルカ如ク手形ノ權利ハ債務者ノ生スルマテハ債權ニ非ス手形ノ文言ニ依リ手形法ノ規定セル各種ノ利益之ヲ換言スレハ手形ノ文言ニ從ヒテ將來權利ヲ取得スル處ノ希望若クハ意思ヲ法律ハ保護シタルモノナリ是レ手形上ノ權利ハ他ノ權利ト異ニシテ抑モ亦手形ノ手形タ

ル所以ナリ手形ノ裏書ハ手形ニ未タ債務者ノ定マラサルトキハ以上ノ權利ヲ移轉シ又既ニ其債務者ノ存在スルトキハ併セテ確定權利ヲ移轉スルモノナリ此移轉スル處ノ力ヲ學術語ニテ手形ノ流通力ト云フ手形ハ此流通力ヲ有スルヲ以テ初メテ其性質ヲ發輝シ得ルモノナリ

裏書ニ依リテ存在スル處ノ權利ハ以上ノ如シト雖モ仍裏書ノ效力ノ他ノ一ハ更ニ之ヲ裏書スルコトヲ得ルニ在リ而シテ裏書ヲ受クル處ノ者ハ手形關係者以外ノ者ニ限ルコトナシ之ヲ以テ振出人引受人又ハ裏書人ト雖モ其手形ヲ裏書ニ依リテ之ヲ取得スルコトヲ得之ヲ取得シタルトキハ更ニ裏書ニ依リテ之ヲ移轉スルコトヲ得ルモノナリ然ラハ支拂人カ裏書ニ依リテ之ヲ取得スルコトヲ得ルカト云フニ或者ハ支拂ト相容レサルヲ以テ之ヲ取得スルコトヲ得スト主張スレトモ余輩ハ之ヲ反對ニ決セントスル者ナリ

多クノ學者ハ手形ノ振出人又ハ裏書人ハ其振出又ハ裏書ニ依リテ手形ノ

支拂ニ付キ擔保ノ責ニ任スルモノナリト説明スレトモ余輩ノ考ヲ以テスレハ手形ノ擔保ハ手形ノ振出又ハ裏書ニ依リテ直ニ生スルモノニ非ス手形ノ引受ヲ得サルニ因リ又ハ之ニ關シテ始メテ生スルモノナルヲ以テ其引受ヲ得サル以前ニ於テハ元來擔保ノ問題ナク又擔保ノ義務アルコトナシト云フヘキニ似タリ尙後章ニ於テ評論スル處アルヘシ

或ル學者ハ手形金額ノ一部ヲ裏書スルコトヲ得ルモノヽ如ク説明スレトモ誤ナリ此等ノ學者ハ未タ手形金額ハ割拂ヲ爲シ得ルヤ否ヤノ問題ヲ研究セサル者ナリ此問題ヲ研究スルトキハ我手形法ノ下ニ於テハ斯ル妄想ヲ容ルヽ餘地ナキコトヲ悟諒スルコトヲ得ン

裏書ハ以上説述スルカ如ク手形法ニ於テ認メタル手形上ノ權利ヲ移轉スルモノナレトモ偶々例外ヲ生スル場合アリテ存ス即チ夫ノ委任裏書又ハ擔保裏書ノ如キハ其委任又ハ擔保ニ基ク效力ノ外生スルコトナシ

第四欵　裏書ノ種類

爲替手形ノ裏書ノ種類ハ其見ル處ニ因リテ之ヲ異ニスルモ余輩ノ見ヲ以テ此種類ヲ定ムルトキハ七个ト爲ル曰ハク正式裏書曰ハク畧式裏書曰ハク支拂拒絶證書作成期間經過後ノ裏書曰ハク擔保裏書曰ハク委任裏書曰ハク無責任裏書曰ハク禁止裏書是ナリ

(一)正式裏書

正式裏書トハ普通方式ニ從ヒテ爲シタル裏書ヲ云フモノニシテ手形ノ裏書ハ凡テ此方法ニ遵フヘキコトヲ以テ本則トス即チ爲替手形其謄本又ハ補箋ニ被裏書人ノ氏名又ハ商號及ヒ裏書ノ年月日ヲ記載シテ裏書人カ之ニ署名行爲ヲ爲スニ在リ

(二)畧式裏書

畧式裏書トハ特例方式ニ從ヒテ爲シタル裏書ヲ指シテ之ヲ云ヒ學者多ク之ヲ無記名式ノ裏書ト云フ然レトモ元來無記名式ハモノハナルトキハ爾後之ヲ記名式ニ改ムルコトヲ得サルヲ以テ通則トス然ルニ裏書人ノ署名行

爲ノミヲ爲シテ被裏書人ノ氏名又ハ商號ヲ記載セサル即チ余輩ノ所謂署式裏書ニ在リテハ爾後之ヲ正式ノモノニ引直スコトヲ得ルヲ以テ事些少ナリト雖モ裏書ヲ記名式、無記名式ニ區別スルヨリモ正式及ヒ署式ニ區別スルノ勝レルニ若カスト思考ス手形ノ裏書ヲ爲スニ當リ署式ノ方法ニ依ルトキハ爾後其手形ハ引渡ノミヲ以テ之ヲ流通スルコトヲ得故ニ被裏書人ノ氏名又ハ商號ヲ記載セサルモ其所持人ハ第四百四十一條ノ規定ニ從ヒテ惡意又ハ重大ナル過失ナクシテ其手形ヲ取得スルモノナルトキハ正當ノ權利者ニシテ其手形ノ取戻ヲ受クルコトナシ

署式裏書ニ依リテ手形ヲ受取リタル者ハ之ニ手形權利者トシテ自己ノ氏名又ハ商號ノ記載セラレサルヲ以テ盜難紛失等ノ災危ニ罹ルトキハ之ヲ復舊スルコト頗ル困難ナルニ因リ手形法ハ之ニ便利ヲ與フルノ目的ヲ以テ規定ヲ設ケ所持人ヲシテ其手形ニ自己ヲ被裏書人トシテ記載スルコトヲ得セシメ以テ交付流通ノ途ヲ遮斷スルノミナラス此場合ニ於テハ正式

裏書ノ方法ニ歸改スルコトヲモ得ヘシ

(三) 無責任裏書

裏書人カ爲替手形ノ裏書ヲ爲ストキハ其裏書行爲ニ依リテ手形上ノ義務ヲ負擔スルニ至ルモノナルヲ以テ時トシテハ回復スヘカラサル損害ヲ蒙ムルコトヲ得ルニ至ルコトアルナリ蓋シ裏書人ハ手形ヲ裏書スルニ當リテハ對價ヲ受クルコトアルヲ以テ今裏書人タル義務ヲ履行スルモ爲メニ損害ナキカ如シト雖モ自己カ初メ其手形ヲ受取ルニ當リテハ前者ニ對價ヲ拂ヒタルモノニシテ其對價ノ返戻ヲ得ント欲スルモ不幸ニシテ之ヲ得サルコトアルヘケレハナリ殊ニ裏書人ハ前者ニ對シテ對價ヲ拂ヒタルモ後者ヨリ對價ヲ得スシテ贈與等ノ無償行爲ニ依リテ手形ヲ裏書スルコトアル可シ然ルニ仍裏書人トシテ其義務ヲ負擔セサルヘカラサルモノトセハ手形關係ニ於テハ詮ナキコトナリトスルモ非手形關係上其負擔ノ重キニ失スルヲ以テ手形法ハ之ヲ救護スル方法ヲ策シ裏書人カ手形ノ裏書ヲ

爲スニ當リ手形上ノ責任ヲ負ハサル旨ヲ手形ニ記載シタルトキハ裏書ノ偶素トシテ手形上ノ效力ヲ有セシムルモノトシ以テ之ヲ手形行爲ノ一ニ數ヘタリ

斯ノ如ク裏書ニ無責任ノ記載ヲ爲シタルトキハ其記載ハ手形上ノ效力ヲ生スト規定セルモ此效力ハ方式的ノモノナルヲ以テ第三者ニ對シテ始メテ其效力アリト云フ說ヲ有スル論者ノ考ヲ以テスルトキハ其裏書人ハ被裏書人ニ對シテハ此規定ノ效力ヲ及ホスモノニ非サルモノナルカノ疑ヲ生セシムルモ方式的行爲ハ直接ノ當事者ニ對シテ其效力ヲ生セスト云フ說ノ誤レルコトハ既ニ總論ニ於テ論駁シタル處ニシテ手形上ノ效力ハ凡テ手形關係者ニ及フモノトシ手形法ニ特定ノ規定ヲ設ケタル場合ニ限リテ之カ例外ト爲ルモノナリ

(四) 禁止裏書

爲替手形ハ指圖式ナルトキハ勿論其記名式ナルトキト雖モ裏書ヲ爲スコ

トヲ得ルヲ以テ原則トス蓋シ手形ノ本質ハ流通轉輾ヲ爲シ得ルニ在ルヲ以テナリ然レトモ手形ノ裏書人ハ爾後ノ裏書ニ依リテ其手形ハ幾人ノ手ニ傳ハルカモ知ル克ハス此等ノ者ニ對シテ一々手形上ノ義務ヲ負擔セサルヘカラストセハ前項無責任裏書ノ説明ヲ爲スニ當リテ論シタルカ如ク頗ル其困難ニ耐ヘサルコトアルヘシ之ヲ以テ手形法ハ裏書人ハ其裏書ヲ爲スニ當リ爾後裏書ヲ爲スコトヲ禁スル旨ヲ手形ニ記載スルコトヲ得ルモノトシ之ヲ記載シタルトキハ裏書ノ偶素タル效力ヲ生シ爾後此禁止ニ反シテ裏書ヲ爲スモ其效力ヲ生スルコトナキモノトセリ此禁止行爲ヨリ生スル處ノ效力ハ總テ手形上ノ效力ヲ生セサルモノトスルニ在ルカ將タ其裏書ヲ禁シタル裏書人ニ對シテノミ此效力ヲ存スルモノナルカ或ル論者ハ曰ハク此場合ニ於テハ裏書人カ裏書禁止ノ記載ヲ爲シタルトキハ此效力ハ爾後ノ裏書人ニモ及フモノニシテ總テノ裏書人ハ此效力ヲ有スルモノナリト然レトモ裏書禁止ハ其禁止者其者ノ行爲ニシテ他者ノ行爲ニ

非サルコト明カナリ元來裏書禁止ヲ爲スハ爾後ノ者ニ對シテ手形上ノ義務ヲ免カレシトスルニ在リテ手形上ノ義務ヲ免除スルニ非サルヲ以テ行爲者其者ニノミ對シテ其效力ヲ生セシムルハ論理ノ然ラシムル處ナリ然レトモ事理ノ簡單容易ナラサルヲ以テ疑ノ生シ易キモノナレハ法律ノ規定ヲ待テ之ヲ明カニスルニ若カス我手形法ハ此禁止裏書違反ノ場合ニ於テハ其裏書ヲ禁止シタル裏書人ハ被裏書人ノ後者ニ對シテ手形上ノ義務ヲ負擔スルコトナシトセリ之レ無責任裏書ト異ナル點ニシテ禁止裏書ハ被裏書人ニ裏書ヲ禁シタルニ在ルノミ自己カ被裏書人ニ對シテ負擔シタル義務ヲ免カルヽ行爲ニ非サレハナリ

禁止裏書ノ效力ハ斯ノ如ク手形關係者ノ總員ニ及フモノニ非スシテ即チ法律ノ特ニ規定セル例外ノ場合ニ於ケル效力ヲ生スルモノナレトモ裏書禁止即チ振出人カ手形ヲ振出スニ當リテ裏書ヲ禁止シタルトキハ此效力ハ禁止裏書ノ效力ト同一ナルカ將タ手形關係者ノ總員ニ及フモノナルカ

ハ未タ研究セサル處ナリ手形法第四百五十五條但書ニ於テ裏書自由ノ原則ニ特例ヲ説ケタルモノナルヲ以テ振出ニ裏書禁示ヲ爲シタルトキハ爾後ノ裏書ハ手形行爲ニ非ス從ヒテ手形上ノ效力ヲ生セサルモノト云ハサルヘカラサルナリ禁止裏書ト裏書禁止ノ間ニ斯ノ如キ區別ヲ爲シタル理由ニ付キ或ル學者ハ説明シテ曰ハク手形ノ運命ハ一ニ其發行者ノ意思ニ依ラサルヘカラス故ニ振出人カ裏書禁止ノ記載ヲ爲シタルトキハ其記載ハ絶對的ノ效力ヲ有スルモ裏書人ハ手形ノ運命ヲ掌ルコトヲ得ス裏書人ノ記載シタル裏書ノ禁止ハ唯爾後ノ被裏書人ヨリ擔保及ヒ償還ノ義務ヲ免カルヽニ止マリ爾後ノ被裏書人ハ隨意ニ裏書ヲ爲スコトヲ得ト云ハサルヘカラスト此説明ハ必スシモ不當ノモノナリト云フニ非サルモ法律上ノ説明トシテハ價値ノ甚タ尠キニ似タリ手形ノ振出人ハ手形ノ運命ヲ掌ルト云フヨリモ手形發行ノ原働力ヲ與フルモノナリ之ヲ換言スレハ手形ハ振出人カ其要件ヲ具備セシムルコトニ於テ成立シ從ヒテ手形トシテ其

効力ヲ有ス其成立ノ組織ニ係ル處ノ條件ハ手形ノ消滅ニ至ルマテ效力ヲ有スルモノニシテ手形ノ成立シ其存在ヲ保有スル所以ナリ故ニ振出人カ裏書ノ禁止ヲ爲シタルトキハ絶對的ノ效力ヲ有スルモノナレトモ裏書人ノ裏書行爲ハ爾後ノ被裏書人ニ對シテ其效力ヲ生スルト云フヨリモ寧ロ爾後ノ被裏書人ヨリ自己ニ對スル效力ヲ生スルモノト云フヘキモノニシテ手形ノ本質ヲ變スル處ノ效力ヲ有スルモノニ非ス之レ手形ノ振出ハ手形本來ノ性質ノ發動ニ關シ裏書ハ此性質ノ作用ニ關スルヲ以テ振出ノ效力ハ總般的ノモノナレトモ裏書ノ效力ハ部分的ノモノニシテ二者其法制ヲ異ニスル所以ナリ

(五)擔保裏書

爲替手形ノ表識スル處ノ權利ハ賣買讓與ノ目的ト爲リ得ルノミナラス債權ノ擔保ノ目的ニ供スルコトヲ得ルモノニシテ權利質ノ規定ニ從ヒ質入ヲ爲スコトヲ得ルモノナリ手形法第四百六十三條ハ爲替手形其物ノ質入

ノ如ク規定セルモ手形上ノ權利ヲ指シテ之ヲ云フモノナルコトハ深ク說明ヲ要セサル處ナリ

質入ノ目的ヲ以テ爲替手形ヲ裏書スルトキハ裏書ニ其目的ノ附記ヲ爲スコトヲ要スヘ否ラサレハ方式的行爲ノ違反ナルヲ以テ其裏書ハ質入ノ目的ヲ以テ爲シタルモノト之ヲ認ムルコトヲ得ス此場合ニ於テハ其裏書ハ無效ノモノト爲ルヤ否ヤ舊法典ハ此場合ニ處スル規定ヲ設ケタリシモ新法典ハ何等ノ明言スル處ナキノミナラス其附記ヲ以テ强制的ノモノトセリ然レトモ手形ノ裏書ニ其目的ノ附記ヲ爲サヽルモ其裏書ニシテ一般ノ方式ニ違反スルコトナキニ於テハ普通裏書トシテ缺クル處ナキヲ以テ其效力ヲ有スルモノト云ハサルヘカラス舊法典ニ之ヲ明言シテ新法典ニ何等ノ規定ヲ存セサルハ之ヲ明言スルノ必要ナシトシ且ツ新法典ニ其目的ノ附記ヲ强制セシハ擔保裏書トシテ其裏書ヲ成立セシムル場合ニ在ルモノニシテ擔保裏書ニハ必ス其目的ノ附記ヲ爲サヽル可ラストスト爲シタルモノ

ナルヲ以テ若シ其目的ノ附記ヲ為サヽルトキハ擔保裏書ニ非ス手形トシテハ行為者ノ意思ヲ推測セスト云フニ在ルナリ
質入ノ目的ヲ以テ手形ヲ裏書シ之ニ其目的ヲ附記シタルトキハ其被裏書人ハ再ヒ其目的ト同一ノ目的ヲ以テ質入裏書ノ式ニ從ヒ更ニ裏書スルコトヲ得蓋シ其被裏書人ハ自己ノ取得シタル擔保權ハ一ノ財産權ナルヲ以テ民法ノ規定ニ違反セサルニ於テハ之ヲ再擔保ノ目的ニ供シ得ルハ論ヲ待サレハナリ然レトモ此當然ノコトヲ手形法ニ於テ規定セシハ抑モ手形ハ逐一手形法ノ規定ニ從ヒテ存在運轉スルモノナルニ因リ若シ此規定ナキトキハ再擔保ノ裏書ハ手形法ニ規定ナキ事項ナリトシテ手形行為タル效力ヲ生セサルニ至ルヘキヲ以テナリ

(六)委任裏書

為替手形ノ所持人ハ満期日ニ於テ手形金額支拂ヲ受クルコトヲ得ルモノナルヲ以テ之ヲ支拂人ニ請求スヘキモノナレトモ支拂人ハ遠隔ノ地ニ在

住シ又ハ支拂地カ所持人ノ住所ト異ナルコトアリ加之所持人カ往々滿期日ニ於テ支拂ヲ受クルコトヲ得サル場合ノ生スルコトアリ是等ノ場合ニ於テ所持人ハ仍自ラ其支拂ヲ受ケサルヘカラストセハ其迷惑實ニ云フヘカラサルニ至ル可シ之ヲ以テ所持人ハ第三者ヲシテ自己ニ代ハリテ手形金額ノ請求ヲ爲サシムルコトヲ得セシメサルヘカラス此場合ニ於テ二個ノ方法アリ一ハ普通委任ノ方法ニ依ルモ他ハ委任裏書ノ方法ニ依ル其後者ハ手形法規定ノ方法ニシテ即チ所持人ハ手形ニ其目的ヲ附記シタル裏書ヲ爲スニ在リ手形ニ其目的ヲ附記シタル裏書ヲ爲シタルトキハ被裏書人ハ其目的ニ從ヒ手形金額ノ取立ヲ爲スコトヲ得ルノミナラス同一ノ目的ヲ以テ更ニ之ヲ裏書スルコトヲ得ルモノナリ普通委任ノ方法ニ依ルトキハ此場合ニ於テハ複代理ノ關係ヲ生スルモ手形ハ此關係ヲ生スルモノニ非ス之レ普通委任ト手形ノ委任裏書ト異ナル所ニシテ手形法ニ特定規定ヲ設ケタル所以ナリ

片本評論著論其理ナキニ非スト雖モ第四百六十三條ニ「其取立」トアルヲ以テ見レハ擔保裏書ヲ受ケタル者ト雖モ委任裏書ヲ爲スコトヲ得ヘキカ如シ

手形法第四百六十三條ハ云々其取立ノ委任ヲ爲スコトヲ得云々トアルヲ以テ「其取立」トハ爲替手形ノ普通ノ態度ニ在ル場合ノ支拂請求ニ關スルモノニシテ質入ヲ爲シタル場合ニ於ケル其債權ニ基ク手形金額ノ取立ヲ爲ス爲メ委任裏書ヲ爲スコトヲ得ルヤ否ヤハ一ノ問題トシテ研究スヘキ價値アリト信ス或ル學者ハ之ニ答ヘテ曰ハク委任裏書ノ效力ハ爲替手形金額ノ取立ヲ爲スニ在ルヲ以テ擔保裏書ノ執行方法モ此委任裏書ニ依リテ行ハルヽモノナリト余輩ノ考フル處ヲ以テスレハ手形ノ所持人ハ其者自身ニ於テ手形ノ金額ヲ取立テ得ル處ノ權利ヲ代行セシムル爲メ委任裏書ヲ爲スモノニシテ擔保裏書ヲ受ケタル手形ノ所持人ハ前ニ論シタルカ如ク手形法ニ於テ許サレタル同一ノ目的ニ依リ更ニ裏書ヲ爲ス外手形上ノ權利ヲ有セサルヲ以テ手形金額ノ取立ヲ委任スル爲メ其裏書ヲ爲スカ如キハ爲シ得ヘカラサルコトニ屬スルモノナリト論スルハ至當ナル說明ナリト信ス

以上ノ外擔保裏書ニ付テ生シタル説明及ヒ問題ハ委任裏書ノ下ニ於テモ亦之ヲ生スルヲ以テ玆ニ之ヲ贅セス

(七)支拂拒絕證書作成ノ期間經過後ノ裏書

舊法典ニ於テハ此種ノ裏書ヲ滿期後ノ裏書ト云ヘリ固ヨリ滿期日以後ニ於ケル裏書ニ滿期以前ニ爲シタル裏書ノ效力ヲ附與セサルハ手形ノ理論トシテ大ニ綮肯ヲ得タルモノナレトモ新法典ノ如ク支拂拒絕證書作成期間內ニ於テ爲シタル爲替手形ノ所持人ハ裏書人ト同一ノ權利行爲ヲ爲シ得ヘキモノナルヲ以テ單ニ滿期後ノ裏書ナル一事ヲ以テ滿期前ニ於ケル裏書ノ效力ヲ附與セサルハ實際上不便ナリトシテ之ヲ斥ケタリ

前項マテ說述シ來リタル各種ノ裏書ハ凡テ支拂拒絕證書作成期間以前ノ裏書ニシテ順當ノモノナリト雖モ本項ハ支拂拒絕證書作成期間經過後ニ係ル手形ハ之ヲ裏書スルコトヲ得ルヤ又之ヲ裏書スルコトヲ得トセハ其效力ハ如何ト云ヘル問題ヲ論決セントスルニ在リ

抑モ手形ノ流通力ハ滿期日ニ至リテ絶止スルヲ以テ原則トス舊法典カ滿期後ノ裏書ヲ特定シタルハ此原則ニ從ヒタルモノニシテ支拂拒絶證書作成期間內ニ於ケル裏書ニ普通ノ效力ヲ附與スルモノトセル新法典ノ規定ハ手形ノ理論ヲ離レテ手形ハ一般ニ支拂拒絶證書作成期間ノ滿了ニ至ルマテハ隨意ニ裏書ヲ爲スコトヲ得ルモノトセルヲ以テ手形ノ流通力ハ理論以外ニ其期間ヲ擴張セリ然ラハ支拂拒絶證書作成期間經過後ニ於テハ手形ハ之ヲ流通セントスルモ全然不能ノコトニ屬スルカ法典ハ手形流通ノ變例ヲ設ケテ僅ニ其流通力ヲ認メタリ勿論其流通ノ行爲ハ手形行爲トシテ之ヲ認ムルモ其之ヲ認ムルハ元來極端ナル例外ニ屬スルヲ以テ其效力モ亦特別ノモノナラサルヘカラサルナリ

斯ノ如ク手形法ハ支拂拒絶證書作成期間經過後ノ裏書ヲ認メタルヲ以テ之ニ與ヘタル特別ノ效力ヲ研究セサルヘカラス抑モ手形ノ裏書ニ依リテ被裏書人ノ取得スル權利ハ前者ノ有シタル權利ニ非スシテ手形カ表示ス

ル處ノ權利ナリ故ニ被裏書人ハ裏書人ノ有セサル權利ト雖モ手形ノ表示スルモノナルトキハ之ヲ取得スルコトヲ得裏書人ハ其裏書行爲ニ付キ手形上ノ要件ヲ充タスヘキモノニシテ手形行爲ノ手形行爲タル所以ナリ然ルニ支拂拒絶證書作成期間經過後ノ裏書ヲ爲シタル手形ノ被裏書人ハ裏書人カ有シタル手形上ノ無條件ナル權利ノミヲ取得スルモノニシテ獨立的權利ノ原則ニ反スルモノナリ之ヲ以テ裏書人ニシテ支拂請求權ヲ有スルトキハ被裏書人モ亦此權利ヲ取得シ裏書人ニシテ支拂請求權ハ之ヲ有セサルモ償還請求權ハ之ヲ失ハサルトキハ被裏書人モ亦此權利ヲ取得ス故ニ裏書人ニシテ償還請求權ヲ有セサルニ被裏書人ニシテ之ヲ有スルカ如キコト非サルナリ而シテ此場合ニ於テハ裏書人ハ手形上ノ義務ヲ負フコトナシ蓋シ裏書人カ手形上ノ義務ヲ負擔スルハ順當ノ裏書ニ依ル效力ニシテ支拂拒絶證書作成期間後ニ於ケル裏書ノ如キハ手形上ノ效力ヲ生セサルヲ以テ原則トシ加之支拂拒絶證書作成期間經過後ニ於ケル裏書ヲ

可成防止スル目的ヲ以テ裏書人ニ對スル手形上ノ效力ヲ認メサルニ在レハナリ然ラハ其裏書人ハ普通法ノ規定ニ從ヒ不當利得返還ノ義務ヲ免カルヽコトヲ得サルカト云フニ「手形上ノ責任ヲ負フコトナシ」ト規定シタルヲ以テ直ニ民法上ノ義務ヲ負フモノナリト論スルコトヲ得ス之カ義務アリトスレハ手形關係ニ於テ當事者間ニ其特別契約ノ存在スルコトヲ要スト云ハサルヘカラサルナリ否ラサレハ手形上ノ義務ヲ負ハサル者ハ凡テ民法上ノ義務ヲ負擔スル者ナリト云フ論決ヲ生スルニ至ルノ不當ナルハ勿論一ノ行爲ニシテ同時ニ手形關係非手形關係ノ二个ノ效力ヲ生スルモノナリト論セサルヘカラサルニ至ル何ソ夫レ事理ヲ失シタル議論ノ甚シキモノナルヤ

第五款　裏書ノ連續

爲替手形ハ其特質トシテ流通力ヲ有ス其流通力ヲ有スルカ故ニ其流通ノ系統ナカルヘカラス蓋シ無記名式爲替手形ハ之ヲ措キ記名式並ニ指圖式

ノ為替手形ハ證書ヲ以テ流通スルモノナルニ因リ源ヲ發シテ其末流ニ至ルマテ必ス其通路ヲ有スルモノニシテ此通路ハ即チ裏書ニ依リテ流通セラル、モノナレハナリ之ヲ以テ手形ノ裏書ニ間斷アルトキハ手形ハ果シテ正當ノ通路ヲ有シテ流通シタルモノナルカ否ヤハ之ヲ判知スルコトヲ得ス手形ノ義務者ハ正當ノ通路ヲ傳ハリテ流通シタル手形ニ付テ手形上ノ義務ヲ負擔スヘキモノナルヲ以テ若シ手形ノ裏書ニ間斷アルトキハ其所持人ハ手形上ノ權利ヲ有セサルモノトス蓋シ一ハ以テ手形法ノ理論ニ適シ他ハ以テ手形ノ流通ヲ保護シ手形ノ社會ニ於ケル信用ヲ助長セントト欲スルニ在レハナリ手形法第四百六十四條ニハ云々所持人ハ云々其權利ヲ行フコトヲ得ス云々ト規定セルヲ以テ一見スル處ニ依レハ宛然所持人ハ手形上ノ權利ヲ有スルモ單ニ之ヲ行使スルコトヲ得サルニ止マルモノトスルニ似タリ然レトモ手形ハ正當ノ通路ヲ傳ハリテ流通シ之ニ因リテ取得シタル者ニ歸屬スルモノニシテ裏書ノ間斷アル手形ハ其間斷ヲ生シタルト同時ニ手形ノ流通能力ヲ失ヒタルモノナルヲ以テ手形ノ裏書ハ手形法ノ認メサル處ナルニ因リ其所持人ト稱スル處ノ者ハ其手形ヲ取得スルコトヲ得スシテ手形法ニ所謂所持人ニ非サルナリ之ヲ以テ該條ハ單ニ「權利ヲ行フコトヲ得ス」ト規定スルモ其實反面ニ於テ手形上ノ權利ヲ有スルモノニ非ス從ヒテ該條ハ「云々權利ヲ取得スルコトナシ」ト之ヲ解釋セサルヘカラサルナリ

斯ノ如ク論スルトキハ論者或ハ曰ハン手形法第四百四十一條ニ依リ手形ヲ取得シタル者ハ手形返還ノ請求ヲ受クルコトナキヲ以テ假令手形ノ裏書ニ間斷アリト雖モ第四百四十一條ニ違反セサル以上ハ手形上ノ權利ヲ取得スルニ於テ何ノ妨ケカアルト余輩ハ此說ハ何等ノ價値ヲ有スルモノニ非スト思フ者ナリ前ニ述ヘタルカ如ク裏書ノ間斷アル手形ハ手形ノ流通能力ヲ失ヒタルモノナルヲ以テ所持人カ之ヲ取得スルニ當リ其間斷アルコトヲ發見セサルモノトセハ惡意アラサルモ重過失タルコトヲ免カレ

サルハ深ク論スルヲ要セス抑モ第四百四十一條ハ斯ノ如キ流通能力ヲ失ヒタル手形ノ取得ニ付テ之ヲ包容スル處ノ規定ヲ設ケタルニ非ス假リニ所持人ニ重過失ノ責任ナシトスルモ該條ハ流通能力ヲ失ヒタル手形ニ付テ規定スルモノニ非サルヲ以テ所持人ハ手形ノ取得者ニアラサルナリ之ヲ以テ論者ノ説ハ手形ノ理論上之ヲ採用スルコトヲ得ス茲ニ於テ論者ハ更ニ問フ處アラントスルナルヘシ即チ曰ハク若シ果シテ其所持人カ手形上ノ權利ヲ取得セサルモ惡意又ハ重過失ナキニ於テハ第四百四十一條ニ依リテ其手形ノ返還ヲ請求セラルヽコトナキヲ以テ其手形ハ單ニ流通能力ヲ失ヒタルノミナラス其手形ハ消滅ニ歸シタルト同一ノ結果ヲ生スルニ非スヤト然レトモ第四百四十一條ノ場合ニ於テハ流通手形ヲ手形法ノ規定ニ從ヒテ取得シタル者ハ其取得ヲ爲スニ當リテ惡意又ハ重過失ナキトキハ其手形ノ返還ヲ請求セラルヽコトナキモノニシテ手形ノ正當權利者ト爲ルニ在リ間斷裏書ノ手形ハ既ニ流通能力ヲ失ヒ然シテ之ヲ取得ス

岸本評論
著者ノ論亦一理ナシトセス、毛戸曰、著者ノ說ハ斬新ナルト同時ニ誤マルニハアラサルカ

ルニ手形法上ノ規定ヲ存セサルヲ以テ從ヒテ手形ノ正當權利者ト爲ル者ニ非ス余輩ノ見ル處ヲ以テスレハ裏書ノ連續アル最後ノ被裏書人ハ手形法上手形ノ正當權利者ナリ手形ハ所持人ニ非サレハ手形上ノ權利ヲ主張スルコトヲ得ストノ原則ハ手形義務者ニ對シテ之ヲ言フモノニシテ手形關係外ノ第三者ニ對シテハ正當ノ權利者ハ此返還請求ヲ爲スコトヲ得ルハ民法上ノ通則ニシテ第四百四十一條ハ此場合ニ付テノ規定ヲ爲シタルモノニ非サルナリ

今ヤ余輩ハ論鋒ヲ轉シテ研究スヘキ一大問題ニ接セリ即チ手形ハ裏書ハ其連續スルコトヲ要ストハ方式上連續スルコトヲ以テ足レリトスルカ將タ實質ニ於テモ連續セサルヘカラサルカ之ヲ換言スレハ裏書ハ僞造ニ依リテ實質上間斷ヲ生スルコトアルモ方式ニ於テハ連續セルヲ以テ手形ノ裏書ハ連續スルモノナリト云フコトヲ得ルカ論者曰ハク手形ハ方式的證券ナルヲ以テ實質上ハ兎モ角モ方式上裏書ノ連續スルトキハ第四百六十

鼇洲評、理論トシテハ著者ノ見ノ如シ然レトモ法律ノ解釋トシテハ首肯スル能ハス

昔生評、鼇洲氏ト同感

毛戸曰、僞造セラレタル者ニ責任ナキハ四三五ニヨリ明カナリ

四條ニ依リ裏書ニ間斷アリト云フコトヲ得スト然レトモ余輩ハ之ニ服スルコトヲ得ル者ニ非サルナリ手形ノ方式的證券ナルコトハ論者ノ說ノ如ク然リ然レトモ裏書カ形体上手形法ノ規定ノ如ク成立シ聊カ缺クル處ナシト雖モ其裏書行爲ニシテ元來無效ノモノナルトキハ其方式ハ最初ヨリ烏有ノモノナルヲ以テ從ヒテ裏書ナリト云フコトヲ得ス手形ハ方式的證券ナリトスルモ其方式ノ效力ハ其證券ノ法律上成立シタルモノナルニ非サレハ之ヲ發生スルモノニ非ス若シ夫レ余輩ノ所論ニシテ謬アリト假定センカ其裏書ハ間斷ナキヲ以テ其所持人ハ手形上ノ權利ヲ行フコトヲ得ルニ至リ僞造セラレタル者ハ勿論其前者ハ凡テ手形上ノ義務ヲ履行セサルヘカラサル結果ヲ生スルニ至リテ第四百三十七條ヲ如何セン唯此ニ於テ一言スヘキハ此ノ如ク裏書ノ僞造ニ罹リタル外見上裏書ノ間斷ナキ手形ヲ惡意又ハ重過失ナクシテ取得シタル場合是ナリ本來其手形ノ裏書ハ無效ナル爲メ流通能力ヲ失ヒタルモノナレトモ之ニ署名行爲ヲ爲シタル

毛戸曰、四六四ニハ裏書ノ連續トアリテ僞造後ノ裏書連續ヲ以テ足レリトスルハ那邊ヨリ來ルヤヲ知ルニ苦シム

毛戸曰、著者カ說明ニ苦シムハ其說ノ有力ナラサル一證ニアラスヤ

ニ因リ一ノ例外ヲ設ケテ之カ存在ヲ認メタルモノナルヲ以テ其取得ヲ有效ノモノトセサルヘカラス而シテ此場合ニ於テハ其僞造以後ニ於ケル裏書ノ連續セルコトヲ要スルモノト爲リ且ツ第四百三十七條ノ規定ニ依リ其署名行爲者ハ責任ヲ免カル、コトヲ得サルニ因リ其僞造ノ裏書ヲ以テ間斷ヲ生シタルモノナリトスル第四百六十四條ノ問題ハ發生セサルナリ」更ニ一個ノ論究ヲ要スヘキ問題アリ無能力者ノ爲シタル裏書ヲ取得シタル場合是ナリ手形法第四百三十八條ハ無能力者カ手形ヨリ生シタル債務ヲ取得シタルトキト雖モ他ノ手形上ノ權利義務ニ影響ヲ及ホサスト規定シ第四百六十四條ニ裏書カ連續スルニ非サレハ其權利ヲ行フコトヲ得スト云フ規定ト矛盾セリ此矛盾ハ如何ニシテ之ヲ調和スルコトヲ得ルカ不得已第四百三十八條ハ第四百六十四條ノ除外例ナリト答フルノ外說明ノ方法アラサルナリ

以上論スルカ如ク手形ノ裏書ハ間斷ナク連續スルコトヲ要スルモノナレ

トモ裏書カ略式ニ依リテ爲リ所持人カ第四百六十一條ノ規定ニ從ヒテ自己ヲ其被裏書人ト爲サス爾モ之ニ裏書ヲ爲スコトアルニ至リテハ被裏書人ノ記載ナキナリ以テ手形ノ裏書ハ連續セサル結果ヲ生ス次ノ裏書ナクンハ止ム次ノ裏書ヲ爲スアルニ至リタル以上ハ第四百六十四條本文ノ規定ニ從ヒテ裏書ノ連續ヲ缺クモノトシテ其所持人ハ手形上ノ權利ヲ行使スルコトヲ得サルニ至ルナリ手形法ニ於テ略式裏書ノ規定ヲ爲シタル以上ハ亦此場合ニ處スル所ノ規定ナカルヘカラス否ラサレハ實際上ニ於ケル不便ハ勿論法制上ノ拙策タル誹リヲ免レス此ニ於テ同條ハ但書ヲ設ケ此場合ニ於テハ被裏書人ノ記載ナキモ次ノ裏書人ハ其略式裏書ニ依リテ手形ヲ取得シタルモノト看做シ以テ裏書ノ連續ヲ爲シタルモノト擬制シタルナリ

第四節　引受

第一欵　引受ノ性質

岸本評論　論旨割切

爲替手形ハ振出行爲ニ依リテ流通ノ原動力ヲ發揚シ裏書行爲ニ依リテ流通スルモノナリ然レトモ爲替手形ハ振出及ヒ裏書ノ行爲ニ依リテハ未タ手形上ノ債務ヲ生スルコトナシ手形上ノ債務ハ爲替手形ニ引受ヲ爲スカ若クハ之ヲ拒ミタルニ因リテ始メテ之ヲ生スルモノナルコトハ余輩既ニ屢々説述シタル處ナリ今ヤ余輩ハ此手形債務ノ發生基因ヲ説明スルノ機會ニ達セリ

抑モ引受ナルモノハ手形ノ本質タル債務ヲ發生セシムル處ノ法律行爲ニシテ手形ハ此法律行爲ニ依リテ始メテ支拂力ヲ生スルモノナリ此支拂力ヲ生スル處ノ法律行爲カ手形行爲タルカ故ニ一方的行爲ニシテ且ツ方式的行爲タリ而シテ引受ナル手形行爲ハ支拂ノ委任ヲ引受クルモノニ非スシテ所持人ニ對シテ手形金額ヲ支拂フ處ノ債務ヲ負擔スル處ノ行爲ナリ斯ク論シ來ルトキハ議論百出シテ論駁交々落チ來ル可シ某學者ノ如キハ引受ノ性質ヲ説明シテ曰ハク振出人ハ爲替手形ヲ振出スニ當リ支拂人ヲ

指定シ之ニ支拂ノ委託ヲ爲スモノニシテ支拂人ハ引受ニ依リテ其委託ヲ受任スルモノナリ支拂人ハ之ニ依リテ所持人ニ對シテハ支拂ノ義務ヲ負擔シ振出人ニ對シテハ受任者タル義務ヲ負擔ス故ニ其引受行爲ニ違反シタルトキハ所持人ニ對シテハ勿論振出人ニ對シテ義務不履行ノ責ニ任セサルヘカラスト此說明ハ一見スル處大ニ綮肯ヲ得タルカ如キモ未タ手形法理ノ蘊奧ヲ穿チタルノ說ニ非サルナリ假リニ百歩ヲ彼ニ讓リテ彼ノ說ヲ正當ノモノナリトセハ委任ノ原則ニ從ヒテ支拂人ノ負擔シタル債務ノ本質ハ手形金額ノ支拂ニ非スシテ受任事務ヲ處理スルニ在リ支拂人ハ手形所持人ニ對シテ債務ヲ負擔スルコトナク振出人ニ對シテ債務ヲ負擔スルモノナリトノ論結ヲ生スルニ至ル此ニ於テ是等ノ學者ハ此論結ニ同意スルニ非サレハ自家撞着ノ說タルヲ免レス然ルニ某學者ハ曰ハク此論結ハ誠ニ理論ノ正鵠ヲ得タルモノナリト雖モ斯ノ如ク論スルトキハ手形法ノ規定ニ違反スルヲ以テ惜ヒ哉此論結ハ手形法ノ容ルヽ處ニ非ス手形法

ニ於テハ引受ハ振出人ノ支拂委託ヲ受任スルト同時ニ所持人ニ對シテ手形金額ヲ支拂フヘキ債務ヲ負擔スルモノナリト余輩ハ此説明ハ頗ル巧妙ナルカ如シト雖モ法律論トシテハ毫モ其價値ナキモノナルコトヲ思ヘル者ナリ試ミニ想ヘ一面ニ於テ委任關係ヲ生シ他方ニ於テハ支拂債務ノ關係ヲ生スルモノナリト論シテ其委任關係ハ手形法ニ於テ如何ナル效力ヲ生スルモノナルカ抑モ手形行爲ハ單獨的行爲ナリ之ヲ換言スレハ手形行爲ノ一方的行爲ナルコトヲ知ラサルニ坐スルカ振出人カ手形ヲ振出スニ當リテ「單純ナル支拂ノ委託」ナル事項ヲ手形ニ記載スルハ手形ノ要件ヲ整理スルモノニシテ一方的行爲ノ一部ヲ爲スモノナリ然ルニ委任ナルモノハ雙方的行爲即チ契約ヲ俟テ成立スルモノニシテ手形行爲ト枘鑿相容ル、モノニ非スシテ手形ノ引受モ亦手形行爲ニシテ一方的行爲ナルヲ以テ受任ノ觀念ト相容レス然ラハ手形成立ノ要件中ニ「支拂ノ委託」ナル語ヲ用ユルモ之ヲ以テ委任契約ノ申込ナリト解スヘカラサルハ勿論引受ヲ以テ其受諾ナリト解スルハ誤ニシテ此受諾ニ因リ主タル債務者ト爲ルモノナリト說明スルニ至リテハ實ニ其愚ノ極ナリト云ハサルヘカラサルナリ蓋シ委任ハ法律行爲ヲ爲スコトヲ約スルモノニシテ其效果ハ委任者ノ納ムル處ナリ然ルニ引受ハ債務ヲ創設スルモノナルヲ以テ法律行爲ナリト云フコトヲ得ヘキモ其效果ハ引受人之ヲ納ムルモノナルヲ以テ委任ノ本領ヲ脫スルモノナレハナリ論者ハ手形ノ一方的行爲ナルコトヲ知ルトキハ委任關係ハ手形上ノ問題ニ非サルコトヲ知ルニ難カラサルヘシ之ヲ以テ余輩ハ手形ノ引受ハ委任ニ關スル問題ニ非スシテ獨立的債務ノ創設ニ關スル問題ナルコトヲ斷言スルニ憚カラサル者ナリ

余輩ハ斯ノ如ク手形ノ引受ハ獨立的債務ノ創設ニ關スル手形行爲ナリト論スル者ニシテ其手形上ノ關係ハ支拂人ト所持人トノ間ニ生シ振出人トノ間ニ於テハ更ニ手形關係ヲ生セサルヲ以テ債務ハ所持人ニ對シテノミ之ヲ負擔シ振出人ニ對シテ之ヲ負擔スルモノニ非スト說明スル者ナリ

斯クノ如ク手形ノ引受ハ獨立的債務ノ創設ニ關スル手形行爲ナルコトヲ確定スルトキハ余輩ハ更ニ進ンテ其獨立的債務ノ說明ヲ爲サヽルヘカラス

抑モ獨立的債務トハ同一ノ法律行爲若クハ同一ノ關係ヲ有スル法律行爲ニ付キ他ノ債務ノ有無ニ拘ハラス其發生シ存在スル處ノ法律的負擔ヲ意味スルモノニシテ手形ノ引受行爲ニ依リテ創設スル處ノ債務ハ他ノ手形關係者カ既ニ負擔シタル處ノ債務ノ有無ニ關セス獨立シテ發生シ存在スルコトヲ得ル處ノ法律的負擔ナルヲ以テ即チ獨立的債務ト云フヘキモノナリ斯ノ如ク引受ノ手形上獨立的債務タルニハ振出人ト支拂人間ノ特別關係ノ如キハ以テ手形上ノ關係ニ移シ來ルコトヲ得ス然ルニ支拂人カ引受行爲ヲ以テ振出人ト支拂人間ニ存在スル特別關係ノ結果トシ之ニ基キテ手形上ノ義務ヲ負擔スルモノナレハ手形ノ引受ヨリ生スル債務ハ附從ノ債務ナリト說明スルニ至リテハ手形關係ト普通關係ヲ混同セル處ノ誤

論ナリト云ハサルヘカラス之ニ反シテ引受債務ヲ附從ノ債務ナリトシ其附從ノ債務タルヤ振出人カ手形上負擔シタル債務ノ保證ヲ爲スモノニシテ之レ恰モ夫ノ小切手ノ支拂人カ小切手ノ支拂保證ヲ爲スト異ナル處ナキカ如ク手形債務ノ從タルモノナリト說明スル者アリ此議論ハ前者ト異ニシテ引受債務ヲ以テ手形債務ノ從タルモノナリト說明スルモノナレトモ振出人カ支拂ヲ爲サヽルトキニ於テ支拂人カ之ニ代ハリテ債務ヲ辨濟スヘシト約スルコトナク自分カ手形金額ノ支拂ヲ引受クルコト即チ手形金額ノ債務ヲ負擔スルモノナルヲ以テ支拂人ハ手形上ノ保證債務ヲ負擔スルモノナリトノ評論ハ未タ保證債務ノ性質ヲ辨セサルニ座スルモノト云ハサルヘカラサルナリ

斯ノ如ク手形ノ引受債務ハ手形上ノ獨立的債務ニシテ此債務ハ引受行爲ニ依リテ發生スルモノナルコトヲ論斷スルトキハ施ヒテ從來行ハレタル手形債務ニ關スル學說ニ變更ヲ加フルニ至ルヘシ從來ノ學說ニ於テハ支

拂人ノ引受行爲ニ依リテ負擔スル處ノ債務ヲ手形上ノ主タル債務ト云ヒ振出人及ヒ裏書人ノ負擔シタル處ノ義務ヲ手形上ノ從タル債務ト云フ之ヲ以テ引受人ヲ手形上ノ主タル債務者トシ振出人及ヒ裏書人ヲ手形上ノ從タル債務者トセリ此學說ハ果シテ手形法ニ剴切ナル處ノ眞理ヲ穿テルモノナリトスルカ凡ソ法律關係ニ於テ從タル債務ノ存在ヲ想像スルトキハ必ス主タル債務ノ現存シ若クハ主タル債務ノ同時ニ發生スルコトヲ要ス苟クモ主タル債務ノ之ナキニ獨リ從タル債務ノ發生シ若クハ主タル債務ノ發生ニ先チテ從タル債務ノ發生スルコトハ遂ニ之ヲ想像スルコトヲ得ス否ナ是等ハ法律上ノ思想ニ非サルナリ手形ノ引受行爲ハ其振出ヨリ後ニ於テ之ヲ行フヘキハ勿論多クノ場合ニ於テハ凡テノ裏書ノ後ニ於テ之ヲ行フモノナルヲ以テ引受ヨリ生スル處ノ手形上ノ債務ハ所謂爾後ノ債務ナルモノナリ之ヲ以テ振出人及ヒ裏書人ノ手形上負擔スル處ノ義務ハ引受債務ノ從タルモノナリト云フ保證論ハ論理ノ許サヽル處ニシテ引

受債務トハ無關係ノモノナルヲ以テ嚴格ニ之ヲ論スルトキハ余輩ハ振出人及ヒ裏書人ノ負擔シタル手形上ノ義務ハ引受債務ト同シク獨立的義務ナリト論スル者ナリ之レ余輩カ總論ニ於テ手形債務ハ獨立的ノ債務ナルコトヲ論シタル所以ニシテ其獨立的債務ハ各個ニ付テ之ヲ云ヒ總般的ニ之ヲ云フモノニ非サルナリ

余輩ハ上來論述シタル處ヲ以テ其誤謬ナキコトヲ誓フモノナリ之ヲ以テ余輩ハ從來許多ノ學者カ振出人及ヒ裏書人ノ手形法上負擔シタル處ノ義務ヲ以テ引受債務ノ從タルモノナリトセル説明ヲ排斥スル者ナリ

第一款　引受ノ請求

手形ノ引受ヲ求ムルニハ其何種ノ手形タルヲ問ハス手形ノ呈示ヲ爲サヽルヘカラス手形ノ呈示ハ分チテ之ヲ二種ト爲ス曰ハク引受ヲ求ムル爲メニスル呈示曰ハク支拂ヲ求ムル爲メニスル呈示是ナリ茲ニハ獨リ其引受ヲ求ムル爲メニスル呈示ヲ説述セントスルモノナリ

抑モ手形ノ呈示ハ手形ノ引受ヲ得ル爲メニハ須要ノ行爲ニシテ此行爲ヲ缺クトキハ手形ノ引受ヲ得ル克ハサルハ事實上及ヒ法律上共ニ必然ノコトニシテ敢テ言フヲ待タサル所ナリ呈示ナル語ハ手形法ニ專用ノモノニシテ手形ヲ呈出シテ之ヲ示スト云フ文字ノ節略シタルモノナレトモ事實上ノ行爲トシテハ相手方ノ閲覽ニ供スルト云フ意義ヲ有スルモノナリ既ニ相手方ノ閲覽ニ供スト云フ以上ハ相手方ノ手裡ニ移リ若クハ移ルヘキ態度ニ之ヲ置カサルヘカラス而シテ之ヲ相手方ノ閲覽權內ニ移ス處ノ主体タルヘキ者ハ振出人ニ非ス裏書人ニ非ス手形權利者タル處ノ所持人ナリ斯ノ如ク手形ノ呈示ハ手形權利者タル處ノ所持人ニ屬スル行爲ニシテ手形債務ヲ喚起スル處ノ原働力ト爲ルヘキモノナルヲ以テ手形ノ呈示ハ手形權利ノ一ナリト云ハサルヘカラス一覽後定期拂ノ爲替手形ノ引受ヲ求ムルコトヲ以テ所持人ノ義務ナリトスル論者ニ於テモ手形呈示ヲ以テ其義務ナリト論スル者アルヲ聞カス

手形ノ裏書ハ記名式若クハ指圖式ノ爲替手形ニ付テノミ之ヲ爲スコトヲ得ルモノナレトモ手形ノ引受ハ其記名式ナルト指圖式ナルト將タ無記名式ナルトヲ問ハス全般ノ爲替手形ニ付テ之ヲ求ムルコトヲ得ルモノニシテ一ノ例外ヲ餘スコトナシ蓋シ引受ハ手形ノ支拂力ヲ生スルモノニシテ凡テノ手形ハ此引受ヲ得ルニ非サレハ其支拂力ヲ生スルコトナキヲ以テ手形ノ支拂力ヲ生セシメント欲スルニハ凡テノ手形ニ付キ此行爲ヲ必要トスルモノナレハナリ然ルニ此學者ハ一覽拂爲替手形ハ一覽ノ時ニ於テ滿期日ト爲ルモノナルヲ以テ支拂ノ爲メニ呈示ヲ爲スノ外引受ノ爲メニ呈示ヲ爲スカ如キハ事体不能ノコトニ屬スルヲ以テ引受ノ爲メニスル呈示ナルモノナシト云ヘリ凡ソ百般ノ行爲ハ目的ニ因リテ結果ヲ得ルモノニシテ引受ノ爲メニスル呈示ハ其目的引受ヲ得ルニ在ルヲ以テ引受ナル結果ヲ得ルナリ若シ支拂ナル結果ヲ得ルコトアランカ目的ノ變更ニ非スソハ其結果ヲ得タルモノニ非ス一覽拂ノ爲替手形ト雖モ引受ヲ得ルノ目

的ヲ以テ呈示ヲ爲ストキハ支拂ヲ爲サスシテ引受ヲ爲スコトヲ得ルヲ以テ事体不能ノコトニ屬スト云フコトヲ得ス夫ノ一覽後定期拂ノ爲替手形ノ引受ヲ拒ミ又ハ其日附ヲ記セサル場合ニ拒絶證書ヲ作成セサルトキハ法定呈示期間ノ末日ヲ以テ呈示ノ日ト見做スト云ヘル規定ノ如キハ引受ノ爲メノ呈示ノ日ト云フヘキモノニシテ未タ支拂ノ爲メニスル一覽ノ日ト云フヘキモノニ非サルモ該規定ハ理論以外ニ渉リテ支拂ノ爲メニスル一覽ノ日ト見ルヘキ解釋ヲ採ラサルヲ得スト雖モ一覽拂ノ爲替手形ニ付テハ何等ノ規定ナキヲ以テ正理ニ照合シテ之ヲ解釋セサルヘカラス一般ニ引受ハ手形ノ滿期日ニ至ルマテ時期ノ如何ヲ問フコトナク何時ニテモ所持人ノ隨意ニ之ヲ求ムルコトヲ得ルモノナルニ因リ手形ノ呈示モ亦其時期ノ如何ヲ問ハス何時ニテモ之ヲ爲スコトヲ得ルモノニシテ之ヲ原則ト爲セリ若シ前ニモ屢々說述シタルカ如ク引受ハ手形ノ支拂力ヲ生スルモノナルヲ以テ手形ニ支拂力ヲ生セシムルニ付キ其時期ノ制限ヲ爲スノ

要ナケレハナリ之ヲ以テ手形ノ呈示ヲ爲ズニ付キ其時期ヲ制限スルコトナシ然レトモ茲ニ一ノ例外アリテ存ス即チ一覽後定期拂ノ爲替手形是ナリ一覽後定期拂ノ爲替手形ハ其一覽ノ時期ハ幾歳月ノ後ニ在ルヘキカ實ニ不確定ノモノニシテ豫期スルコトヲ得ス若シ夫レ日附後數年ノ後ニ於テ突然所持人ハ手形ノ引受ヲ求メタリトセンカ幸ニシテ其引受ヲ得タルトキハ事已ムト雖モ若シ其引受ヲ拒絶シタリトセンカ擔保請求ノ權利ヲ發生シ振出人及ヒ裏書人ハ茲ニ其義務ヲ負擔スルニ至ルヘシ是レ最初手形ヲ振出スニ當リテ指定シタル支拂人カ當時保ツ處ノ資産ニ激變ヲ生シ振出人ヨリ兼テ支拂ノ對價ヲ附與シタル場合ニ在テハ爾カモ引受ヲ拒絶ズルカ如キコトアルニ於テハ彼等ノ損失ハ回復スヘカラス之レ彼等ノ豫期シタル處ニ非ス所持人ハ手形ノ引受ヲ求メ其支拂力ヲ發生セシムルハ自己ノ利益ニシテ亦權利ナリ之ヲ等閑ニ附シタル場合ニ於テ二者孰レヲ保護スヘキヤト云フニ振出人以下裏書人ノ地位ヲ安セシメ以テ手形ノ發

行及ヒ其流通力ヲ健全ナラシムルニ若カサルナリ是ヲ以テ一覧後定期拂ノ爲替手形ヲ所持スル者ハ其手形ニ記載シタル日附ヨリ起算シテ一年内ニ其手形ヲ支拂人ニ呈示シテ其引受ヲ求ムヘキモノトセリ然レトモ振出人ハ此法定呈示期間ヲ以テ仍長期ニ失シ自己ニ不利ナリト思意スルトキハ其自由ニ此法定呈示期間ヲ短縮スルコトヲ得ルモノナリ蓋シ此法定呈示期間ハ一ハ公益ノ爲メニ之ヲ設ケタリト雖モ側ラ振出人ノ利益ヲ保護スルニ在ルモノナレハ公益ヲ經營スルコトヲ妨ケサルニ於テハ振出人ノ利益ノ爲メニ此法定呈示期間ノ變更ヲ爲サシムルハ寧ロ法制上ノ本旨ナリト云フヘケレハナリ然レトモ斯ノ如ク一ニ又公益ヲ經營スルヲ以テ法制上ノ趣旨トスルニ在レハ此法定呈示期間ヲ變更シテ一年ヲ超過スルニ於テハ公益ノ經營ヲ妨クルモノトシテ之ヲ許スモノニ非サルナリ斯ノ如ク一覧後定期拂ノ爲替手形ノ引受ハ一般ノ引受ニ例外ヲ爲スモノニシテ一ノ法定期間ヲ存ス所持人ハ此法定期間内ニ一覧後定期拂ノ爲替手形ヲ

呈示シテ引受ヲ求メタル場合ニ於テ支拂人ハ手形上ノ債務關係ヲ發生セント欲スレハ之ニ其引受ヲ爲スヘシ然ルニ若シ支拂人ニシテ其引受ヲ爲サス又ハ引受ヲ爲スモ其引受ノ日附ヲ其手形ニ記載セサルコトアランカ所持人ハ之ニ因テ玆ニ擔保ノ請求權ヲ發生スルニ至ルモノナリ擔保ノ請求權ヲ行ハントスルニハ拒絶證書ヲ作成スルコトヲ要スルモノナルニ由リ所持人ハ其引受ヲ拒絶セラレタルカ爲メ拒絶證書ノ作成ヲ爲サシメサルヘカラス此場合ニ於テハ其法定呈示期間ヲ以テ拒絶證書作成ノ期間トス故ニ所持人ハ此期間內ニ於テ拒絶證書ヲ作成スヘキモノトス之ヲ作成シタルトキハ其作成ノ日ヲ以テ手形ノ呈示ヲ爲シタル日ト看做シ又引受ヲ爲スモ其引受ノ日附ヲ記載セス且ツ所持人カ拒絶證書ヲ作成セシメサリシトキハ法定呈示期間ノ末日ヲ以テ手形ノ呈示ヲ爲シタル日ト看做ス」斯ノ如ク拒絶證書作成ノ日又ハ法定呈示期間ノ末日ヲ以テ手形ノ呈示ヲ爲シタル日ト看做スヘキ法律上ノ理由ハ如何ト云フニ一覽後定期拂ノ爲

替手形ハ前ニモ述ヘタルカ如ク振出ノ日附ヨリ一年ヲ以テ一方ニ於テハ法定呈示期間ト爲スモノナルニ因リ法律ハ一定ノ事實ヲ生シタル日ヲ以テ呈示ノ日ト假定シ其呈示ハ果シテ法定呈示期間内ニ於テ之ヲ爲シタルモノナリヤ否ヤヲ知ルニ在リ又他方ニ於テハ一覽ノ日ト爲スモノナルヲ以テ引受ヲ爲シテ日附ヲ記載セサル場合ニ於テハ其呈示ノ日ヨリ起算シテ滿期日ヲ定メ支拂ヲ爲スヘキモノトスルニ在リ故ニ一覽後定期拂ノ爲替手形ハ其引受ニ引受ノ日附ヲ記載シタルトキハ其日附ヲ以テ呈示ノ日ト定メ否ラサレハ拒絶證書作成ノ日又ハ引受ノ日附ヲ記載セス且ツ拒絶證書ヲ作成セサルトキハ法定呈示期間ノ末日ヲ以テ呈示ノ日ト看做スニ在リ

手形ノ引受ハ次ノ欵ニ於テ説明スルカ如ク爲替手形ニ其旨ヲ記載シ支拂人之ニ署名行爲ヲ爲スニ依リテ之ヲ爲スモノヲ普通方式ニ依ル引受ト云フ支拂人カ爲替手形ニ引受ノ旨ヲ記載セス單ニ署名行爲ノミヲ爲スニ依

リテ之ヲ爲スモノヲ特例方式ニ依ル引受ト云フテ引受ノ日附ノ如キハ引受ノ要件ニ非サルヲ以テ其他ノ要件ノ具備スルトキハ引受ノ日附ノ記載ヲ爲サヽル爲メニ引受ヲ拒絶シタルモノト云フコトヲ得ス而シテ之レ一般ノ原則ナリ然ルニ一覽後定期拂ノ爲替手形ハ引受ノ旨ヲ記載スルモ引受ノ日附ヲ記載セサルトキハ法律ハ拒絶證書ヲ作成スヘキモノトセルヲ以テ此場合ニ於テハ引受ヲ拒絶シタルモノトナルニ因リ引受ノ日附ヲ以テ引受ノ要件ニ編入シタルモノトシテ引受ノ一變例ト云ハサルヘカラサルカ如シ

余輩ハ前ニ於テ手形ノ呈示ハ所持人ノ權利ナルコトヲ一言シタリ余輩ハ玆ニ於テ手形ノ引受ヲ求ムルコトモ亦所持人ノ權利ナルコトヲ主張セント欲スル者ナリ然ルニ論者アリ曰ハク一般ノ場合ニ於テハ引受ヲ求ムルコトヲ以テ所持人ノ權利ナリト爲スモ一覽後定期拂ノ爲替手形及ヒ他所拂ノ爲替手形ニ引受ヲ求ムル爲メ呈示ヲ爲スヘキ旨ノ記載ヲ爲シタルト

キハ其引受ヲ求ムルコトヲ以テ所持人ノ義務ナリトス故ニ若シ此義務ニ違反スルトキハ手形上ノ權利ヲ失フニ至ルヘシト余輩ハ此論者ノ眞意ヲ解スルニ苦シム者ナリ引受ハ支拂人カ所持人ニ對シテ手形債務ヲ負擔シ所持人ハ之ニ因リテ債權ヲ有スルニ至ルモノナレハ其之ヲ求ムル行爲カ支拂人ニ對シテ義務ヲ履行スルモノナリト解スルコトヲ得サルハ勿論振出人以下裏書人ニ對シテ此義務ヲ負擔スルモノトセンカ權利的證券ニシテ所持人ハ手形上ノ義務ヲ負擔セストノ觀念ニ反スルナルヘシ百歩ヲ彼ニ讓リテ假リニ所持人ハ此義務ヲ負擔スルモノトセンカ義務違反ノ行爲ニ付テハ責任ヲ負フヘキモノナルヲ以テ一ノ制裁ナカルヘカラス制裁トハ或積極的若クハ消極的ノ行爲ヲ賦課スルモノニテ此賦課ノ任ヲ悉スコトヲ以テ責任ヲ履行スルモノト云フナリ所持人カ引受ヲ求メス若クハ引受ヲ求ムル爲メ呈示ヲ爲サヽル場合ニ如何ナル責任ヲ以テ之ニ負擔セシメタルカ手形法ニ規定ナキヲ以テ民法ノ規定ヲ假リ來リ損害賠償ノ賦課

ヲ爲スヘキカ是等ハ手形法規定ノ事項ニ非サルヲ以テ之ヲ許サヽルヲ如何セン此行爲ヲ欠缺スル爲メニ手形上ノ權利ヲ失フニ至ルカ如キハ義務違反ノ制裁即チ責任ヲ負擔セシムルモノト云フコトヲ得ス抑モ失權ハ權利者ノ懈怠ニ基ク結果ニシテ即チ權利ノ上ニ眠ムル處ノ者ハ法ハ之ヲ保護セストノ羅馬ノ格言ヲ適用シタルニ止マリテ權利ノ不行使カ直ニ一面ニ義務ヲ生スト云フニ至リテハ實ニ滑稽的ノ談柄ト云ハサルヘカラス殊ニ之ヲ以テ義務違反ノ制裁即チ責任ナリトスルモ責任ナルモノハ前ニモ説述シタルカ如ク制裁トシテ一ノ行爲ヲ賦課スル處ノモノナラサルヘカラス然ルニ失權ナル效果ヲ以テ此行爲ニ換ヘントスルモ失權ハ權利不行使ノ結果ナルヲ以テ二者相容レサルヲ如何セン之ヲ以テ余輩ノ考フル處ニ依レハ手形ノ引受ヲ求ムル行爲即チ手形ノ支拂力ヲ發生セシムル處ノ行爲ハ手形上ノ權利ノ行使ナリ之ヲ以テ一覽後定期拂ハ爲替手形ニ於ケル引受ヲ求ムル行爲及ヒ他所拂ノ爲替手形ニ於ケル引受ヲ求ムル爲メニ

岸本評論
予ハ此點ニ付テハ敢テ著者ノ再考ヲ煩ハサヽルヲ得ス

呈示ヲ為ス行為ノ如キハ手形ノ支拂カヲ發生セシムル處ノ權利ノ特別ナル行使要件即チ行使方法ニ屬スルモノト云ハサルヘカラス然ルニ之ヲ所持人ノ負擔シタル義務ナリト説明スルハ誤リナリト云フヘキニ似タリ

終リニ臨ンテ一言スヘキハ他所拂為替手形ノ引受ノ為ニスル呈示ハ振出人カ支拂擔當者ヲ為替手形ニ記載シタルトキニ限ルカ將タ引受人カ支拂擔當者ヲ為替手形ニ記載スルコトアルヘキヲ豫期シテ其場合ニモ呈示スヘキ旨ヲ為替手形ニ記載スルコトヲ得ルヤ否ヤ是ナリ法制上ハ議論ノ存在スヘキモノナレトモ我手形法ノ上ニ於テハ何等ノ區別ナキヲ以テ引受人カ為替手形ニ支拂擔當者ヲ記載スルコトアルヘキヲ豫期シテ振出人ハ引受呈示ヲ為スヘキ旨ヲ記載スルコトヲ得ト云ハサルヘカラサルナリ

第三款　引受ノ方式

手形行為ハ凡テ方式的行為ナルコトハ既ニ説述シタル處ナリ引受モ亦手形行為ノ一ナルヲ以テ方式的行為ナルヤ論ヲ待タサルナリ之ヲ以テ引受

行爲ハ如何ナル方式ヲ要スルモノナルカハ本欵ニ於テ之ヲ說述セサルヘカラス

裏書ハ爲替手形ニ之ヲ爲スノミナラス其謄本又ハ補箋ニ之ヲ爲スコトヲ得テ有效タリト雖モ引受ハ之ヲ補箋ニ爲スコトヲ得サルハ勿論其謄本ニ爲スコトヲモ得ス必ス爲替手形ニ之ヲ爲スコトヲ要スルモノトセリ盖シ裏書ハ幾多ノ人ニ於テ之ヲ爲スコトアルヤヲ測リ知ルヘカラスシテ小紙片ノ爲替手形ヲ以テ之ヲ爲シ切レサルコト往々之アリ殊ニ裏書ハ爲替手形ノ移轉方法ナルヲ以テ移轉行爲ノ表示ヲ明カニスルニ於テハ事足レリトスルコトヲ得ルモ之ニ反シテ引受ハ支拂人ニ於テ之ヲ爲スモノナレハ爲替手形ノ紙面ニ於テ之ヲ爲シ切レサルカ如キ事實ノ生スル恐レアルコトナシ殊ニ引受ハ爲替手形ノ支拂力ヲ發生セシムルモノナルヲ以テ裏書ノ如ク便利主義ヲ重スルノ要更ニナク寧ロ其支拂力ノ附着セルコトヲ確保セシムルノ必要アルモノト云ハサルヘカラス之ヲ以テ引受ノ實体ハ必

毛戸曰、一裏書人ノ保證人タル爲メニ支拂人カ其裏書人ト共ニ署名シタル場合ノ如キハ著者之ヲ如何ニ説明スルカ

ス爲替手形其物ナラサルヘカラス其謄本又ハ補箋ニ之ヲ爲スモ手形行爲ニ非サルヲ以テ引受ノ效力ヲ生セサルナリ

(一)普通方式

引受ノ普通方式ニハ左ノ二个ノ要件ヲ具備スルニ非サレハ引受ノ效力ヲ生セサルモノトスルヲ以テ原則トス

(甲)引受ノ旨ヲ記載スルコトヲ要ス

手形ノ裏書ニハ裏書ノ旨ヲ記載スルコトヲ以テ其要件ト爲サヽルニ反シテ手形ノ引受ニハ其引受ノ旨ヲ記載セサルヘカラサルモノトセリ理論トシテハ受取人タル者又ハ裏書人タル者カ手形ニ署名行爲ヲ爲セハ更ニ裏書ノ旨ヲ記載セサルモ其裏書ヲ爲シタルコト明カナルカ如ク支拂人カ手形ニ署名行爲ヲ爲セハ手形ニ引受ヲ爲シタルコト明カナルヲ以テ更ニ引受ノ旨ヲ記載セサルモ毫モ不可ナキナリ想フニ立法ニ關與シタル委員等ハ外國ノ法制中往々此例アルト本邦從來ノ慣習ヲ採用シテ斯ル蛇足ヲ畫

毛戸日、一覽後定期拂ノ手形ニ引受ノ年月日ヲ記載セサルハ畢ニ引受ノ年月日ヲ記載スルヲ拒ミタルニ止マリ引受其モノヲ拒ミタルモノト看做ス可ラサルカ如シ

キタルモノナラン

裏書ニハ裏書ノ年月日ヲ記載スルコトヲ以テ普通方式ニ於ケル要件ト爲シタリ然ルニ引受ニハ其年月日ヲ記載スルコトヲ以テ其要件ト爲サス余輩ノ考フル處ヲ以テセハ手形ノ振出及ヒ裏書ノ場合ニ於ケルカ如ク引受ノ當時ニ於テ支拂人ハ引受能力ヲ有シタルモノナルカ將タ支拂停止ノ時期ニ非サリシカヲ知ル爲メニ引受ノ年月日ヲ記載スヘキモノトスルヲ以テ至當トスルニ似タリ否ラサレハ獨リ引受ニ其日附ノ要ナクシテ裏書ニ此要アリト説明スルコトヲ得ス唯例外トシテ一覽後定期拂ノ爲替手形ノ引受ニハ其日附ヲ記載セサルトキハ引受ヲ拒ミタルモノト看做ストセルヲ以テ此場合ニ於テハ引受ノ年月日ハ其要件ト爲ルモノナリ然レトモ之ヲ要件トスル理由ハ茲ニ論述セシ處ニ非スシテ前款ニ於テ説述シタルカ如ク呈示ノ日ヲ知ル爲メニ在ルナリ

(乙) 支拂人署名行爲ヲ爲スコトヲ要ス

支拂人カ引受ヲ爲ストキハ引受人トシテ手形債務ヲ負擔スルニ至ルヘキヲ以テ其署名行爲ヲ爲スヘキハ深ク說明ヲ要セサル處ナリ蓋シ署名行爲ハ義務ノ負擔ヲ表示スルモノナルヲ以テ義務ヲ負擔セサル者ハ署名行爲ヲ爲スノ理由アラサレハナリ

(二) 特例方式

裏書ノ特例方式ハ裏書人カ署名行爲ヲ爲スノミニ因リテ成立スルモノナルカ如ク引受ノ特例方式モ亦支拂人カ署名行爲ヲ爲スノミニ因リテ成立スルモノナリ然レトモ二者ノ效力ハ同一樣ノモノニ非ス余輩ハ普通方式ヲ說述スルニ當リテ一言シタルカ如ク支拂人トシテ爲替手形ニ署名行爲ヲ爲ストキハ其署名行爲ハ義務ノ負擔ヲ表示スル處ノ行爲ナルヲ以テ更ニ引受ノ旨ヲ記載スルノ要ナク殊ニ總則ニ於テ手形ニ署名行爲ヲ爲シタル者ハ文言ニ從フテ義務ヲ負擔スヘキモノトセルヲ以テ支拂人カ署名行爲ヲ爲ストキハ支拂人ナル文言ノ存在スルニ因リ直ニ義務ヲ表示スルコ

ヽナルナリ手形法ハ支拂人カ署名行爲ノミヲ爲ストキハ之ヲ引受ノ特例方式ナリト爲セトモ理論上ニ於テハ寧ロ引受ノ本則ニシテ普通方式ノ如キハ蛇足ノ妙畫トシテ珍重スヘキモノナリ

手形ノ引受ニ付テモ振出及ヒ裏書ニ於ケルカ如ク偶素ヲ附屬セシムルコトヲ得ルモノナリ其偶素ニ二個アリテ存ス

(一)支拂擔當者ノ記載

支拂人カ爲替手形ノ引受ヲ爲ストキハ支拂地カ支拂人ノ住所地ナルト否トヲ問ハス振出人カ支拂擔當者ヲ指定セサリシトキハ支拂人カ自ラ其支拂ヲ爲スヘキモノナリ然レトモ支拂地カ支拂人ノ住所地ト異ナル場合ニ於テ支拂人カ自身ニ支拂ヲ爲サヽルヘカラサルモノトスルトキハ支拂人ニ懷柔ノ恩惠ナキモノト云ハサルヘカラス故ニ此場合ニ於テ支拂地カ支拂人ノ住所地ト異ナルコト及ヒ振出人カ支拂擔當者ヲ定メサリシコトノ二個要件ヲ具備スルトキハ支拂人ハ引受ヲ爲スニ當リ支拂擔當者ヲ定メ

テ之ヲ記載スルコトヲ得ルモノトセリ之ヲ記載スルトキハ其記載カ手形上ノ效力ヲ生シ所持人ハ引受人ニ先ツ支拂ヲ求ムルコトヲ得スシテ必ス支拂擔當者ニ之ヲ求メサルヘカラサルモノナリ

(二)支拂場所ノ記載

爲替手形ノ支拂人カ手形ノ引受ヲ爲シ支拂ヲ爲スニ當リテハ其支拂地ト住處地ノ同一ナルトキハ營業所ニ於テ其支拂ヲ爲スヘク營業所ノナキトキハ住所又ハ居所ニ於テ之ヲ爲スヘク其支拂地カ住所地ト異ナルトキハ其支拂地ニ於ケル營業所ニ於テ其支拂ヲ爲スヘク若シ營業所ノナキトキハ居所ニ於テ爲スヘク居所モナキトキハ或ハ前以テ合意ヲ爲シタル地ニ於テ支拂ヲ爲スニ至ルコトアルヘシ何レノ場合ニモセヨ支拂人カ支拂ノ場所ニ付キ困難ヲ感スルコトアルヘキヲ以テ引受ヲ爲スニ當リ支拂地ニ於ケル支拂ノ場所ヲ定メテ之ヲ記載スルコトヲ得ルモノトセリ之ヲ記載スルトキハ引受ノ偶素タル效力ヲ生シ其場處ノ外支拂ヲ爲スノ義務ナキ

ニ至ルナリ然レトモ其支拂ノ場所ヲ定ムルニハ必ス支拂地ニ於テ之ヲ爲サヽルヘカラス否ラスシテ支拂地以外ノ地ニ支拂ノ場所ヲ定ムルモ手形上ノ效力ヲ生セサルナリ

第四欵　引受ノ種類

手形ノ引受ハ其狀態ニ因リテ之ヲ數種ニ分ツコトヲ得左ニ之ヲ分說スヘシ

(一)　單純引受

手形ノ單純引受ハ引受ノ本性ニシテ須ラク斯ノ如クナラサルヘカラス手形ノ支拂力ハ此單純引受ニ依リ完備スルモノニシテ手形ノ支拂力ノ完不完ハ一ニ引受ノ單純ナルト否トニ關スルモノナリ

(二)　一部引受

手形ノ引受ニシテ單純ナラサルモノヽ一ハ即チ一部引受ナリ一部引受トハ手形金額ノ一部分ヲ支拂フコトノ債務關係ヲ成立セシムル所ノモノヲ

云フ手形金額一部分ヲ引受タルトキハ他ノ部分ニ付テハ引受ヲ拒絶シタルモノトナルナリ支拂ノ委託ハ單純ナラサルヘカラス爾カモ之レ手形振出ノ要件ナリトス然ルニ支拂力ノ發生ニ付テハ必スシモ其單純ナルコトヲ要セス手形金額ノ一部分ヲ引受クルモ可ナリトスルニ至リテハ彼此其權衡ヲ得タルモノニ非サルカ如シ支拂ノ委託ニシテ單純ナラサルヘカラサルモノナレハ支拂モ單純ナラサルヘカラス從ヒテ支拂力ノ發生モ單純ナラサルヘカラサルハ道理ノ至當ニシテ一點ノ疑ヲ挿ムヘキ處ナシ支拂ノ單純ナルヘキヤ否ヤハ其章下ニ之ヲ說述スヘシ手形法カ引受ノ必スシモ單純ナルコトヲ要セスシテ之ヲ換言スレハ手形ノ引受ハ不可分ナラサルヘカラスト爲シナカラ時ニ或ハ之ヲ分割スルコトヲ得ルモノトセルハ手形ノ觀念ニ違反セリ然レトモ立法ノ趣旨ハ必スシモ條理一偏ニ據ラス一面ニ於テハ振出人以下裏書人ノ義務ノ負擔ヲシテ可成輕減セシムル目的ヲ以テ引受ハ之ヲ分割スルコトヲ得ルモノトシ其引受タル部分ニ付テ

ハ所持人ハ部分的手形ノ債權ヲ有スルモノトシタルニアラン

（三）制限引受

手形法ノ規定ノ上ニ於テハ引受ニハ單純ナルモノト一部ノモノトノ二者ヲ存スルニ外ナラサルモ事實トシテハ引受ヲ爲スニ制限的ニ之ヲ爲スモアリ又或ハ條件附ニ之ヲ爲スモアルヘシ故ニ本項ニ於テ之ヲ説明セントスルハ必スシモ無益ノ業ニ非スト信ス

手形ノ制限引受トハ引受ヲ即日ニ爲サス又ハ支拂地以外ニ於テ支拂ヲ爲スヘキコトヲ記載シ若クハ滿期日以後ニ於テ支拂ヲ爲スヘキコトヲ記載スルカ如キ引受ヲ云フモノニシテ是等ノ記載ハ手形法ニ規定ナキ事項ナルヲ以ヲ總則ノ適用ヲ受ケ手形上ノ效力ヲ生セサルモノナルニ似タリト雖モ手形法ハ是等ノ記載ヲ以テ總則ノ適用ノ下ニ置カス引受ハ其記載ト分ツヘカラサルモノトシテ結局引受ヲ拒絶シタルモノトセリ然レトモ制限引受ノ引受拒絶ハ單純拒絶ナル結果ヲ生シ一面ニ於テハ擔保請求權發

生ノ原因ト爲リ他面ニ於テハ其制限引受ハ其記載文言ニ從ヒテ制限引受ノ效力ヲ生シ支拂力ヲ發生スルモノト爲ルナリ

(四) 條件引受

手形ノ條件引受ハ引受ヲ將來ノ未必ナル事實ノ發生ニ繫ラシムルモノニシテ所謂未必條件附ノ引受ヲ言ヒ要ハ制限引受ト同一ノ理由及ヒ同一ノ結果ニ歸着スルモノナレハ此ニ再ヒ之ヲ贅セス唯一言ノ附記ヲ爲スノ要ハ所持人ノ制限引受並ニ條件附引受ノ諾否是ナリ所持人カ是等ノ引受ヲ受諾スルト否トハ其自由ニシテ又受諾スルト否トニ關セス引受ノ相對的效力ヲ生シ所持人カ是等ノ引受ヲ受諾スルモ引受ノ相對的效力ヲ害スルモノニ非ス

第五款　引受ノ效力

余輩ハ上來屢々論述シタルカ如ク手形ノ引受ハ手形ノ支拂力ヲ生スルモノナルヲ以テ引受ノ效力ト云ヘハ即チ手形ノ支拂力ヲ生スルニ在リト云

ハサルヘカラス斯ノ如ク手形ノ引受ハ學術語ヲ以テシテハ手形ノ支拂力ヲ發生セシムルモノナレトモ法律上ノ語ヲ以テスレハ支拂人カ手形ノ引受ヲ爲ストキハ滿期日ニ於テ其引受ケタル手形金額ヲ支拂フヘキ義務ヲ負擔スルモノニシテ之ヲ換言スレハ支拂人ハ手形ハ引受ニ依リ獨立的手形債務ヲ負擔スルニ至ルモノナリ手形法第四百七十條ハ云々滿期日ニ於テ其引受ケタル金額ヲ支拂フ義務ヲ負フト規定セルヲ以テ單純引受及ヒ一部引受ニ非サル引受ヲ包含セスト解スルヲ以テ其適切ナルカ如シト雖モ該條ハ支拂人ノ義務ヲ規定シタル法律ナルヲ以テ滿期日ヲ變更セサル引受ハ該條ニ依リテ其義務ヲ履行スヘキモノトシ其滿期日ヲ變更スヘキ引受ハ該條ニ準シテ新ナル期日ニ於テ引受ノ義務ヲ履行スヘキモノトス」

支拂人カ手形ノ引受ヲ爲シタルトキハ斯ノ如ク獨立的手形債務ヲ負擔スルニ至ルト雖モ引受ノ狀態ノ同シカラサルニ從ヒ單一ナルモノニ非ス手形ノ引受ニシテ單純ナルモノナルトキハ引受ノ效力モ單純ニシテ手形金

額ノ完全ナル支拂力ヲ生シ從ヒテ擔保債權ノ發生原因ヲシテ其未發ニ之ヲ防止スルニ至ラシムルモノナリ手形ノ引受ニシテ一部的ノモノナラシカ其部分ニ付テハ單純引受ト同一ノ效力ヲ生スルモノナリト雖モ其引受以外ノ部分ニ付テハ單純拒絶トナルヘキモノナルヲ以テ擔保債權發生ノ原因ヲ作爲スルモノト爲ルナリ以上二个ノ引受ニ反シテ制限引受及ヒ條件附引受ノ場合ニ在リテハ一面ニ於テハ手形ノ引受タル效力ヲ生セス否ナ引受ヲ絶拒シタル處ノ效力ヲ生スルモノニシテ從ヒテ擔保債權ノ發生原因ヲ作爲スルモノト爲リ所持人ハ振出人乃至裏書人ニ對シテ擔保ノ請求權ヲ行使スルコトヲ得ルニ至ルモノナリ又他面ニ於テハ手形ノ引受タル效力ヲ生シ其記載シタル文言ニ從ヒ所持人ニ對シテ手形金額ヲ支拂フ處ノ債務ヲ負擔スルニ至ルモノナリ或ル學者ハ曰ハク制限引受及ヒ條件附引受ハ引受ノ絶對的拒絶ヲ爲スモノニシテ他面ニ於テ引受ノ效力ヲ生スルモノニ非ス引受ノ效力ハ引受人ヲシテ滿期日ニ於テ手形金額ノ支拂

ヲ爲サシムルニ在リ此場合ニ於テ支拂人カ其記載文言ニ從ヒテ義務ヲ負擔スヘキモノトセルハ引受ノ效力ヲ生スルモノナリト云フニ非スシテ手形ニ署名行爲ヲ爲シタル者ハ其文言ニ從ヒテ義務ヲ負フト云ヘル總則ニ規定セル原則ニ從ヘル處ノ結果ニ外ナラスト余輩ハ此說ヲ採用スル處ノ者ニ非ス論者ハ制限引受及ヒ條件附引受ヲ以テ他面ニ於テ引受ノ效力ヲ生スルモノニ非ストセルニ因リ之ヲ引受ノ絕對的拒絕ナリト云フニアレトモ余輩ハ之ヲ相對的拒絕トスル者ナリ手形法ハ此種ノ引受ヲ以テ引受ノ拒絕ヲ爲シタルモノト看做スト規定セルヲ以テ一面ニ於テハ拒絕ノ效力ヲ生スルニ外ナラサルモ這ハ擔保ノ請求權ヲ附與シテ所持人ヲ保護セントスルニアリテ他面ニ於テハ引受ノ效力ヲ生シ引受人ヲシテ支拂ノ義務ヲ負擔セシメントスルニ在リ然レトモ之レ支拂人ヲシテ其記載文言ニ從ヒテ義務ヲ負擔セシムルハ手形ニ署名行爲ヲ爲シタル者ハ其文言ニ從ヒテ義務ヲ負フト云フ總則ノ規定ヲ適用シタルモノニ非ス蓋シ總則ノ適

用ヲ規定シタルモノトセハ法條ハ實ニ徒法長文タル誹謗ヲ免カレサルヘケレハナリ豈ニ斯ノ如キ煩雑迂愚ノ業ヲ學フモノナランヤ其茲ニ之ヲ規定シタル所以ノモノハ總則ヲ適用セストスルニ非スシテ相對的拒絶ナル特別ノ效力ヲ附與セントスルニ在ルモノナリト云ハサルヘカラス其所謂特別ノ效力トハ所持人ニ擔保請求權ヲ得セシムル外引受人ヲシテ其文言ニ從ヒテ手形金額ノ支拂ヲ爲サシムルニアリ此效力ハ單純引受又ハ一部引受ノ效力ト異ニシテ必スシモ滿期日ニ於ケル支拂力ヲ生スルモノニ限ラサルモノナリ

單純引受又ハ一部引受ニ非サル他ノ引受ハ上來説明スルカ如ク引受ノ特別效力ヲ生スルモノニシテ其文言ニ從ヒテハ滿期日以後ニ於テ支拂ノ義務ヲ生スルコトアルヘク或ハ支拂地以外ノ地ニ於テ支拂ヲ爲スヘキ義務ヲ生スルコトモアルヘシ故ニ此場合ニ於テハ手形成立ノ文言ニ變更ヲ生スルモノナルヲ以テ此效力ハ手形成立ノ文言ニ及フモノニ非サレトモ仍

ホ一ノ相對的行爲トシテ手形法ニ於ケル債務タル義務ヲ負擔スルモノナリ

上來說明スルカ如ク支拂人カ引受ニ因リテ手形債務ヲ負擔スルトキハ引受人トシテ滿期日ニ於テ其引受タル金額ノ支拂ヲ爲サヽルヘカラス此支拂ハ支拂地ニ於テ之ヲ爲スヘキモノニシテ其支拂地カ往々住所地ト同シカラサルコトアリ此場合ニ於テ振出人カ支拂擔當者ヲ爲替手形ニ記載スルトキハ所持人ハ其支拂擔當者ニ付テ支拂ノ請求ヲ爲サヽルヘカラサルモ若シ振出人ニ於テ支拂擔當者ヲ定メ置カサルトキハ引受人ハ住所地ト異ナル地ニ於テ自ラ支拂ヲ爲サヽルヘカラサル煩雜ヲ免レサルヲ以テ引受人自ラ支拂擔當者ヲ爲替手形ニ記載スルコトヲ得之ヲ記載スルトキハ引受ノ偶素タル效力ヲ生シ所持人ハ其支拂擔當者ニ手形債務ノ請求ヲ爲サヽルヘカラサルナリ若シ此偶素ヲ附記セサルトキハ引受ノ單純ナル效力ニ因リテ引受人ハ支拂地ニ於テ自ラ支拂ヲ爲サヽルヘカラサルナリ茲

ニ至リテ一言ヲ費ヤスヘキハ其支拂擔當者ヲ爲替手形ニ記載セサルトキハ引受人ハ必ス引受人自身ニテ支拂地ニ於ケル支拂ヲ爲サヽルヘカラサルカ將タ代理人ヲ以テモ支拂ヲ爲スコトヲ得ルヤ是ナリ抑モ支拂人ノ引受ヲ爲ス所以ノモノハ引受ノ制限乃至引受ノ偶素ヲ附記セサル限リハ手形ニ明示スル處ノ文言ニ從ヒテ支拂ヲ爲スヘキ債務ヲ負擔シタルニアルナリ其債務ノ履行ヲ爲スニ付テハ引受人ノ責任内ニ於ケル行爲ナルヲ以テ足レリトシ引受人屬身的ノ行爲ニ非サルヲ以テ引受人ノ代理人ニ於テ支拂ヲ爲スモ毫モ不法ナルコトナシ然ルニ支拂地カ引受人ノ住所地ト異ナルトキハ支拂擔當者ヲ爲替手形ニ記載スルコトヲ得若シ之ヲ記載セサルトキハ引受人自身ニテ支拂地ニ於ケル支拂ヲ爲サヽルヘカラスト云フハ毫モ其理由ノ存スル處ヲ窺ヒ知ル克ハサルナリ元來斯ノ如キ記載ヲ爲サヽルトキハ引受人カ支拂地ニ於ケル支拂ヲ爲スヘキハ法文ノ規定ヲ待テ後ニ知ルヘキニ非サルヲ以テ該規定ハ之ヲ徒法無用ノ長文ト看做スヘ

毛戸曰、寧ロ該條ハ四四二ノ適用上起ルヘキ疑問ヲ避ケンカ爲メニシテ著者ノ說明ハ當ヲ得サルニアラサルカ

キカ否ナ立法ノ本旨ニ非サルヘシ茲ニ於テ該規定ハ引受人カ自身ニテ支拂地ニ於ケル支拂ヲ爲スヘキコトヲ要スルモノトシテ代理行爲ハ之ヲ許サヽルモノナリト解スヘキニ似タリ

斯ノ如ク引受人カ支拂擔當者ヲ爲替手形ニ記載スルコトヲ得之ヲ記載スルトキハ引受ノ偶素タル效力ヲ生スルモノナルヲ以テ本來其手形ノ支拂地カ住所地ト同一ナルニモ拘ハラス支拂人カ制限引受ヲ爲シテ支拂地ト住所地ト異ナラシメタル場合ニモ支拂擔當者ノ附記ヲ爲シタルトキハ所持人ハ其支拂擔當者ニ支拂ヲ求メサルヘカラサルカ手形ノ制限引受カ相對的引受ノ效力ヲ生スルモノナルニ因リ然リト答ヘサルヘカラサルカ如シ

次ニ又引受人カ爲替手形ニ支拂ノ場所ヲ記載スルコトヲ得ルハ既ニ前ニ說述シタル處ナリ其支拂ノ場處ヲ爲替手形ニ記載スルトキハ引受ノ偶素タル效力ヲ生スルモノニシテ所持人ハ其場所ニ於テ支拂ヲ求メサルヘカ

テス引受人又ハ支拂擔當者ノ存在スルトキハ其支拂擔當者ハ其場所ニ於テ支拂ヲ爲サヽルヘカラサルナリ

舊法典ニ於テハ引受ニ因リテ引受人ハ爲替資金(手形資金)ヲ受取リタリトノ推定ヲ生スト爲シタリシカ新法典ハ此種ノ規定ヲ設ケサルナリ此ノ如キ推定ヲ手形法ニ規定スルノ當否ハ之ヲ暫ク擱キ手形上ノ關係トシテハ引受ナル手形行爲ハ手形權利者ニ對スル債務ノ負擔ヲ作爲スルモノニシテ前ニ述ヘタルカ如ク振出人ノ委任ヲ受諾スル處ノ意思表示ニ非サルヲ以テ引受其モノヽ本質ハ振出人ニ對シテ手形關係ヲ發生スルモノニ非サレハ手形法ニ於テハ理論上此推定ヲ生スルコトナシ元來手形ノ資金關係ハ手形ノ問題ニ非サルヲ以テ之ヲ手形法ニ規定セサル新法典ハ之ヲ採ルヘキカ如シ

既ニ説述シタルカ如ク引受ヲ以テ手形行爲ナリトスルカ故ニ引受ハ定式ヲ充シタルトキニ成立スルモノニシテ其定式ハ支拂人カ引受ノ旨ヲ爲替

手形ニ記載シテ之ニ署名行爲ヲ爲スカ若クハ支拂人ノ署名行爲ヲ爲サヽルヘカラス是等ノ行爲ヲ爲ストキハ其手形ヲ所持人ニ還付スルカ如キ行爲ハ手形行爲ニ非サルナリ故ニ引受ノ效力ハ引受ナル手形行爲ヲ完成シタルトキニ之ヲ發生スルモノト云ハサルヘカラス從ヒテ假令未タ之ヲ所持人ニ還付セサルモ最早之ヲ取消スカ如キ行爲ヲ爲スコトヲ得サルナリ然ルニ或ル學者ハ之ヲ否認シテ支拂人カ爲替手形ニ一旦引受ノ旨ヲ記載スト雖モ未タ之ヲ所持人ニ還付セサル間ハ其引受ヲ取消スコトヲ得ルモノナリ蓋シ引受ハ一方的行爲ナルヲ以テ一方的行爲ハ特別ノ規定ナキニ於テハ其表意者ニ於テ之ヲ取消シ得ルハ其自由ナルヘケレハナリト云ヘリ余輩ハ此說ヲ採用スルモノニ非ス抑モ引受ハ其定式ヲ充タシタルト同時ニ成立スルモノニシテ且ツ成立スルト同時ニ債務ヲ負擔スルモノナリ引受ノ成立スルニハ手形ヲ所持人ニ還付スルト否トヲ問ハス一方的行爲ヲ其表意者ノ自由ニ取消シ得ルハ第三者ニ對シテ未タ權利關係ノ發生セ

サルトキニ限ルモノニシテ第三者ニ對シテ既ニ法律上ノ關係ヲ生シ當事者ヲ拘束シテ後ニ一方ノ自由意思ヲ以テ之ヲ取消シ得ルモノトスルトキハ法律ハ言ハレナク第三者ノ權利ヲ保護セサルモノト云ハサルヘカラサルナリ之ヲ以テ引受行爲カ一方的行爲ナルニモセヨ一旦所持人ニ對シテ負擔シタル債務ヲ自己ノ自由意思ヲ以テ之ヲ取消スコトヲ得サルハ炳乎トシテ深ク說明ヲ要セサル處ナリトス

本欵ノ說明ヲ辭スルニ當リテ一言ヲ遺スヘキ要アリ即チ引受人カ支拂ヲ爲サヽリシ場合ニ於ケル責任及ヒ其算定標準是ナリ引受人カ手形ノ支拂ヲ爲サヽルトキハ費用其他利息等ノ負擔ヲ加重ナラシムルモノニシテ其算定標準ハ償還ノ規定ニ依リテ之ヲ定ムルモノトシ其算定標準ニ依リテ算定シタル處ノ金額ヲ所持人ニ又ハ償還ヲ爲シタルモノナルトキハ其償還ヲ爲シタル裏書人若クハ振出人ニ支拂フヘキモノトス玆ニ引受人カ振出人ニ對シテ債務ヲ負擔スルハ一見奇ナル感ヲ生スルコトナキニ非サレ

トモ元來引受人ノ多クハ支拂ノ對價ヲ受ケタルモノニシテ其義務ヲ履行セサル爲メニ生シタル額ナルヲ以テ引受人カ之ヲ支拂フハ當然ノコト、云ハサルヘカラス然レトモ支拂ノ對價ヲ受ケサルモノナルトキハ振出人ニ對シテ私法上ノ關係ノ生スルコトナキヲ以テ右ノ支拂義務ヲ負擔セサルモノトス

第六欵　引受ノ拒絶

爲替手形ノ引受ヲ得ン爲メニ所持人カ支拂人ニ呈示シテ其引受ヲ拒絶セラレタルトキハ之ヲ引受ノ拒絶ト云フ引受ノ拒絶ハ之ヲ分チテ二種ト爲ス一ヲ絶對的引受ノ拒絶ト云ヒ他ノ一ヲ相對的引受ノ拒絶ト云フ

絶對的引受ノ拒絶トハ引受ノ定式ヲ缺クモノ又ハ一部引受ヲ爲シテ他ノ部分ノ引受ヲ拒ミタルモノヲ云ヒ相對的引受ノ拒絶トハ引受ノ定式ハ之ヲ具備スルモ更ニ之ニ制限若クハ條件ヲ附着スル處ノモノヲ云フナリ

絶對的引受ノ拒絶ハ片面的ニ於ケル債務關係ヲ發生スルニ止マレトモ相

對的引受ノ拒絶ハ雙面的ニ於ケル債務關係ヲ發生スルモノナリ即チ絶對的引受ノ拒絶ニ在リテハ支拂人ハ引受人タルコトナキヲ以テ手形上ノ債務ヲ負擔スルコトナキモ振出人乃至裏書人ハ此絶對的引受ノ拒絶ニ因リテ擔保供出ノ債務ヲ負擔スルニ至ル之ニ反シテ相對的引受ノ拒絶ニ在リテハ其拒絶ノ爲メニ振出人乃至裏書人ハ絶對的引受ノ拒絶アリタル場合ト同シク擔保供出ノ債務ヲ負擔スルニ至ルモノナリト雖モ支拂人モ亦引受ニ付テ手形上ノ債務ヲ負擔スルモノナルヲ以テ引受人トシテ其義務ヲ履行セサルヘカラサルニ至ルモノナリ

斯ノ如ク論シ來ルトキハ更ニ進ンテ其引受ノ拒絶ヨリ生スル處ノ效果タル擔保請求權ニ付テ説明スヘキモノナレトモ元來引受ノ拒絶及ヒ擔保ノ請求ハ手形行爲ニ非サルヲ以テ玆ニハ唯引受拒絶ノ大要ヲ説明スルニ止メ非手形行爲ノ章下ニ於テ之ヲ説明セント欲ス

第七款　懈怠ノ結果

手形ノ所持人カ上來說述スル處ニ因リ支拂人ニ對シテ手形ノ引受ヲ求ムルニハ手形ノ呈示ヲ爲サヽルヘカラサルヤ明カナリ然ルニ若シ其呈示ヲ爲スコトヲ怠ルコトアランカ一ノ效果ヲ以テ其懈怠ニ聯結セシメサルヘカラス又手形ノ呈示ヲ爲スモ引受ヲ得サルコトアリトセンカ拒絕證書ニ依リ之ヲ證明スルニ非サレハ亦懈怠ノ結果ヲ被ラサルヘカラス故ニ懈怠ハ之ヲ二種ニ區別スルコトヲ得即チ呈示懈怠及ヒ拒絕證書作成ノ懈怠是ナリ

一般ノ懈怠ニ付テハ非手形行爲ノ章下ニ於テ之ヲ說明シ玆ニハ唯特別ノ懈怠ニ付テ之ヲ說述スルコトヽセン

一覽後定期拂ノ爲替手形ハ上來既ニ說述シタルカ如ク手形ノ呈示ヲ爲スニ非サレハ滿期日ヲ知ルコトヲ得ス永久ニ手形ハ流通シテ前者ハ何レノ時ニ於テ擔保ノ請求ヲ受ケ何レノ時ニ於テ償還ノ義務ヲ履行セサルヘカラサルカヲ豫期スルコトヲ得サルヲ以テ振出人ハ容易ニ手形ヲ振出サス

手形ハ容易ニ移轉スルコトヲ得サルニ至リ結局經濟社會ニ於ケル不得策ニシテ公益ヲ害スルモノナリ之ヲ以テ所持人ハ手形上ノ權利ヲ得之ヲ行使セントスルニハ其日附ヨリ一年内ニ之ヲ支拂人ニ呈示シテ引受ヲ求ムヘキモノトセリ此場合ニ於テ之ヲ呈示シタルコトハ引受ニ依リテ之ヲ知ルコトヲ得レトモ引受ヲ拒絶シタルトキハ此呈示ヲ爲シタルコトヲ知ルニ詮ナキヲ以テ拒絶證書ヲ以テ之ヲ證明セサルヘカラス又引受ヲ拒絶シタルニ非サルモ其引受ノ日附ヲ記載セサルトキハ何レノ日ニ於テ呈示ヲ爲シタルカヲ知ルコトヲ得サルヲ以テ法定呈示期間内ニ拒絶證書ヲ作成シ其作成ノ日ヲ以テ呈示ノ日ト看做スヘキモノトス

以上ノ場合ニ於テ呈示ヲ懈怠セサルコトヲ拒絶證書ニ依リテ之ヲ證明スルニ非サレハ所持人ハ前者ニ對スル處ノ手形上ノ權利ヲ得有スルコトヲ得サルニ至ルナリ手形法ノ規定ヲ案スルニ呈示ヲ爲シタルコトヲ拒絶證書ニ依リテ之ヲ證明スルニ非サレハ前者ニ對スル手形上ノ權利ヲ失ヒ又

引受ヲ爲サヽル場合ニ於テ拒絶證書ヲ作ラシメサルトキハ前者ニ對スル手形上ノ權利ヲ失フモノトシテ恰カモ一事ヲ再規シタルモノニ非サルナキカノ疑ヲ生セシムルモ一ハ拒絶證書ヲ作成スルヲ以テ足レリトセス仍進ンテ之ヲ以テ證明セサルヘカラサルニ反シテ他ハ單ニ拒絶證書ヲ作成スルヲ以テ足レリトスルニ在リテ一事ヲ再規シタルモノニ非サルナリ所持人カ前者ニ對スル手形上ノ權利喪失ノ原因ハ手形ノ呈示ヲ怠リタルニ非ス拒絶證書ヲ作成セサルカ爲メナリ抑モ手形ノ所持人カ手形上ノ權利ヲ取得スルハ支拂人ニ對シテハ其引受ヲ得タルニ基キ前者ニ對シテハ支拂人ノ引受ヲ得サルニ基クモノナリ之ヲ以テ手形ノ呈示其モノカ權利取得ノ要件即チ方法ト爲ルモノニシテ之ヲ怠ルトキハ權利ヲ取得スルコトヲ得ス又之ヲ呈示シタルトキハ拒絶證明ニ依リ之ヲ證明スル外證明ノ方法ナキヲ以テ權利ノ行使ヲ爲スコトヲ得サルニ在ルナリ之レ手形法ニ云々其前者ニ對スル手形上ノ權利ヲ失フト規定セルニ因リ手形ノ呈示ヲ

以テ權利ヲ取得スルノ方法ナリト認メタルコト明カナリ
他所拂爲替手形ニ振出人カ其引受ヲ求ムル爲メ之ヲ呈示スヘキ旨ノ記載ヲ爲シタルトキハ一覽後定期拂爲替手形ニ於ケル如ク手形ノ所持人ハ手形上ノ權利ヲ得有セントセハ之ヲ支拂人ニ呈示シテ引受ヲ求ムヘキモノナリ此呈示ヲ爲スモ引受ヲ得サルトキハ拒絶證書ヲ作成シテ之ヲ證明スルニ非サレハ一覽後定期拂爲替手形ニ於ケルカ如ク前者ニ對スル手形上ノ權利ヲ失フモノトセリ

以上二個ノ懈怠ノ一又ハ二ニ於テ手形ノ所持人ハ手形上ノ權利ヲ失フモノナリ手形ノ權利トハ必スシモ擔保請求權及ヒ償還請求權ヲノミ指シテ之ヲ云フニ非ラス否ナ償還請求權ノ如キハ未發ノ權利ナルヲ以テ之ヲ失フノ道理ナキナリ茲ニ手形上ノ權利ト云ヘルハ余輩ハ第一編ニ於テ論シタルカ如ク手形上ノ債權ハ勿論未タ債權ヲ生セサルモノナルトキハ將來ニ於テ債權ヲ得有スル處ノ利益ヲ指シテ之ヲ云フモノナリト解セサルヘ

カラス

第五節　保證

第一款　保證ノ性質

岸本詳論此論大ニ採ルヘキニ似タリ

凡ソ百般ノ法律行爲ニ付キ保證ノ觀念ヲ會得セントスルニハ須ラク民法ノ保證ニ付テ之ヲ研究セサルヘカラス民法上保證ハ如何ナル性質ヲ有スル處ノ法律行爲ナリヤト云フニ主タル債務カ履行セラレサル場合ニ於テ其履行ヲ爲スヘキ契約上ノ從タル債務ナリト答ヘサルヘカラス之ヲ以テ保證ナル觀念ハ保證ハ第一契約ノ一種ニシテ第二從タル債務ヲ發生スル處ノ法律關係ナルコトニ伴ハレサルヘカラス手形上ノ保證ハ果シテ保證ノ觀念ト伴ハルヘキモノナリヤ否ヤ手形上ノ保證ハ其保證行爲ヲ爲ス處ノ者カ手形ニ署名行爲ヲ爲スニ因リテ成立スル處ノモノナルヲ以テ其保證行爲ハ手形行爲ノ一ナリト云ハサルヘカラス既ニ保證行爲ヲ以テ手形行爲ノ一ナリトスルニ於テハ一方的ノ法律行爲ナルヲ以テ保證ハ契約ノ

一種ナリト云フ觀念ト相反スルニ至ルヘシ手形行爲トシテ成立スル以前ニ於テハ或ハ主タル債務者ト合意ヲ爲シ或ハ當事者雙方ノ合意ヲ以テ手形行爲ト爲スヘキコトヲ相約スルコトアルヘシト雖モ是等ノ雙方的行爲ハ或ハ準備行爲タルコトヲ得ルモ手形行爲トハ毫モ關係ヲ存スルモノニ非ス殊ニ是等ノ準備行爲ナク突然手形ニ署名行爲ヲ爲スモ手形上ノ行爲トシテ成立スルニ聊カ妨ケアルモノニ非サルナリ更ニ進ンテ引受人ノ爲メニ保證ヲ爲ストキハ主タル債務ノ存在スルコトアルモ未タ引受ナキ場合ニ於テハ主タル債務ノ存在スルコトナキヲ以テ獨リ從タル債務ノ存在スル道理アルコトナシ之ヲ以テ保證ハ從タル債務ナリト云フ觀念ト相伴フモノニ非ス

斯ノ如ク觀察シ來タルトキハ手形上ノ保證ハ一般ノ保證ノ觀念ト相容ルヽモノニ非サルヲ以テ一般ノ保證ノ觀念ヲ離レ手形上ノ保證ナル特別ノ觀念ヲ會得セサルヘカラス抑モ手形上ノ保證ハ前ニモ一言シタルカ如ク

如ク保證人ノ署名行爲ニ依リテ直ニ成立スル處ノモノナルヲ以テ手形行爲即チ一方的ノ法律行爲ナリトス此一方的ノ法律行爲ハ手形法上ノ拘束ヲ受クルモノナレトモ此行爲ト同時ニ必スシモ直ニ債務ヲ負擔スルモノニ非ス其受クル處ノ手形法上ノ拘束ハ保證ヲ受ケタル處ノ者カ手形法上受クル處ノ拘束ト同一ノ狀態ニ在ルモノトス故ニ被保證人ニシテ未タ手形債務ヲ負擔セサル者ナルトキハ保證人モ亦手形債務ヲ負擔スルコトナク被保證人ニシテ手形債務ヲ負擔スルニ至ルトキハ保證人モ亦手形債務ヲ負擔スルニ至ルモノナリ

斯ノ如ク手形保證ハ手形法上ノ權利關係ヲ生シ此權利關係ハ被保證人カ手形ニ付テ有スル處ノ權利關係ト同一ノモノナリト雖モ保證人カ手形法上此權利關係ニ拘束セラルヽ所以ノモノハ署名行爲ヲ爲シタルニ基因セリ手形ニ署名行爲ヲ爲シタル處ノ者ハ其署名行爲ニ依リテ手形上ノ拘束ヲ受ケ義務ヲ負擔スルニ至ルハ抑モ手形法上ノ原則ナリ之ヲ以テ保證人

毛戸曰、著者カ說明ニ苦シムハ其手形上ノ權利ノ觀念カ當ヲ得サルニ因ルナキカ

カ保證行爲ニ依リテ被保證人ト同一ノ拘束ヲ受クルモノナリト雖モ其署名行爲ニ依リテ手形上ノ拘束ヲ受ケタルモノナルニ因リ其被保證人ノ手形上ノ拘束即チ權利關係カ假令無效トナルトキト雖モ保證人カ一旦負擔シタル手形上ノ權利關係ハ離脫スルコトヲ得サルナリ是ニ依リテ之ヲ看ルトキハ手形保證ハ被保證人カ有スル處ノ權利關係ノ複關係ヲ爲スモノニシテ從ヒテ保證人ハ被保證人ノ複員ト爲ルモノナリ

手形法第四百九十七條ヲ案スルニ該條ハ爲替手形ヨリ生シタル債務ヲ保證スル爲メ云々ト規定セルヲ以テ未タ手形債務ノ生セサルトキハ保證行爲ヲ爲スコトヲ得サルカ如シ斯ノ如ク該條ヲ解スルトキハ所持人カ未タ引受ヲ求ムル爲メニ手形ノ呈示ヲ爲サヽルトキハ振出人乃至支拂人ハ手形債務ヲ負擔スルコトナキヲ以テ保證行爲ヲ爲スコトヲ得サルニ至ルヘシ是レ豈ニ該條ノ本旨ナランヤ去リトテ該條ノ規定ニ依リ振出人ハ手形債務ヲ負擔シ裏書ニ依リ裏書人ハ手形債務ヲ負擔スルモノナリト解スル

トキハ手形上ノ法理ハ埋沒セサルヲ得サルニ至ラン玆ニ於テ余輩ハ該條ニ所謂債務ナル語ヲ解シテ手形行爲ヲ爲シタル爲メ手形法ヲ以テ拘束シタル權利關係ヲ指シ直ニ手形債務ヲ指シテ玆ニ之ヲ債務ト云フモノニ非スト云ハント欲スル者ナリ第四百九十八條但書ニ未タ引受アラサリシトキハ云々ト規定セルヲ以テ引受ナキ以前ニモ手形保證ヲ爲シ得ルコトヲ明カニシタルニ因リテ之ヲ證スルニ餘リアリト云フコトヲ得ヘシ

第二款　保證ノ方式

保證行爲ヲ以テ手形行爲トスル以上ハ一定ノ方式ヲ具備スルモノナラサルヘカラス而シテ保證行爲ノ方式ハ如何ナル實體ニ之ヲ具ヘシムルコトヲ要スルヤト云フニ爲替手形ヲ以テ之カ實體トスヘキハ敢テ言フヲ要セス加之其謄本又ハ補箋ヲ以テ此方式ノ實體ト爲スコトヲ得ルモノナリ蓋シ謄本又ハ補箋ハ爲替手形ニ代ハル處ノ效力ヲ有スルモノニシテ且ツ裏書ト同シク手形關係者ノ存在ヲ表示シ殊ニ手形行爲ヲ容易ニ爲シ得セシ

ムル必要アルヘケレハナリ舊法典ニハ特別ノ書面ヲ以テ手形保證ヲ爲シ得ル旨ノ規定ヲ爲シタレトモ是等ハ手形保證ヲ以テ一方的ノ法律行爲ニ非ストセル誤認ニ基クモノニシテ手形行爲ノ觀念ニ伴ハサルナリ手形保證ノ方式ハ手形法ニ於テ定ムル處ナキモ保證ヲ爲ス爲メニ其實體ニ署名行爲ヲ爲スヘキモノナルヲ以テ保證ノ旨ヲ記載スルニ非サレハ單ニ署名行爲ノミヲ爲スモ其署名行爲カ保證ノ爲メニ爲シタルヤ否ヤヲ知ルコトヲ得ス手形保證ノ方式ハ保證ノ目的ヲ記載シ之ニ署名行爲ヲ爲スニ因リテ成立スルモノト云ハサルヘカラス而シテ特別ノ規定ナキヲ以テ裏書及ヒ引受ノ如ク特例方式ナルモノ存在セス舊法典ニ於テハ被保證人ノ側ニ署名ヲ添付スルノミニ因リテ保證ノ方式ヲ完成スル如ク規定セルモ新法典ハ此種ノ方式ヲ認メサルヲ以テ斯ノ如キ行爲ハ手形保證ノ行爲ニ非ス然ルニ總則ニ於テハ手形ニ署名行爲ヲ爲ス者ハ其文言ニ從ヒテ手形上ノ義務ヲ負擔スト規定スルニ因リ此ノ如キ署名者ハ其從フヘキ文言

毛戸曰、余ハ保證人ノ署名ノミヲ以テ足レリト信ス

岸本評論　此論果シテ正當ナ得タルモノナルカ保證債務ハ手形ニ於テモ仍ホ從タル債務ナリト云ハサルヘカラサルカ如シ

ナキヲ以テ義務ヲ負擔スヘキ法律上ノ根據ヲ有スルコトナシ

第三款　保證ノ效力

前款ニ於テ説述シタルカ如ク手形保證ハ一般ノ保證ト其觀念ヲ異ニシ保證人ハ被保證人ニ對シテ複員ト爲ルモノナレハ結局事後ニ於ケル振出人、裏書人又ハ引受人タル地位ニ在ルモノトス之ヲ以テ保證人ノ負擔スル處ノ手形法上ノ拘束ハ被保證人ノ負擔セル拘束ト異ナルモノニ非ス從ヒテ保證人カ手形債務ヲ負擔セルニ至リタルトキハ其債務ハ從タル債務ニ非ス被保證人ト同一ノ債務即チ手形上ノ獨立的債務ヲ負擔スルニ至ルモノニシテ手形人員ノ上ニ於テ唯複員タル關係ヲ有スルノミ手形法ニ於テハ被保證人ヲ主タル債務者ト稱スレトモ手形人員ノ正複ヲ區別シタル名稱ニ止マルモノト解スルニ非サレハ其者ト同一ノ義務ヲ負フト云フ結果ヲ生セサルナリ

商法第二百七十三條第二項ハ保證人カ商行爲タル債務ニ付キ主タル債務

岸本評論 商法第三百七十三條第二項ハ保證中ヨリ手形保證ヲ除外スルノ精神ニ非ス予ハ著論巧妙ナルモ之ヲ採用スルコトヲ得ス

者ト連帶シテ義務ヲ負擔スヘキ旨ノ規定ヲ爲セトモ手形保證ハ彼ト保證ノ觀念ヲ異ニスルノミナラス保證人ハ被保證人ト同一ノ義務ヲ負擔スヘキコトヲ規定セルヲ以テ手形債務ハ獨立的債務ナル原則ヲ適用シ保證人ハ被保證人ト連帶シテ債務ヲ負擔スルコトナシ

手形保證ハ凡ソ何人ノ爲メニ保證ヲ爲スモノナルカハ保證人ニ於テ豫メ之ヲ記載セサルヘカラス若シ夫レ否ラスシテ漫然保證ヲ爲シタルトキハ何人ノ爲メニ保證ヲ爲シタルモノト看做スヘキカ此場合ニ於テハ被保證人ノ分明ナラサルヲ以テ其保證行爲ヲ無效ノモノトスルヲ至當ナリトスルニ似タレトモ手形ニ署名行爲ヲ爲シタル者ハ手形上ノ義務ヲ負擔スヘキ總則ノ規定アリ且ツ保證人ノ意思ハ主要ナル手形債務者ノ爲メニ保證ヲ爲シ支拂力ヲ健全ナラシメ以テ經濟社會ノ交通ノ發達ヲ企圖シタルニ在ルヘシト推測スルハ公平ノ解釋ニ屬スルヲ以テ此場合ニ於テハ保證人ハ引受人ノ爲メニ保證ヲ爲シタルモノト看做スヲ至當トス然レトモ未タ

支拂人カ引受ヲ爲シタルモノニ非サルトキハ支拂人ハ手形上ノ關係人員ニ非サレハ則チ手形法上ノ拘束內ニ在ル者ニ非サルヲ以テ從ヒテ前述ノ如キ理由ノ存スルモノナキニ因リ此場合ニ於テハ振出人ハ手形ノ主要ナル關係人員タルヲ以テ此者ノ爲メニ保證ヲ爲シ手形ノ流通ヲ助長シタルモノト看做スヲ至當ノ推測ナリトス

然ラハ總員ノ爲メニ保證ヲ爲ス旨ノ記載ヲ爲ストキハ其保證ハ手形保證トシテ效力ヲ有スヘキヤ否ヤハ一疑問ナリ余輩ノ考フル處ヲ以テスレハ手形法ニハ明カニ規定スル所ナキモ保證ハ必スシモ一人ノ爲メニノミ之ヲ爲サヽルヘカラサルモノニ非ス數人又ハ全員ノ爲メニモ之ヲ爲スコトヲ得ト云ハサルヘカラス蓋シ保證ハ專身的ノ行爲ニシテ分身的ノ行爲ニ非スト云フノ理由ナク又手形正員ニ對シテ複員タル關係ヲ構成スル法律行爲ナルヲ以テ各正員ノ複員トシテ分身的ニ之ヲ爲スニ付キ毫モ手形行爲ノ性質ニ反スル處ナケレハナリ然レトモ元來複員的法律行爲ナルヲ以

テ將來ニ於ケル手形正員ノ爲メニ保證行爲ヲ爲スコトハ手形保證ノ觀念ニ伴ハレサルヲ以テ斯ノ如キハ之ヲ排斥セサルヘカラサルナリ

保證人カ保證行爲ニ依リテ手形上負擔シタル處ノ手形債務ヲ履行スルトキハ其手形正員タル處ノ被保證人ハ手形上所持人ニ對シテ負擔シタル處ノ債務ハ免カルヽニ至ルト同時ニ所持人ハ手形上有シタリシ處ノ權利ハ消滅スルニ至ルモノナリ而シテ保證人ハ其實他人ノ爲メニ自己ノ力ヲ以テ其債務ヲ免脫セシメタルモノナルヲ以テ其債務ヲ免カレタル者ハ此者ニ對シテ之ヲ補償スルニ非サレハ妄リニ他人ニ損害ヲ蒙ムラシムルニ至ルモノト云ハサルヘカラス玆ニ於テ手形法ハ所持人カ被保證人ニ對シテ有セシ權利ノミナラス被保證人カ其前者ニ對シテ有スヘキ權利ヲ擧ケテ保證人ニ取得セシムルコトヽセリ手形法カ玆ニ此種ノ權利ノ歸屬ヲ定メサルトキハ民法ノ規定ニ從ヒテ保證人ノ權利トシテ或ハ主タル債務者ニ追償ヲ求メ或ハ代位辨濟等ノ請求ヲ爲スノ外ナク此場合ニ於テハ普通法

ノ權利トシテ論述スヘク手形債權トシテ之ヲ論スルコトヲ得サルナリ手形法ノ規定ハ全般ニ於テ頗ル曖昧ニシテ捕捉スヘカラサル點多カリシ爲メ手形ハ手形行爲ニ依リテ直ニ手形上ノ債權ヲ發生スルモノナルカノ疑ヲ抱カシムル規定ノ屢々散見スルコトアリ然レトモ第四百九十九條末段ニ於テ云々主タル債務者カ其前者ニ對シテ有スヘキ權利云々ト規定シテ云々其前者ニ對シテ有スル權利云々ヲ規定セサルハ能ク眞ニ迫マリテ手形ノ本質ヲ表白シタルモノトス然リ而シテ是レ獨リ此場合ニ於テ然ルモノニ非ス又之ヲ以テ所持人ト雖モ權利ノ發生原因カ成立スルニ非サレハ手形ノ裏書ニ依リテ直ニ債權ヲ取得スルモノニ非ストスル余輩ノ論旨ヲ明晰ナラシムルニ足レリトス

第六節　參加引受

第一款　參加ノ性質

凡ソ法律關係ニ於テ局外ノ地位ニ在ル處ノ第三者カ其者自身ニ於ケル單

獨ノ行爲ニ依リテ直ニ既存ノ法律關係ニ當局者トシテ其地位ヲ占領シ法律上ノ拘束ヲ受クルモノニ非ス然レトモ手形ハ是等百般ノ法律行爲ト其趣ヲ異ニシテ第三者カ署名行爲ヲ爲ストキハ其文言ニ從ヒテ手形上ノ義務ヲ負擔スルモノトス廣義ニ於テハ是等第三者ノ行爲ヲ稱シテ凡テ參加ト云フコトヲ得レトモ手形法ニ於テハ之ヲ區別シテ一ヲ保證ト云ヒ他ノ一ヲ參加ト云ヘリ保證ハ既ニ之ヲ說述シタリ狹義ニ於ケル參加ハ之ヲ分チテ一ヲ參加引受ト云ヒ本節ニ於テ說述スル處ノ行爲是ナリ他ノ一ヲ參加支拂ト云ヒ第三章ニ於テ之ヲ說述スヘシ

手形ノ引受ハ支拂人ニ於テ之ヲ爲スヲ以テ其本則トス然レトモ支拂人カ引受ヲ爲スコトヲ拒絕シ若クハ引受ヲ求ムルコトヲ得サル場合ノ在ルアリ此場合ニ於テ局外者カ之ニ關與シ手形ノ引受ヲ爲スコトアリ舊法典ハ之ヲ稱シテ榮譽引受ト云フト雖モ引受ハ必スシモ榮譽ノ爲メニ之ヲ爲スモノニ非サルヲ以テ若シ榮譽ノ爲メニ引受ヲ爲スニ非サルトキハ其引受

ハ無效ノモノト爲ラサルヘカラサルヲ以テ穩當ヲ缺クモノトシ新法典ハ之ヲ參加引受ト稱セリ

斯ノ如ク參加引受ハ支拂人カ引受ヲ拒絕シタル後ニ於テ之ヲ爲スモノナリト雖モ引受人ノ存スル場合ニモ猶參加引受ヲ爲スコトアリ之レ固ヨリ例外ノ事實ニ屬ス即チ引受人ノ破產シタル場合ニ於テ引受人カ相當ノ擔保ヲ供セサルトキハ所持人ハ豫備支拂人ノ引受ヲ求ムルコトヲ得ルモノナルヲ以テ豫備支拂人カ引受ヲ爲ストキハ玆ニ再度ノ引受アルモノニシテ普通ノ引受ト參加引受ノ併存スルニ至ルモノトス而シテ參加引受ハ引受ノ一種ニシテ引受ヲ手形行爲ト爲スモノナルヲ以テ參加引受モ亦手形行爲ノ一ナルコト敢テ言フヲ待タサル處ナリ

第一款　參加引受ノ要件

參加引受ハ第三者ノ行爲ニ依リテ漫然成立シ得ルモノニ非ス必ス法定ノ要件ヲ具備セサルヘカラサルナリ法定ノ要件ヲ分チテ左ノ二トス

毛戸日、著者ノ所謂特別參加ト普通參加トハ何レヲ先ニスルモ可ナリ只前者ハ所持人之ヲ拒絶スルコトヲ得サルニ後者ハ之ヲ拒絶シ得ルモノト信ス

(一)引受ノ拒絶セラレタルコトヲ要ス

第三者カ手形ノ參加引受ヲ爲サントスルニハ先ツ其手形ノ引受ヲ得タルモノナルヤ否ヤヲ調査セサルヘカラス否ラスシテ未タ引受ヲ拒絶セラレタルニ非サルトキハ之ニ參加行爲ヲ爲スモ手形上ノ效力ヲ生スルコトナシ故ニ參加引受ヲ爲スニハ其手形カ引受ヲ拒絶セラレ若クハ引受ヲ得サルモノナルコトヲ要ス

參加引受ハ斯ノ如ク引受ヲ得サルモノタルコトヲ要スト雖モ參加引受ニハ特別參加ト普通參加ノ別アリテ爲替手形カ其組織上特別參加ヲ求ムヘキ仕組ナルトキハ普通參加ハ更ニ其特別參加ヲ拒絶セラレタル後ニ非サレハ之ヲ爲スコトヲ得サルナリ其特別參加ヲ求ムヘキ仕組ノ爲替手形トハ振出人又ハ裏書人カ豫備支拂人ヲ記載シタルモノヲ云フモノニシテ爲替手形ノ振出又ハ裏書ニ豫備支拂人ヲ記載スルトキハ所持人ハ支拂人ニ於テ引受ヲ爲サヽルトキハ此豫備支拂人ニ對シテ引受ヲ求ムヘキ手形上

ノ效力ヲ生スルモノナルヲ以テ此場合ニ於テハ所持人ハ豫備支拂人ヲ措テ擔保ノ請求ヲ爲サントスルモ未タ所持人ノ爲スヘキ行爲ヲ爲サヽルニ因リ擔保ノ請求權ヲ行使スルコトヲ得サルヲ以テ普通參加ヲ爲サントスルモ手形上ノ效力ヲ生セサルナリ

此ノ如キ場合ニ在リテハ特別參加ヲ得サルトキ始メテ普通參加ヲ得ルモノナルニ因リ其特別參加ヲ拒絶セラレタルコトヲ明カニセサルヘカラス之ヲ明確ニスルニハ所持人ハ更ニ引受拒絶證書ヲ作成スルニ及ハサルモ支拂人カ引受ヲ拒ミタルトキ作成シタル引受拒絶證書ニ其特別參加ヲ拒絶シタル旨ヲ記載セシメテ之ヲ爲スヘキモノトス

(二) 方式ヲ具備スルコトヲ要ス

參加行爲ハ既ニ畧述シタルカ如ク手形行爲ノ一ナルヲ以テ手形法ノ定式ヲ具備セサル可ラス今其定式ヲ左ニ分説スヘシ參加引受ノ實体ハ夫ノ引受ト同一ノ理由ニ依リ謄本又ハ補箋ニ之ヲ爲スコトヲ許サス必ス爲替手

形其物ニ之ヲ爲スコトヲ要ス

（甲）參加引受ノ旨ヲ記載スルコト

引受ト同シク參加引受ノ文言ヲ爲替手形ニ記載セサルヘカラス之ヲ記載セサルトキハ參加引受ノ方式ヲ缺クモノトシテ參加引受ノ效力ヲ生スルコトナシ蓋シ支拂人ノ爲ス處ノ引受ニハ引受ノ文言ヲ記載セサルモ其署名行爲ノミヲ爲ストキハ特例方式トシテ手形上ノ效力ヲ生スルモノト爲シタレトモ這ハ爲替手形其物カ既ニ支拂人ナル形示的文言ヲ記載シタルヲ以テ更ニ引受ノ旨ヲ記載セサルモ其者カ署名行爲ヲ爲ストキハ其文言ニ依リ引受ヲ爲シタルモノト之ヲ解スルコトヲ得ト爲シタルニ在リ然レトモ參加引受ノ場合ニ於テハ局外者ハ元來手形上ノ關係員ニ非サルヲ以テ參加引受ノ旨ヲ記載スルニ非サレハ單ニ署名行爲ノミヲ爲スモ之ヲ以テ參加引受ノ爲メニ爲シタルモノト解スル處ノ根據ヲ有スルコトナケレハナリ

参加引受人カ為替手形ニ署名行為ヲ為スハ其義務ヲ明カニスモノニシテ深ク説明ヲ要セサルナリ

（乙）署名行為ヲ為スコト

参加引受ハ以上ノ要件ヲ具備スルトキハ直ニ成立スルモノニシテ為智手形ヲ所持人ニ還付スルコトヲ待ツヲ要セサルモノナリ參加引受ヲ為スニハ支拂人カ引受ヲ為スカ如ク手形ノ呈示ヲ為スコトヲ要スルモノナルカ法文ハ之ヲ明カニスルコトナキヲ以テ聊カ疑ヲ生スルニ至ルヘキモ元來參加引受ハ支拂人ノ為ス引受ノ如ク所持人ヨリ進ンテ之ヲ求ムル處ノモノニ非ス參加人ニ於テ進ンテ之ヲ為スモノナルヲ以テ請求ノ性質ヲ包含スル處ノ呈示行為ハ參加引受ヲ得ルニハ必要ノ行為ニ非サルナリ然レトモ手形ヲ參加人ノ手ニ交付スルニ非サレハ參加行為ハ之ヲ為スコトヲ得ス事實ハ同一ノ結果ヲ生スルモ法律關係ハ同一ノモノニ非サルナリ所持人カ參加引受ヲ得タルトキハ拒絶證書作成者ヲシテ引受拒絶證書ニ

參加引受ヲ爲シタル旨ヲ記載セシメ且ツ其拒絕證書ヲ作成シタル費用ノ支拂ト引換ニ之ヲ參加人ニ交付スルコトヲ要ス蓋シ參加人ハ其參加引受ヲ爲シタルコトヲ被參加人ニ通告シテ其者及ヒ其者ノ後者ヲシテ擔保ノ義務ヲ免カレシメタル行爲ニ付キ自己カ一ノ權利者タル地位ニ立チシコトヲ辨知セシムルノ要アルヘケレハナリ之ヲ以テ參加人ハ遲滯ナク更ニ右ノ引受拒絕證書ヲ其被參加人ニ送付セサルヘカラサルナリ茲ニ法律ハ交付ト云ヒ又送付ト云ヒシハ一ハ手ヨリ手ニ渡スヘキ接近ノ場所ニ在ルコトヲ想像シテ斯ク云ヒ他ハ多ク隔離セル場所ニ存在スルモノナルニ因ルナリ此場合ニ限ラス凡ソ交付ト云ヒ送付ト云フ場合ハ此區別ノ存在スルモノト知ラサルヘカラス

第三款　參加人及ヒ被參加人

參加ハ局外者カ他人間ニ於ケル既存ノ法律關係ニ立チ入リテ當局者ノ一人タル地位ヲ占ムル處ノ行爲ナルヲ以テ支拂人ハ手形關係者ナルニ因リ

參加人タルコトヲ得サルカ如ク思意スル者アルヘシト雖モ支拂人ハ元來手形關係者ノ一人ニ非ス引受ヲ爲スハ第三者ノ地位ヨリ馳セ入リテ關係者ノ地位ヲ占ムルモノナルヲ以テ仍一種ノ參加ヲ爲スモノナリ然ルニ之ヲ參加ト云ハサル所以ノモノハ爲替手形振出ノ要件トシテ方式的ニ編成セラレタルヲ以テナリ故ニ支拂人カ引受ヲ爲サヽルトキハ結局他ノ第三者ト聊モ差異アルモノニ非ス之ヲ以テ支拂人ハ他ノ第三者ト同シク參加引受ヲ爲スコトヲ得ルニ妨ケナキモノト云ハサルヘカラス
豫備支拂人カ引受ヲ爲ストキハ特別參加ヲ爲スモノナルヲ以テ亦參加人ト爲ルモノナリ
斯ノ如ク説述スルトキハ參加人ト爲ルコトヲ得サル者ヲ抽象的ニ列擧スルノ勝レルニ若カサルナリ參加人ト爲ルコトヲ得サル者ヲ抽象的ニ列擧スルトキハ無能力者ヲ除キテハ振出人裏書人保證人引受人及ヒ所持人ニシテ是等ノ者ハ性質上參加人ト爲ルコトヲ得サルモノナリ蓋シ所持人ハ

毛月日、余ハ裏書人及ヒ保證人ハ其前者ノ爲メニハ參加引受ヲナスコトヲ得ト信ス
昔生日、毛月氏同感

自己カ權利者タリ更ニ義務者タル地位ヲ併領スルトキハ混同ノ結果ヲ生シ又振出人以下ノ手形上ノ義務者ハ參加引受ヲ爲ストキハ手形人員ヲ混同シ言ハレナク擔保義務ヲ免脫セシムルニ至ルヲ以テ不能ノコトニ屬スレハナリ

茲ニ於テ更ニ一言ヲ要スヘキハ自己宛爲替手形是ナリ即チ振出人カ自己ヲ以テ支拂人ト定メテ振出シタル自己宛爲替手形ノ場合ニ於テハ假令自己カ支拂人ナリト雖モ一面ニ於テ振出人ナルヲ以テ手形關係者タル結果參加引受人ト爲ルコトヲ得サルモノナリ

參加人カ參加引受ヲ爲スニ當リテハ漠然トシテ之ヲ爲スヘキモノニ非ス其何人ノ爲メニ其信用ヲ維持シ其擔保義務ヲ免脫セシメントスルニ在ルカハ之ヲ手形ニ記載シテ明確ニセサルヘカラス夫レ然リ若シ夫レ之ヲ明確ニセサルコトアランカ參加人ノ意思ヲ推測シ公益ヲ保護スルトノ二點ヨリ之ヲ解釋スルノ外アルコトナシ抑モ參加引受ヲ爲スノ目的ハ手形ノ

信用ヲ維持シ手形債務者ノ擔保義務ヲ免脱セシメントスルニ在ルモノナルヲ以テ其何人ノ爲メニ參加引受ヲ爲スモノナルカヲ明確ニセサルハ手形關係者全部ノ爲メニ爲シタルモノナリト解スルヲ以テ毫モ其意思ヲ害セサルモノナルノミナラス經濟社會ノ公益ヲ維持スルニ於テ却テ至當ノコトヽ云ハサルヘカラス之ヲ以テ手形法ハ此場合ニ在リテハ其引受ハ最多數ノ利益ヲ代表スル處ノ振出人ノ爲メニ之ヲ爲シタルモノト看做セリ」
參加引受ニ付テハ其客体ト爲ル處ノ者ハ何人ナリヤ此問題ハ參加引受ノ爲メニ何人カ利益ヲ受クル者ナリヤト云フ問題ト之ヲ混合スルコト勿レ參加引受ノ爲メニ利益ヲ得有スル處ノ者ハ被參加人ニ限ラス所持人ニ於テモ參加引受ノ爲メニ手形ハ支拂力ヲ發生シタルモノナルヲ以テ亦利益ヲ得有スル者ト云ハサルヘカラス之ヲ以テ本問何人ヲ參加引受ノ客体ト爲リ得ルモノナリヤハ手形債務者ナリト云ハサルヘカラス之レ參加引受ノ性質カ表示スル如ク參加引受ハ手形ニ係ル擔保ノ義務ヲ免脱スル處ノ

第三者ノ行爲ニシテ此擔保ノ義務ヲ負擔スル處ノ者ハ振出人乃至裏書人並ニ保證人ニ外ナラサレハナリ

第四欵　參加引受許否權及ヒ參加引受選擇權

爲替手形ノ所持人ハ支拂人ノ引受ヲ拒ムコトヲ得サルハ手形其物ノ本性ニシテ之ヲ拒ムトキハ自己ノ權利ヲ拋棄スルモノト爲リテ法律ノ保護スヘキ法制上ノ理由ヲ滅却スルニ至ルモノトス然レトモ參加引受ハ元來第三者ノ行爲ニ係ルモノナルヲ以テ所持人ニ於テ之ヲ拒ムモ手形其物ノ文言ヨリ生スル效力ヲ排斥スルモノニ非サルヲ以テ之カ爲メ毫モ所持人ヲ咎ムヘキ理由ノ存スルコトナキノミナラス卻テ之カ許否ノ權利ヲ所持人ニ附與セサルヘカラサル理由ノ在リテ存スルナリ蓋シ所持人ハ支拂人ノ引受ヲ拒ムヘカラサルハ手形其物ノ性質上然ルヘキコトニ屬スルヲ以テ深ク之ヲ云フヲ要セサルモ參加人ハ手形構成ノ關係者ニ非ス之ヲ以テ所持人カ參加人ノ無資力ニシテ到底參加引受ノ目的ヲ得ルニ足ラストト思意

シタルトキハ其參加引受ヲ排斥シ得ルノ自由ヲ存スルニ非サレハ參加引受アリタル爲メ所持人ハ擔保ノ請求權ヲ失却シ遂ニ回復スヘカラサル損失ヲ招クニ至ルヤモ測リ知ルヲ得サル場合ノ生スルコト在ルニ至ルヘケレハナリ之ヲ以テ參加引受ハ一般ニ所持人ノ許否ニ因リテ其成否ヲ爲スモノトスルヲ原則トス

爲替手形ニ豫備支拂人ノ附記アルトキハ其豫備支拂人ノ附記ハ爲替手形ノ偶素タル效力ヲ生スルモノナルヲ以テ豫備支拂人ノ引受ハ參加引受ノ一ナリト雖モ特別ノ參加引受ナルヲ以テ所持人ニ於テ之ヲ拒ムコトヲ得ス之ヲ以テ此場合ニ於ケル參加引受ハ前述セシ處ノ參加引受許否權ノ例外ナリト知ラサルヘカラサルナリ

斯ノ如ク特別ノ參加引受ヲ除ク外參加引受ハ所持人ノ許否權ノ行使ニ因リテ其成敗ヲ爲スモノナリトスル以上ハ數人ノ參加人アルトキハ亦之カ選擇權モ自由ナラサルヘカラス舊法典ノ下ニ於テハ學者ノ解釋區々ニシ

テ或ハ所持人ハ選擇權ヲ有セスト説明シ或ハ所持人ハ選擇權ヲ有スト主張スレトモ舊法典ノ規定ハ所持人ニ選擇權ヲ附與セサルモノト解釋スルヲ至當ナリトスルカ如シ法制上ノ議論ハ暫ラク之ヲ措キ參加引受許否權ヲ所持人ニ附與スルヲ以テ論理ノ正確ヲ得タルモノト認ムル以上ハ數人ノ參加引受ヲ爲サントスル者アルトキハ其選擇權ヲ所持人ニ附與スヘキハ實ニ見易キ論法ナリト云ハサルヘカラス果シテ然リトセハ參加引受ノ許否權ヲ所持人ニ附與シタル舊法典カ其選擇權ヲ所持人ニ附與セサリシハ誠ニ理由ナキ法制ト云ハサルヘカラス之ヲ以テ新法典ハ理論ヲ一貫シ多數ノ法制ニ倣ヒテ所持人ニ參加引受ノ選擇權ヲ附與スルコトヽセリ

第五款　參加引受ノ效力

特別ノ參加引受ナルト所持人ニ於テ許諾シタル普通參加引受ナルトヲ問ハス二者均シク其引受行爲ニ付テ手形法上ノ效力ヲ生スルモノニシテ之ヲ區別スルトキハ積極的效力ト消極的效力ノ二種ト爲スコトヲ得ルナリ」

(一)積極的效力

參加引受人ハ其引受行爲ニ依リテ手形債務ヲ負擔シ滿期日ニ於テ支拂ヲ爲スヘキモノニシテ引受人ノ義務ト異ナル處ナケレトモ滿期日ノ到來スルヤ所持人ハ直ニ參加引受人ニ支拂ヲ請求スルコトヲ得ルモノニ非ス滿期日ノ到來スルトキハ先ツ支拂人ニ支拂ヲ求メサルヘカラス支拂人カ手形金額ノ支拂ヲ爲サヽル場合ニ於テ始メテ參加引受人ニ支拂ヲ求ムルコトヲ得參加引受人ハ始メテ支拂人カ支拂ハサリシ手形金額及ヒ費用ノ支拂ヲ爲サヽルヘカラサルニ至ルナリ之ヲ以テ參加引受ノ效力ハ其引受行爲ニ依リテ參加人ニ支拂ヲ爲スヘキ手形債務ヲ負擔セシムルニ在リト雖モ此債務ハ補充的債務ノ性質ヲ有スルモノト爲ルナリ然レトモ此債務ハ條件附ノ債務ニ非ス若シ之ヲ條件附ノ債務ナリトスレハ手形債務ハ行爲ノ時ニ於テ效力ヲ生スルモノニ非スシテ支拂人カ手形金額ノ支拂ヲ爲サヽル時ニ於テ生スルモノト云ハサルヘカラサルモ參加引受ノ效力ハ其行

爲ト同時ニ生スルモノナルニ因リ消極的效力ノ如キハ直ニ擔保請求權ヲ消滅セシムルニ至ルモノナルヲ以テ之ヲ條件附債務ノ性質ヲ有スルモノト云フコトヲ得サルナリ然レトモ亦之ヲ以テ保證ノ性質ヲ有スルモノト云フコトヲ得ス何トナレハ支拂人ハ未タ債務ヲ負擔スルモノニ非サルヲ以テ主タル債務者ナキ保證ノ存在スルコトヲ想像スルコトハ到底不能ノコトニ屬スレハナリ

斯ノ如ク參加引受ハ其引受行爲ニ依リテ支拂人カ手形金額ノ支拂ヲ爲サヽル場合ニ於テ支拂人カ支拂ハサリシ手形金額及ヒ費用ヲ支拂フヘキ義務ヲ負擔スルモノナリト云フト雖モ此義務ハ獨リ所持人ニ對シテ之ヲ負擔スルノミナラス被參加人ノ後者全員ニ對シテ之ヲ負フモノトス蓋シ引受ハ所持人ニ對シテ手形債務ヲ負擔スルモノナリト雖モ參加人カ支拂ヲ爲サヽル場合ニ於テハ所持人ハ償還ノ請求ヲ爲スコトアルヘシ此場合ニ所持人カ被參加人又ハ其前者ニ對シテ此償還請求權ヲ行ヒタルトキハ免

角ノ議論ナシト雖モ被參加人ノ後者ニ對シテ此權利ヲ行ヒタルモノナルトキハ其後者ハ其所持人ノ權利ヲ承繼スルコトヲ得ルモノナルヲ以テ參加引受人ニ對シテ此權利ヲ行フコトヲ得サルヘカラサレハナリ

參加引受人ハ支拂人カ支拂ヲ爲サヽサル場合ニ於テハ被參加人ノ後者ニ對シ支拂人カ支拂ハサリシ手形金額及ヒ費用ノ支拂ヲ爲スヘキ義務ヲ負擔スルモノナリト雖モ所持人カ滿期日又ハ其後二日內ニ支拂ヲ求ムル爲メ爲替手形ヲ參加人ニ呈示セサルトキハ參加引受ハ補充的債務ノ性質ヲ有スルモノナルニ因リ參加人ハ其支拂ノ爲メニスル爲替手形ノ呈示ナキヲ以テ支拂人ニ於テ支拂ヲ爲シタルモノナリト思意シテ支拂ノ準備ヲ止ムルニ到ルハ通常ノコトニシテ殊ニ參加引受人ハ一方ニ於テハ所持人ニ對シテ支拂ヲ爲スト雖モ其支拂ヲ爲スヤ他方ニ於テハ所持人ノ權利ヲ承繼シテ被參加人及ヒ其前者ニ對シテ償還ノ請求權ヲ行フコトヲ得之ヲ行フニハ一定ノ期間內ニ其手續ヲ爲サヽルヘカラス若シ之ヲ爲サヽルトキ

ハ其權利ヲ失フモノナルニ拘ハラス尙ホ所持人其他被參加人ノ後者ニ對シテ此義務ヲ免ルヽ克ハストスルハ本來第三者ノ地位ニ在リシ者殊ニ多クハ好意ヲ以テ爲シタル參加引受人ニ對シテ引受人ヨリモ苛酷ニ取リ扱フモノナルヲ以テ此場合ニ於テハ參加人ヲシテ手形上ノ義務ヲ免カレシムルコトヽセリ之ヲ以テ所持人カ滿期日又ハ其後二日內ニ支拂ヲ求ムル爲メニ爲替手形ヲ參加人ニ呈示シタルトキハ支拂人ノ支拂ナキコトヲ示シタルモノナルヲ以テ最早參加人ヲ保護スヘキ上述ノ理由ナキニ因リ參加人ハ被參加人ノ後者全員ニ對シテ手形上ノ義務ノ履行ヲ免カルヽコトヲ得サルモノトス

(二)消極的效力

一般ノ引受ニ於テハ振出人以下總テノ關係者ノ擔保義務ノ發生ヲ防止スルニ在リト雖モ此ハ之ニ反シテ既ニ發生シタル擔保ノ義務ヲ免除スルニ在ルナリ其免除ヲ受クル處ノ者ハ彼ニ於ケルカ如ク振出人以下總員ニ非

毛戸曰、著者ノ非難ハ其手形上ノ權利ノ觀念ノ相容レサルニ基ツクナキカ

スシテ被參加人ノ後者總員ナリトス然リ而シテ手形法ハ之カ裏面ヨリ規定ヲ設ケテ擔保ノ請求權ヲ喪失セシムルコト、セリ其擔保ノ請求權ハ何人カ之ヲ有セシヤト云フニ支拂人ノ引受拒絶ニ依リテ所持人カ之ヲ有スルモノナルコト論ナキナリ然ルニ法典ハ未タ擔保ノ請求權ヲ得有セサル被參加人ノ後者ヲシテ此權利ノ失却ヲ爲サシメントスルハ理想ノ以テ及ハサル處ナリ元來擔保ノ請求權ノ行使ハ所持人ヨリ裏書人ニ遞及スルモノナルニ因リ所持人ニ此權利ノ失却ヲ爲サシムルトキハ敢テ他ヲ云フヲ要セサルモノナリ余輩ハ法制ノ眞意ノ在ル處ヲ知ラス

法典ハ所持人及ヒ被參加人ノ後者ハ擔保ノ請求權ヲ失フモノトスルモ被參加人及ヒ其前者ハ其前者ニ對シテ擔保ノ請求權ヲ有スルモノト云ハサルヘカラス其玆ニ被參加人カ擔保ノ請求權ヲ有スルハ後者ニ擔保ノ請求權アルモノニ非サルヲ以テ擔保請求ノ通知ヲ受ケタルカ爲メニ非スシテ參加引受アリタルカ爲メ第五百七條ニ依リ之ヲ得有シタルモノト云ハサ

ルヘカラス此場合ニ於テハ第四百七十五條乃至第四百七十九條ノ規定ヲ準用シ被參加人ハ擔保ヲ供セシメント欲スル者ニ對シ擔保請求ノ通知ヲ發セサルヘカラス擔保請求ノ通知ヲ受ケタル者ハ其前者ニ對シテ其擔保スヘキ金額及ヒ費用ニ付キ相當ノ擔保ヲ請求スルコトヲ得ルナリ此場合ニ於テハ其者ハ擔保ヲ供セシメント欲スル者ニ對シ遲滯ナク擔保請求ノ通知ヲ發セサルヘカラス斯ノ如ク順次擔保ノ請求ヲ爲スコトヲ得ルモノニシテ其擔保ノ請求ヲ受ケタル者ハ遲滯ナク引受拒絶證書ト引換ニ相當ノ擔保ヲ供セサルヘカラス但擔保ニ代ヘテ相當ノ金額ヲ供託スルコトヲ得擔保請求者カ直接ノ前者ヲ措キテ數等ノ前者ヨリ擔保ヲ供セラレ又ハ供託ヲ受ケタルトキハ其後者タル前者ニ對シテハ最早擔保ノ請求ヲ爲スコトヲ得ス又被參加人ノ前者カ擔保請求ノ通知ヲ爲シタルトキハ其通知ハ其通知ヲ受ケタル者ノ後者全員ニ對シテ之ヲ爲シタルモノト爲ルナリ以上ノ如クニシテ擔保ヲ受ケ又ハ供託セラレタルトキト雖モ(一)後日ニ至

リ爲替手形ノ單純ナル引受アリタルトキ(二)手形金額及ヒ費用ノ支拂ヲ受ケタルトキ(三)擔保ヲ供シ若クハ供託ヲ爲シ又ハ其前者カ償還ヲ爲シタルトキ(四)手形上ノ權利カ時效又ハ手續ノ欠缺ニ因リテ消滅シタルトキ(五)擔保ヲ供シ又ハ供託ヲ爲シタル者カ滿期日ヨリ一年內ニ償還ノ請求ヲ受ケサリシトキ等ノ場合ニ於テハ其供シタル擔保ハ效力ヲ失ヒ其供託シタル金額ハ之ヲ取戻スコトヲ得ルニ至ルナリ

第七節　爲替手形ノ複本

第一欵　複本ノ性質

證券的權利タル手形上ノ權利ハ權利的證券タル手形書面ノ成立ト共ニ成立シ共ニ存在シ又其消滅ヲ共ニスルモノナルコトハ既ニ業ニ之ヲ說述シタリ其故ニ手形ハ一通ノモノタルヘク二通以上ノ存在スルコトヲ得ス若シ二通以上ノ存在スルトキハ各個獨立ノ手形ニシテ從ヒテ證券的權利ハ各別ニ存在スルモノト云ハサルヘカラス之ト同シク手形文面ヲ謄寫シタ

ル書面ハ亦同一ノ權利的證劵カ更ニ成立スルカ否ラサレハ覺書ニ過キス之ヲ以テ其謄寫シタル書面ハ其本書タル手形ト一体ノ效力ヲ有スルモノニ非サルナリ

理論上ニ於テハ實ニ以上ノ如ク言ハサルヘカラサレトモ手形上ノ取引又ハ手形權利ノ保存ヲ爲スニ付キ手形以外ニ手形上ノ效力ヲ保存セシムル處ノ文書ノ成立存在ヲ認メサルヘカラサル必要ノ生スルコトアルヲ以テ手形法ハ之ヲ認メテ爲替手形ノ複本及ヒ謄本ノ二種ト爲セリ其謄本ニ付テハ非手形行爲ノ章ニ於テ之ヲ論スヘシ

證劵的權利ノ成立カ一個獨体ノモノニシテ其運命ヲ共ニスル處ノ權利的證劵ノ二個以上成立シ存在スルトキハ其各通間ニ於テ正本及ヒ複本タル關係ヲ生スルモノトス而シテ正本ハ必ス一通タラサルヘカラサレトモ複本ハ其幾通ノ多キニ達スルモ妨クルモノニ非ス其複本ハ爲替手形タル性質ヲ有スルモノニハ相違ナキモ直ニ爲替手形タル獨立ノ效力ヲ有スルコ

岸本評論 受取人又ハ所持人ニ於テ其複本ヲ認ムルモ仍ホ其效力ヲ生セサルカ

トナシ之レ複本ノ複本タル所以ニシテ手形ハ二個一体ノモノナリト云フ原則ノ變例ヲ認メタルニ因ルモノナリ斯ノ如ク爲替手形ノ複本ハ獨立シテ爲替手形ノ效力ヲ有スルモノニ非サレトモ正本タル爲替手形ノ代表ヲ爲スモノナルヲ以テ複本ニ依ル處ノ行爲ハ正本ニ對シテ效力ヲ生スルモノトス

第一款　複本ノ作成

爲替手形ノ複本ハ振出人ニ於テ作成スルモノナリト雖モ所持人ノ請求ニ依リテ作成セラルヽモノニシテ所持人ノ請求ナキトキハ複本ノ作成アルヘキモノニ非ス之ヲ換言スレハ複本ハ振出人カ爲替手形ヲ振出ストキニ當リ自ラ複本ヲ作成シテ振出スコトアルモ複本タル效力ヲ生スルモノニ非ス蓋シ複本ノ作成ハ振出人ノ義務ニ屬スルモノニシテ其自由行爲ノ範圍內ニ算入スヘキモノニ非サレハナリ

斯ノ如ク爲替手形ノ複本ハ振出人ニ於テ之ヲ作成スヘキモノナルヲ以テ

所持人ノ請求アルトキハ振出人ハ之ヲ作成シ之ヲ交付スヘキ義務ヲ負擔スルニ至ルモノナリ然レトモ所持人ハ爲替手形ノ受取人ニ非サルトキハ直接ニ振出人ニ對シテ之ヲ請求スルコトヲ得ス先ツ以テ順次ニ其前者ヲ經由シテ之ヲ請求セサルヘカラス之ヲ直接ニ請求シタルトキハ振出人ハ其請求ヲ退クルコトヲ得之ニ反シテ順次ニ其前者ヲ經由シテ請求スルトキハ其前者ハ其取次ヲ辭スルコトヲ得サルモノトス

所持人ハ其前者ヲ經由シテ複本ノ交付ヲ請求シ振出人ハ其複本ヲ作成シタルトキハ亦各裏書人ヲ經由シテ之ヲ所持人ニ交付セサルヘカラス而シテ其複本カ各裏書人ヲ經由スル場合ニ於テハ各裏書人ハ其複本ニ裏書ヲ爲サヽルヘカラス其複本カ一通ニ非スシテ數通ナルトキハ各通ニ裏書ヲ爲スヘキモノトス之ヲ裏書ノ複本ト云フ

裏書ノ複本ヲ除キテハ其複本ニ複本タルコトヲ記載セサルヘカラス若シ之ヲ記載セサルコトアランカ爲替手形ノ正複ノ關係ハ何ニ依リテカ之ヲ

識ルコトヲ得ン第三者ハ之ヲ正複ノ關係ナキ單純ナル爲替手形ナリトシテ之カ裏書ヲ受ケ更ニ流通スルニ至リ爾カモ之カ複本タルノ效力ヲ有スルモノトセンカ世之カ爲メニ災厄ヲ蒙ムル者夫レ幾許ノ多キニ達スルカヲ知ラサルヘシ之ヲ以テ此場合ニ於テハ其各通ハ事實上正複ノ關係ヲ有スルモノトシテモ法律上ハ各個獨立セル處ノ爲替手形タル效力ヲ有スルモノト爲スナリ

第三欵 複本ノ效力

爲替手形ノ複本ハ前項ニ於テ一言シタルカ如ク正本ノ代表力ヲ有スルコトヲ以テ複本ノ效力ナリトス故ニ複本ニ支拂ヲ爲シタルトキハ正本モ亦爲替手形ノ支拂力ヲ消滅スルニ至ルモノナリ否ナ獨リ正本カ其支拂力ヲ失フニ至ルノミナラス數通ノ複本ヲ作リタルモノナルトキハ他ノ凡テノ複本モ亦其效力ヲ失フニ至ル蓋シ各複本ハ孰レモ其正本ヲ代表スルモノナルヲ以テ或ル複本ニシテ支拂ヲ受ケタル爲メ正本カ既ニ其效力ヲ失フ

トキハ最早正本ヲ代表スヘキ他ノ複本ノ存在スヘキ理由ナキニ至ルヘケレハナリ

以上説述スル處ハ正本及ヒ複本カ同一ノ所持人ノ手ニ在ル場合ナルト各別ノ所持人ノ手ニ有ル場合ナルトヲ問ハス凡テ爲替手形ノ支拂力ヲ失フモノナリトスルニ在レトモ若シ夫レ正本ヲ甲ニ複本ヲ乙ニ裏書シ或ハ數通ノ複本ヲ各別ノ人ニ裏書シタル場合ニ於テハ其裏書人ハ其一通ノ支拂アリタル爲メ手形上ノ義務ヲ免カルヽニ至ルモノナルカ曰ハク否ナ其裏書ヲ爲シタル者ハ其裏書行爲ニ付キ義務ノ負擔ヲ免カルヽコトナシ蓋シ裏書人ハ前者ニハ一個ノ對價ヲ拂ヒナカラ普通ノ裏書ヲ爲スニ付テハ數多ノ被裏書人ヨリ各其對價ヲ受取ルコトノ多キモノナルヲ以テ他ノ手形ノ支拂ヲ得タル爲メ各別ノ被裏書人カ支拂ヲ得サルニ至ルトキハ裏書人ハ不當ニ利得シ又ハ損害ヲ生セシムルニ至ルヘケレハナリ又數通ノ爲替手形ニ引受ヲ爲シタル者ハ其引受行爲ニ依リテ手形上ノ義務ヲ負擔スル

ニ至ルモノナルヲ以テ其一通ノ爲替手形ノ支拂ヲ爲スモ其他引受手形ニ付テハ手形上ノ義務ヲ免カル丶コトヲ得ス

然レトモ此二個ノ場合ニ於テ裏書人又ハ引受人ノ免カル丶コトヲ得サル手形上ノ義務ハ複本ノ作成ヨリ生スル變例ニ屬スルモノナルヲ以テ絶對的ニ此效力ヲ保有セシムルモノニ非ス假令各別ノ者ニ裏書ヲ爲スモ又ハ各通ニ引受ヲ爲スモ元來正本ニシテ其效力ヲ失フトキハ複本ノミ其效力ヲ有ツモノニ非ス嚴格ニ之ヲ論スルトキハ其裏書又ハ其引受ノ二個アルヘキモノニ非ス斯ノ如ク一通ノ支拂ニ因リテ他ノ各通ハ其效力ヲ失フモノナレトモ支拂ヲ爲ス時ニ一齊返還ヲ得サルトキハ後日ノ餘累ヲ釀スコトアルヘキヲ以テ斯クハ規定シタルモノナルニ因リ右ニ說述シタル處ノ義務ハ支拂ノ時ニ於テ一齊返還ヲ得サル各通ニ付テ之カ負擔ヲ免カル丶コトヲ得ストシタルニ在ルノミ

正複數通ノ爲替手形ヲ所持スル者カ引受ヲ求ムル爲メ其一通又ハ數通ヲ

送付シタルトキハ他ノ各通ニ其送付先ヲ記載セサルヘカラス蓋シ為替手形ノ複本ヲ作成スルニハ二個ノ目的アリ其一ハ正複數本ノ一通又ハ數通カ滅失又ハ紛失スルコトアルモ他ノ殘存セル手形ニ依リテ其權利ヲ保存スルニ在リテ他ノ一ハ所持人ハ支拂人ト其地ヲ遠ク隔離スルコトアリ此場合ニ於テ引受ヲ求ムルニハ數多ノ日子ヲ要スヘシ故ニ其一通ハ引受ヲ求ムル為メ支拂人又ハ豫備支拂人ニ送付シ他ノ一通又ハ數通ハ裏書ヲ為シテ之ヲ讓渡スコトヲ得セシムルニ在リ此後ノ場合ニ於テ被裏書人又ハ其後者カ既ニ送付セラレタル一通ノ返還ヲ得テ引受ノ有無ヲ知ルノ要アルヲ以テ各通相互ノ間ニ關聯ヲ結ハシメサルヘカラサルヲ以テナリ

斯ノ如ク其送付先ヲ他ノ各通ニ記載シタルトキハ其所持人ハ引受ヲ求ムル為メニ送付シタル一通ノ為替手形ヲ受取リタル者ニ對シテ其返還ヲ請求スルコトヲ得之ヲ換言スレハ其送付先ヲ記載セサル手形ノ所持人ハ其返還ヲ請求スルコトヲ得サルモノナリ此ニ於テ一困難ヲ生スル場合ノ存

岸本評論著者ノ説大ニ理アリ後段ニ於テ一齊返還ノ請求ナキニ於テハ被請求者ハ此カ返還ヲ爲スニ及ハストノ説ハ或ハ反對顚アルヘシ

スルコトアリ即チ引受ヲ求メタル者カ其殘存セル各通ノ手形ヲ各別ノ人ニ裏書シタルトキハ其各被裏書人又ハ其後者ハ各送付先ヲ記載シタル手形ヲ所持スル者ナルヲ以テ孰レモ引受ヲ求ムル爲メニ送付シタル一通ノ爲替手形ヲ受取リタル者ニ對シテ其返還ヲ請求スルコトヲ得ルニ至リ其被請求者ハ一通ノ手形ヲ受ケ取リナカラ之ヲ各別ニ數人ニ返還スルコトハ到底不能ノコトニ屬スト雖モ法律ハ此場合ニ付テ何等ノ規定スル處ナキヲ以テ解釋ノ材料ヲ得ス余輩ハ不得已其被請求者ハ一齊返還ノ請求アルニ非サレハ返還ノ請求ニ應スル義務ナク之ヲ其一人ニ返還シタルトキハ全員ニ付テ其義務ヲ履行シタルモノト云ハント欲スル者ナリ

以上ノ場合ニ於テ被請求者カ正當ナル返還ノ請求ニ應セサルトキハ其所持人ハ拒絶證書ニ依リテ其事實及ヒ他ノ一通又ハ數通ノ爲替手形ヲ以テ引受又ハ支拂ヲ受クルコト能ハサリシ理由ヲ證明スルニ非サレハ其前者ニ對シテ擔保又ハ償還ノ請求ヲ爲スコトヲ得ス之ヲ以テ其被請求者カ其

受取リタルモ手形ノ返還ヲ爲サヽルモ他ノ一通又ハ數通ノ爲替手形ヲ以テ引受ヲ求メ又ハ支拂ヲ受クルコトヲ得ルモノナルトキハ前者ニ對シテ擔保又ハ償還ノ請求ヲ爲スコトヲ得サルナリ余輩ハ前段ニ於テ其送付先ヲ記載シタル數通ノ爲替手形ヲ各別ノ人ニ裏書シタル場合ニ其各被裏書人又ハ其後者カ一齊返還ノ請求ヲ爲スニ非サレハ被請求者ハ其返還ヲ拒ムコトヲ得ル旨ヲ一言シタリ此場合ニ於テ各所持人ハ其返還ヲ拒マレタルモノナルヲ以テ以上ノ條件ノ具備スルトキハ其前者ニ對シテ右ノ請求ヲ爲スコトヲ得ルモノト云ハサルヘカラス

終ニ臨ンテ複本ノ效力ヲ概言スルトキハ手形ノ裏書、保證、引受及ヒ支拂等苟クモ爲替手形ノ正本ニ付テ爲シ得ル處ノ行爲ヲ有效ニ爲シ得ルモノトス之レ蓋シ複本ハ正本ノ代表力ヲ有スト云フニ歸着スルモノナレハナリ』

第三章　非手形行爲

余輩ハ手形法上爲替手形ニ付テノ法律行爲ヲ二個ニ分チテ其一ヲ手形ニ

岸本評論手形行爲ト非手形行爲ノ區別大ニ可ナリ

要ス可キ手形上ノ行爲トシ之ヲ手形行爲ト名ケ前章ニ於テ縷々詳述シタリ他ノ一ハ手形ニ關スル行爲ナレトモ手形上ノ行爲ニアラサルヲ以テ之レヲ非手形行爲ト名ケ本章ニ於テ説述セント欲スル所ナリ
手形法ニ規定スルコトナキモ手形行爲ノ準備ニ止マル處ノ行爲ハ亦之レ一ノ非手形行爲ナリ此種ノ非手形行爲ハ余輩ハ既ニ總則ニ於テ説述シタルヲ以テ此ニ之ヲ贅セス此ニハ手形法ノ規定ニ基キ其非手形行爲ニ付テノ説述ヲ爲サント欲ス
手形行爲ハ單獨行爲ナルヲ以テ非手形行爲ハ雙方的行爲ナリト云フコトヲ得ス又手形行爲ハ要式行爲ナレトモ非手形行爲ハ不要式行爲ナリト云フコトヲ得ス手形行爲ニ非サル行爲ハ凡テ雙方的行爲ナリ單獨行爲ハ手形行爲ニ限ルト云フ原則ノ存在スルモノニ非ス又非手形行爲ト雖モ拒絶證書作成ノ行爲ノ如キハ要式的行爲ナリトス是等ハ手形行爲ト非手形行爲ヲ區別スルノ標準トナルモノニ非ス其二者ノ異ナル所以ノモノハ他ニ

於テ之ヲ求メサルヘカラス即チ手形行爲ニ在テハ手形自体ノ效力ヲ發生セシムル處ノ働機ヲ附與スルモノナレトモ非手形行爲ニ在テハ手形自体ノ效力ニ毫モ影響ヲ及ホスモノニ非ス只手形ノ效力ニ從ヒテ働作スル處ノモノタルニ過キス之ヲ以テ前者ハ手形上ノ行爲ナリト云フコトヲ得ルモ後者ハ唯手形ニ關スル行爲ナリト云フニ外ナラサルナリ

第一節　擔保

第一欵　擔保ノ性質

凡ソ義務ニハ法律上直ニ負擔スル處ノモノト法律行爲ニ基キ行爲者カ特ニ負擔スル處ノモノトノ二アリ又義務ニハ主タルモノト從タルモノトノ二アリ一般ニ擔保ト云フトキハ法律上直ニ負擔スル處ノモノト法律行爲ニ基キ行爲者カ特ニ負擔スル處ノモノトヲ併稱シ又從タルモノヲ云フモノナレトモ手形法上擔保ト云フトキハ法律行爲ニ基キ行爲者カ特ニ負擔スル處ノ義務タル保證ハ特別ノ名義ヲ以テ之ヲ除キ法律上直ニ負擔スル

處ノモノヲ云ヒ又必スシモ從タルモノニ非サルナリ而シテ一般ニ法律上直ニ負擔セシムル處ノ擔保ハ主タル債務ノ成立スルト仝時ニ從タル債務ヲ負擔セシムルモノナレトモ手形法上ノ擔保ハ否ラサルナリ又一般ニ法律上直ニ負擔スル處ノ擔保ハ債權的行爲ヲ要スルモノニ非サルヲ以テ原則ト爲セトモ手形法上ノ擔保ハ必ス債權的行爲ヲ要スルモノトス

斯ノ如ク手形法上ノ擔保ハ各種ノ點ニ於テ一般ノ擔保ト觀念ヲ異ニスルモノナルヲ以テ一般ノ擔保ノ法理ニ因リテ之ヲ説述スルコトヲ得ス蓋シ手形法上ノ擔保ハ擔保義務者ニ於テ未タ嘗テ主タル債務ヲ負擔スルコトナキヲ以テ之ヲ從タル義務ナリト云フコトヲ得ス又更ニ進ンテ爲替手形ノ振出人乃至裏書人ノ如キハ未タ手形上ノ債務ヲ負擔スルコトナシト雖モ又一種ノ義務ヲ負擔スルモノナルコトハ余輩カ屢々説述シタル處ニシテ或ハ此義務ヲ擔保セシムル爲メ手形法上ノ擔保ナル義務ヲ認メタルニ在リト論スルコトヲ得ルカ如キモ擔保ノ義務ハ振出、裏書又ハ保證ノ行爲

岸本評論
議論精緻
毛戸日、
卓見

ニ伴ヒテ發生スルモノニアラサルヲ以テ一般擔保ノ觀念ニ非サルヘケレハナリ然レトモ手形法カ此ニ擔保ナリトシテ振出人以下ノ手形義務者ニ一種ノ義務ヲ負擔セシメタルヲ以テ一般ノ擔保ノ觀念ニ異ナリタル一種特別ノ擔保義務ヲ認メタルモノトシテ之ヲ説述セサルヘカラス然ラハ手形法上ニ所謂擔保トハ如何ナル法律上ノ性質ヲ有スルモノナルカト云フニ或ハ手形ノ支拂力ヲ確保スルモノナリト云フ者アラン然レトモ余輩ノ考ヲ以テスルトキハ手形ノ擔保ハ手形ノ支拂力ヲ確保スルニ非スシテ後日償還義務ノ發生スルコトアルヘキヲ豫想シテ法律上ハ解除條件ヲ附加シ償還ヲ確保スルニ在ルモノトス蓋シ爲替手形ノ振出人乃至裏書人カ手形上負擔シタル處ノ義務ハ支拂ヲ爲スニ非ス又支拂力ヲ確保スルモノニモ非ス所持人カ支拂ヲ得サルトキハ手形行爲ニ基キ償還ノ義務ヲ發生スルニ至ルヘキモノナレハナリ論者往々此償還ノ義務ヲ説明シテ支拂ノ保證ナリト云ヘリ然レトモ之レ未タ其性質ヲ研究セサルモノニシテ一ノ愚

毛戸曰、裏書人ハ四五九ニ依リテ擔保義務ヲ免カルヽコトヲ得ルニアラスヤ

論ナリト云ハサルヘカラス償還義務ハ當初手形行爲ヲ爲シタルトキニ發生スルモノニ非スシテ手形カ支拂ハレサルトキニ至リテ初メテ發生スル處ノモノナルヲ以テ保證ノ觀念ト相容ルヽコトナシ況ンヤ手形ノ支拂ハ必スシモ支拂義務ヲ負擔シタル者ノ行爲ニ屬スルモノニ限ラサルニ於テオヤ

斯ノ如ク擔保ハ手形ノ支拂力ヲ確保スルモノニ非ストセハ手形ノ支拂ハレサル場合ニ至リテ手形義務者カ負擔スルコトアルヘキ償還義務ノ確保ヲ爲スニ至ルモノト云ハサルヘカラス前ニモ既ニ論シタルカ如ク手形ノ擔保ハ一般ノ擔保ト其觀念ヲ異ニスルモノナルヲ以テ償還義務カ擔保ノ義務ニ遲レテ生シ所謂冠履轉倒主從相伴ハサルニ至ルモノナリト雖モ是レ手形ノ擔保タル所以ニシテ毫モ怪ムニ足ラサルナリ之ヲ以テ手形ノ擔保ハ法律カ直ニ負擔セシメタル義務ニシテ且ツ契約ヲ以テ之ヲ除却スルコトヲ得サルモノトス然レトモ其擔保除却ノ契約ハ其契約當事者間ニ於

岸本評論契約ヲ以テ擔保ノ義務ヲ除却スルコトヲ得サルハ著論ノ如ク手形行爲ヲ以テ除却シ得ルハ毛戸君ノ說ノ如シ

テハ之ヲ有效トシ當事者相互ヲ羈束スルモノナレトモ這ハ之レ民法上ノ效力ニシテ手形法上ノ效力ニ非サルヲ以テ其效力ハ手形全員ニ影響スル處ノモノニ非サルナリ

一般ノ擔保ハ其主タル債務ノ目的ニ從ヒテ其擔保ノ範圍ヲ限定セラルヽコトアリト雖モ手形ノ擔保ハ其範圍ヲ限定セラルヽモノニ非ス蓋シ手形ノ目的ハ手形金額ノ支拂ヲ爲サシムルニ在ルモノナルヲ以テ其擔保モ又金圓ヲ以テ爲スヘキニ似タレトモ償還ノ手段ハ結局金圓ヲ得セシムルモノナルニ依リ金圓ニ換價シ得ル處ノ目的ナルカ又ハ金圓辨償ノ確保ヲ以テ目的トスルトキハ手形擔保ノ目的ト爲リ得ルモノナルヲ以テ手形擔保ノ範圍ニ法律上ノ限定ヲ爲スノ要アラサレハナリ然レトモ金圓ノ辨償ヲ爲スニ換ヘ或ル勞働的行爲ヲ以テ手形擔保ノ目的ト爲スコトハ手形償還ノ性質ニ悖戻スルモノナルニ依リ論理ノ結果之ヲ無效トセサルヘカラサルナリ斯ノ如ク手形擔保ノ目的ニ範圍ノ制限アラサルヲ以テ或ハ不動產

乃至動産又ハ有價證券其他ノ財産權ヲ以テ擔保ニ供シ或ハ保證人等ノ對人擔保ヲ以テ手形擔保ノ目的ト爲スコトヲ得ルモノト云ハサルヘカラス』

第二款　擔保權利者

爲替手形ノ擔保ハ償還ノ義務ヲ確保スルモノナルヲ以テ擔保ノ權利者タルモノハ償還ノ請求ヲ爲シ得ルニ至ル者ナラサルヘカラス從ヒテ所持人ハ償還ノ請求ヲ爲スコトヲ得ルニ至ルモノナルヲ以テ擔保ノ請求權ヲ有スト雖モ擔保ノ請求權ヲ有スル者ハ獨リ所持人ニ限ルモノニ非サルナリ所持人ノ前者タル裏書人ハ所持人ヨリ擔保請求ノ通知ヲ受ケタルトキハ其前者タル裏書人乃至振出人ニ對シテ擔保ノ請求ヲ爲スコトヲ得ルモノトス之レ裏書人ハ所持人ニ對シテ手形ノ償還ヲ爲シタルトキハ其前者ニ對シテ更ニ償還ノ請求ヲ爲シ得ルニ至ルモノナルヲ以テナリ然レトモ之ニ一ノ例外アリテ存ス即チ參加引受アリタル場合ニ於テ其被參加人ハ後者ニ對シ擔保ヲ供シタルニ非サルモ其前者ニ對シ擔保ノ請求權ヲ有スル

毛戸曰、説明懇切

モノトス之レ參加引受人カ參加支拂ヲ爲シタルトキハ被參加人ハ參加引受人ニ對シ當然償還ノ義務ヲ履行セサルヘカラサルニ至ルモノナルヲ以テ茲ニ擔保ノ請求權ヲ有スルモノトセシハ至當ノコトナルヲ以テナリ

斯ノ如ク手形ノ擔保權利者タルニハ將來償還ノ請求ヲ爲シ得ルニ至ル者ナラサルヘカラスト雖モ茲ニ一ノ疑問ノ存スルハ夫ノ保證人是ナリ然レトモ保證人ハ其擔保シタル債務ヲ履行シタルトキハ所持人カ主タル債權者ニ對シテ有セシ權利及ヒ主タル債務者カ其前者ニ對シテ有スヘキ權利ヲ取得スルモノニシテ其取得シタル權利ノ內容ハ償還ノ請求權ナルヲ以テ保證人モ亦將來ノ請求ヲ爲シ得ルニ至リ從ヒテ手形ノ擔保權利者タルコトヲ得ルモノト云ハサルヘカラサルナリ

斯ノ如ク所持人ハ引受ノ拒絕ニ因リテ擔保ノ請求權者トナルモノナレトモ其手形ニ豫備支拂人ノ設ケアルトキハ所持人ハ其豫備支拂人ニ引受ヲ求メサルヘカラス此場合ニ於テハ所持人ハ支拂人ノ引受拒絕ニ因リテ擔

保ノ請求權者ト爲ルモノニ非スシテ豫備支拂人ノ引受拒絶ニ因リテ玆ニ擔保ノ請求權利者トナルモノナリ之レ蓋シ手形ニ豫備支拂人ヲ存設スルトキハ其存設行爲カ手形上ノ效力ヲ生スルヲ以テ二個ノ引受カ共ニ拒絶セラレタルニ非サレハ擔保問題ノ生スル理由ナケレハナリ然レトモ更ニ一ノ例外ノ生スヘキ場合ノ存スルアリ即チ豫備支拂人カ振出行爲ニ因リテ存設セラレタルモノナルトキハ兎角ノ議論ナケレトモ若シ裏書行爲ニ因リテ存設セラレタルモノナルトキハ其豫備支拂人ノ引受ノ效力ハ存設行爲者ノ後者ニ對シテ效力ヲ生スモノナルヲ以テ豫備支拂人ノ引受ニ依リテ其存設行爲者即チ後チニ被參加人ト爲リタル者ハ此ニ擔保ノ請求權利者ト爲ルナリ

第三欵　擔保義務者

余輩ハ前欵ニ於テ手形ノ擔保權利者ト爲ル者ハ將來手形ノ請求權利者ト爲ルニ至ル者ナルコトヲ說述シ其償還ノ請求權利者ト爲リ得ル處ノ者ハ

所持人ハ勿論裏書人及ヒ保證人ナルコトヲ論シタリ是ニ由リテ之ヲ見ルトキハ既ニ屢々論シタルカ如ク擔保ハ償還ノ義務ヲ確保スルモノナルヲ以テ將來償還義務者ト爲ルニ至ル處ノ者カ即チ擔保義務者タラサルヘカラス之ヲ以テ振出人ハ擔保義務者ナリトス何トナレハ振出人ハ將來償還義務者ト爲ルニ至ル者ナレハナリ然レトモ將來償還義務者トナルニ至ルモノハ獨リ振出人ニ止マラス裏書人及ヒ保證人モ又將來償還ノ義務者ト爲ルニ至ル者ナルヲ以テ均シク擔保義務者タルモノトス茲ニ於テ裏書人及ヒ保證人ハ一面ニ於テハ擔保權利者トナリ他ノ一面ニ於テハ擔保義務者ト爲ルニ至ルモノナリ之ヲ以テ雙面ニ於ケル擔保權利者ハ所持人ニシテ雙面ニ於ケル擔保義務者ハ振出人ナリトス

總テ擔保義務者タル者ハ擔保ノ請求ヲ受ケタルトキハ遲滯ナク引受拒絶證書ト引換ニ相當ノ擔保ヲ供セサルヘカラス茲ニ遲滯ナクト云ヘルハ即時ト云フコトヲ意味スルニ非サレトモ亦敢テ怠慢ナク請求ニ應スルコト

ヲ定メタルモノナリ擔保義務者ハ擔保ニ代ヘテ之ニ相當スル處ノ金額ヲ供託スルトキハ其擔保ノ義務ヲ履行シタルモノトス蓋シ擔保ハ償還ノ義務ヲ確保スルモノニシテ金額ハ此確保ヲ爲スニ適シテ餘リアレハナリ

第四款　擔保請求權ノ發生

擔保ハ手形ノ償還義務ヲ確保スルモノナリト雖モ此確保行爲タル擔保ノ設定ハ何レノ時ニ於テモ擔保權利者ノ求メニ應シテ之ヲ爲サヽルヘカラサルモノニ非ス爲替手形ノ流通力カ健全ナル態度ニ於テ在ル間ハ手形行爲者ハ手形法ノ規定ニ從ヒテ未タ拘束ヲ受クルモノニ非スト雖モ流通力カ其健全ヲ害セラルヽニ至ルトキハ手形權利者ハ手形上ノ權利ヲ安全ニ保有スルコトヲ得サル危虞ノ生スルコトアルナリ斯ノ如ク手形權利者ノ權利ヲ危殆ナラシムル原因ノ生シタルトキハ振出人以下ノ手形行爲者ハ此危殆ノ狀態ヨリ手形權利ヲ安全ノ位置ニ保持セシメサルヘカラス其危殆ニ至ラシメタル原因ハ即チ手形ノ擔保請求權ノ發生原因ニシテ此危殆

ノ狀態ヨリ手形權利ヲ安全ノ位置ニ保持セシムル權利ハ即チ擔保ノ請求權利ナリトス

擔保請求權ノ發生原因カ手形權利者ノ權利ヲ危殆ナラシメタルニ在ルコト上述セル處ノ如シ然レトモ手形ノ仍流通力ヲ有スル間ハ手形ノ權利者タル者ハ獨リ所持人ナルヲ以テ權利ニ危殆ノ狀態ヲ呈シタルトキハ所持人ハ獨リ之カ擔保請求權利者トナルカ如シト雖モ擔保請求ノ通知ヲ受ケタル前者即チ裏書人モ亦手形ノ支拂力カ不健全ノ態度ニ陷リタルトキハ將來ニ於ケル償還請求權利者ト爲ルニ至ル者ナルヲ以テ更ニ前者ニ對シテ擔保ノ請求ヲ爲シ得ルモノトス蓋シ是等ノ者ハ自己カ將來有スルコトアルヘキ權利ニ危殆ヲ受ケタルモノナルヲ以テ亦擔保請求權ノ發生原因ヲ成立セシメタルモノト云ハサルヘカラサレハナリ之ヲ以テ擔保請求權ノ發生原因ハ手形權利者ノ權利ニ危殆ノ狀態ヲ來サシメ以テ支拂力ヲ不健全ナラシメタルニ在ルモノナリト雖モ擔保請求權ノ發生原因ハ單一ナ

ルモノニ非スシテ複數的ノモノトス余輩ハ法律ノ規定ニ從ヒ之ヲ左ニ說述スヘシ
擔保請求權ノ發生原因ニシテ第一次ニ來ル處ノモノハ引受ノ拒絕及ヒ參加引受ノ二トシ之ヲ第一期ノ發生原因ト名ク第一期ノ發生原因ニ依リテ擔保ノ請求權ヲ有スル處ノ者ハ所持人ト參加引受ノ場合ニ於ケル其被參加人ナリトス然レトモ引受ヲ拒絕セラレタル者ハ所持人ニシテ其參加引受ニ於ケル被參加人ハ引受ヲ拒絕セラレタル者ニ非サルヲ以テ同一ノ發生原因ニ基クモノニ非ス然リ而シテ二者共ニ第一次ニ於ケル發生原因ヲ爲スモノナルヲ以テ均シク之ヲ第一期ノ發生原因中ニ繰込ム可キモノトス
所持人カ擔保ノ請求ヲ爲シ得ルニハ引受ノ拒絕セラレタルコトヲ要スルモノナルヤ上述セル處ノ如シ而シテ其求ムル處ノ擔保ハ償還ノ目的タル債務額ニ相當スルモノナルコトヲ要ス其債務額ヲ算定スヘキ標準ハ法律

ヲ以テ之ヲ一定シテ手形金額及ヒ費用ノ部分ナリトス然レトモ支拂人カ手形金額ノ一部ニ付キ引受ヲ爲シタルトキハ其部分ニ付テハ手形ノ支拂力カ健全ナルヲ以テ所持人ハ其殘額及ヒ費用ノ部分ニ對スル擔保ニ非サレハ之ヲ請求スルコトヲ得ス

斯ノ如ク支拂人ニ於ケル引受ノ拒絶ハ擔保請求權ノ發生原因ヲ爲スモノナリト雖モ引受ヲ拒絶セラレタル爲替手形ニ豫備支拂人ノ設ケアルトキハ所持人ハ更ニ其豫備支拂人ニ對シテ引受ヲ求メサルヘカラス而シテ豫備支拂人カ引受ヲ拒絶スルニ至リテ所持人ハ始メテ擔保ノ請求權ヲ行使スルコトヲ得ルニ至ルモノトス

引受ノ拒絶アリタルトキハ所持人ハ擔保ノ請求權ヲ有スト雖モ第三者アリテ參加引受ヲ爲シタルトキハ所持人ハ手形支拂力ノ健全ヲ恢復スルニ至ルモノナルヲ以テ擔保請求權ノ消滅ヲ來タスト同時ニ被參加人ハ其參加引受アリタル爲メ參加引受人カ將來參加支拂ヲ爲スニ至ルトキハ所持

人ノ有シタル權利ヲ取得シ之ヲ以テ請求シ來ルハ當然ノコトヽ云ハサルヘカラス今ニ於テ自己ノ有スヘキ償還ノ權利ヲ確保スルニ非サレハ被參加人ハ或ハ回復スヘカラサル損害ヲ被ムルニ至ルヤモ知ルヘカラサルナリ此ニ於テ被參加人ハ擔保ノ請求權ヲ行使スルコトヲ得ルモノトス

擔保請求權ノ第二次ニ於ケル發生原因ハ擔保義務者カ後者ヨリ擔保請求ノ通知ヲ受ケタルニ在ルモノトス之ヲ稱シテ第二期ノ發生原因ト云フ第二期ノ發生原因ニ因リ擔保ノ請求權ヲ有スル者ハ後者ヨリ擔保請求ノ通知ヲ受ケタル者トス擔保ノ請求ノ通知ヲ受ケタル者ハ必スシモ所持人ナルコトヲ要セサルヲ以テ第二期ニ於ケル擔保ノ請求權ヲ有スル所ノ者ハ所持人ヨリ擔保ノ請求ノ通知ヲ受ケタル者モ有ル可ク或ハ其通知ヲ受ケタル者ヨリ更ニ擔保ノ請求ノ通知ヲ受ケタル者モアルヘキナリ是等ノ者ノ請求シ得ル處ノ目的ハ自己カ後者ニ擔保ヲ供スヘキ金額及ヒ費用ニ相當スル處ノモノナラサルヘカラス如何トナレハ自己カ後者ニ對シテ擔保

スヘキ額ノ伸張ナルハ償還ノ義務ノ擴張スルカ爲メニシテ自己カ前者ニ對シテ將來償還ヲ請求シ得ルニ至ル可キ額ハ自己カ後者ニ對シテ負擔スルニ至ル可キ債務額ヲ超過スルコトナケレハナリ

擔保請求權ノ發生原因ニシテ特性ノモノアリ引受人ノ破産宣告是ナリ引受人ノ破産宣告ハ第三期ノ發生原因ヲ爲スモノニ非スシテ特性ノ發生原因ヲ爲スモノトス從ヒテ此場合ニ於ケル負擔ノ義務者ハ第一次ニ引受人ナリトス引受人カ相當ノ擔保ヲ供セサル場合ニ於テ豫備支拂人ノ設ケアルトキハ所持人ハ豫備支拂人ニ對シテ其引受ヲ求ムルコトヲ得ルモノトス此場合ニ於ケル豫備支拂人ノ引受ハ支拂力ノ確保ヲ爲スモノトス若シ豫備支拂人ノ設ケナキカ又ハ豫備支拂人カ單純ナル引受ヲ爲サヽリシトキハ所持人ハ第二次ニ其前者ニ對シテ相當ノ擔保ヲ求ムルコトヲ得ルモノナリ此場合ニ於テハ擔保ハ恰カモ支拂力ヲ確保スルニ在ルモノヽ如シト雖モ引受人カ破産宣告ヲ受ケタルトキハ手形ノ支拂力ヲ不健全ナラシ

メタルモノナルヲ以テ既ニ償還ノ義務ノ準備ヲ爲ス可キハ當然ノコトナルヲ以テ擔保ハ即チ償還義務ノ確保ヲ爲スモノト云ハサルヘカラサルナリ

第五款　擔保請求ノ要件

上來屢々說述シタルカ如ク擔保ハ支拂力ノ不健全ナル恐アルニ至リタルトキニ於テ其償還ノ義務ヲ確保スルモノナルヲ以テ何レノ時ニ於テモ之ヲ請求シ得ルニ非ス又之ヲ請求シ得ルニ至リタルモ無制限ニ之ヲ行フコトヲ許サヽルモノニシテ必スヤ一定ノ要件ヲ具備セサルヘカラス然レトモ擔保請求ノ要件ハ擔保請求權者ノ所持人タルト否ラサルトニ因リテ同シカラサルモノナリ之ヲ以テ余輩ハ之ヲ區別シテ其要件ヲ論述セント欲ス

(1) 所持人ニ於ケル擔保請求ノ要件

(A) 引受ヲ拒絶セラレタルコト

擔保ノ請求ヲ爲スニハ手形ノ支拂力カ不健全ナル態度ニ立チ至リタルコトヲ要シ其支拂力カ不健全ナルニ立チ至リタルハ支拂人カ引受ヲ拒絶スルニ在ルモノナルヲ以テ引受ノ拒絶ナル事實ハ擔保請求ノ主要ナル條件ヲ爲スノミナラス實ニ擔保請求權ノ發生要件ト爲ルモノナリ之ヲ以テ擔保請求ノ要件トシテ引受ノ拒絶セラレタルコトヲ要スト爲シタル所以ナリ若シ其手形ニ豫備支拂人ノ存設セラルヽモノナルトキハ所持人ハ其支拂人ノ引受拒絶ニ因リテ擔保ノ請求要件ヲ充タスモノニ非ス此場合ニ於テハ豫備支拂人ノ引受拒絶ニ因リテ擔保請求ノ要件ヲ充タスモノト爲ルナリ

然レトモ假令引受ヲ得タリトスルモ引受人カ破產ノ宣告ヲ受ケタル場合ニ於テ引受人カ相當ノ擔保ヲ供セサルトキハ所持人ハ前者ニ對シテ擔保ノ請求ヲ爲スコトヲ得ルモノナルヲ以テ此場合ニ於テハ「引受ノ拒絶」ニ代フルニ「引受人カ破產ノ宣告ヲ受ケタルコト」又ハ「引受人カ破產ノ宣告ヲ受

ケテ相當ノ擔保ヲ供セサルコト」ノ要件ヲ以テセサルヘカラス
又同シク引受ノ拒絶ナルモ引受人カ破産ノ宣告ヲ受ケタル場合ニ於テ引受人カ相當ノ擔保ヲ供セス而シテ豫備支拂人ノ存設スルトキハ所持人ハ更ニ豫備支拂人ニ對シテ引受ヲ求ムルモノナルヲ以テ此場合ニ於テ豫備支拂人カ引受ヲ拒絶スルトキハ所持人ハ前者ニ對シテ擔保ヲ請求スルコトヲ得ルモノナルニ因リ豫備支拂人ノ拒絶ナル事實モ亦擔保請求ノ一要件ト爲ルモノナリ

(B) 手形金額及ヒ費用ヲ要求スルコト

所持人ハ引受ノ拒絶ニ因リ如何ナル範圍ニ付テ擔保ヲ請求シ得ルカハ豫メ法ヲ以テ之ヲ規定セサルヘカラス此ニ於テ法律ハ手形金額及ヒ費用ニ付テ之ニ相當スル處ノ擔保ヲ請求シ得ルコトヽセリ茲ニ費用ト云ヘルハ償還請求ニ關スル費用ハ勿論擔保ノ請求ニ關スル費用ニ付テモ之ヲ併稱スルモノト解セサルヘカラス

(C) 引受拒絶證書ヲ作成セシムルコト

擔保ノ請求ヲ爲スニハ爲替手形ハ果シテ支拂力ノ健全ヲ害セラレタルモノナルカ即チ引受ヲ拒絶セラレタルモノナルカ之カ證明ノ材料ナキトキハ其事實ヲ確ムルコトヲ得ス假リニ其證明ノ材料アリトスルモ其材料カ私人ノ手ニ於テ作成セラレタルモノナルカ又ハ人證ナルトキハ手形ノ世界的性質ナルヨリシテ擧證ノ手段ニ重キヲ置カサル結果手形ニ對スル信用力ヲ減殺シ流通力ヲ不健全ナラシムルニ至ルヘシ之ヲ以テ之カ證明ノ材料トシテハ特ニ拒絶證書ナル公正證書ヲ作成セサルヘカラス之レ茲ニ拒絶證書ナル特別ノ證明ノ材料ヲ作成セシムルコトヲ以テ擔保請求ノ要件中ニ列シタル所以ナリ

(D) 擔保ヲ供セシメント欲スル者ニ對シ遲滯ナク擔保請求ノ通知ヲ發スルコト

所持人カ引受ヲ拒絶セラレタルニ因リ拒絶證書ヲ作成シタルトキハ擔保

ヲ供セシメント欲スル者ニ對シ擔保請求ノ通知ヲ發セサルヘカラス而シテ茲ニ此要件ノ骨子トモ爲ルヘキモノハ遲滯ナク請求ノ通知ヲ發スルコトニ在ルナリ何故ニ遲滯ナキコトヲ要スルヤト云フニ引受ノ拒絕ナル事實ノ在リタル時ヨリ長日月ヲ費シテ後ニ突然擔保請求ノ通知ヲ發スルトキハ其通知ヲ受ケタル者ハ其前者ニ對シテ更ニ其請求ノ通知ヲ爲シ得ルモノナルヲ以テ迅速ニ擔保關係ヲ落着セシムルノ必要アルノミナラス振出人ノ如キハ支拂人ニ對シテ資金關係ニ付キ相當ノ手段ヲ運ラスヘキニ所持人カ擔保ノ請求ノ通知ヲ遲滯セシ爲メ既ニ其手段ヲ無益ニ徒費セシムルノ悔ヲ與ヘシムルニ至ルヘケレハナリ

茲ニ法ハ擔保ヲ供セシメント欲スル者ニ對シ云々トアルニ因リ甲又ハ乙ト云フカ如ク擔保義務者中ノ或ル者ヲ指定セサルヘカラサルカ如シ然レトモ法律ノ精神ハ敢テ否ラサルヘシ蓋シ擔保義務者中ノ或ル者ヲ指定シテ此者ニノミ對シテ擔保請求ノ通知ヲ發シタルモ案外赤貧ニシテ擔保ノ

資力ナキ場合ニハ他ノ者ニ對シテ塡補ノ救濟ヲ爲サシメサルヘカラス然ルニ擔保請求ノ通知ヲ此者ニ對シテ爲シタルトキハ最早他者ニ對シテ更ニ全一ノ通知ヲ爲スコトヲ得サルモノトセハ遂ニ救濟ノ途ヲ失フニ至ルヘケレハナリ

擔保請求ノ通知ハ通常ノ催告等ノ如ク到達スルコトヲ要スルモノニ非スシテ發信主義ヲ採リ其請求ヲ發送スレハ擔保請求ノ通知ヲ爲シタルモノトス蓋シ手形ハ世界到ル處ニ流通轉輾スルモノナルヲ以テ其請求ノ通知書カ到達スルニ非サレハ其通知ノ效力ナシトスルニ至リテハ到底不能又ハ非常ノ困難ニ罹ラシムルモノニシテ手形ハ容易ニ流通セサルニ至リ流通力ハ發達スルコトナカルヘケレハナリ

以上說述スル處ノ擔保請求ノ通知ヲ發シタルトキハ其發信ノ效力ハ獨リ發信者ヲ利益スルノミナラス其通知ヲ受クヘキ擔保義務者ノ後者全員ノ爲メニ效力ヲ生シ全員ヲ利益スルモノトス蓋シ請求權利者カ其前者數人

ニ對シテ請求ノ通知ヲ發シタルトキハ其順等ノ後ナル者ハ更ニ其順等ノ先ナル者ニ其通知ヲ發セサルモ元來順等ノ先ナル者ハ後者ニ對シテ擔保ヲ供スヘキ者ナルモノナレハナリ之ヲ以テ法律ハ便宜ヲ計リ斯クハ規定セリ尤モ其後者ハ請求權ノ既ニ發生シタルモノナラサルヘカラサルハ無論ノコトヽ云ハサルヘカラス

(E) 所持人ハ擔保ト引換ニ引受拒絶證書ヲ擔保義務者ニ交付セサルヘカラス

擔保義務者ハ擔保供出ノ義務アルト全時ニ其前者全員ニ對シテハ擔保ノ請求權ヲ有スルモノニシテ他ノ一面ニ於テハ果シテ擔保ヲ供スヘキ義務ノ發生シタルモノナリヤ否ヤ從ヒテ其擔保請求ノ至當ナルヤ否ヤヲ知ルカ爲メニ引受拒絶證書ヲ受領スルノ要アリ然レトモ擔保ヲ供セサル以前ニ於テ既ニ其引受拒絶證書ヲ交付セサルヘカラサルモノトセハ擔保請求權利者ハ其請求權ヲ證明スルニ手形法上ノ救濟策ヲ失シ又他法ノ關知スル

コトヲ得サルモノナルヲ以テ言ハレナキ失權又ハ危險ノ結果ヲ告クルニ至ルコトアルヘシ之ヲ以テ擔保請求權利者ハ擔保ノ引換ト全時ニ引受拒絕證書ヲ擔保義務者ニ交付スヘキモノトセリ

(2) 裏書人ニ於ケル擔保請求ノ要件

(A) 其後者ヨリ擔保請求ノ通知ヲ受ケタルコト

所持人ハ引受ノ拒絕、引受人ノ破產ノ宣告又ハ引受人カ破產宣告ヲ受ケ豫備支拂人ノ引受ヲ拒絕シタル三個ノ場合ニ於テ擔保ノ請求權ヲ有スルモノナレトモ其前者タル擔保義務者カ擔保ノ請求權ヲ有スルハ所持人カ擔保ノ請求權ヲ有スルト同一ノ原因ニ基クモノニ非スシテ單ニ其後者ヨリ擔保請求ノ通知ヲ受ケタルニ因リ其擔保ヲ供出シタルト否トヲ問ハス其前者ニ對シテ擔保ノ請求ヲ爲スコトヲ得ル權利ヲ有スルニ至ルモノトス後者ハ擔保請求ノ通知ヲ發スルニ因リテ其請求要件ヲ充全ナラシメタルモ此ニハ其發送ニ因リテ其擔保請求ノ要件ヲ充全スルモノニ非ストセル

岸本評論予ハ著者ニ與ミセム

ノミナラス其通知ヲ受領スルニ非サレハ其請求權ヲ生スルコトナキモノトス蓋シ前者ノ發シタル請求ノ通知カ果シテ到達スルヤ否ヤ若シ之カ到達スルコトナカランカ前者ニ對シテ更ニ之ヲ請求スルニ其手段ナケレハナリ然レトモ余輩ハ立法上ノ議論トシテハ手形法ニ反スル規定ヲ設クルヲ以テ頁シトスル者ナリ如何トナレハ前者ハ其請求ノ通知ヲ發スルトキハ直ニ其要件ヲ充タスモノトシ後者ハ其通知ヲ受領スルニ非サレハ其要件ヲ充スコトナシトスルハ大ニ權衡ヲ失スルノミナラス前者カ其請求ノ通知ヲ發送スルトキハ後者カ之ヲ受領スルト否トヲ問ハス其效力ヲ生スルモノトスルトキハ後者ハ亦之ヲ受領シタルト同一ノ效力ヲ生スルモノナルヲ以テ其前者カ發送シタルトキニ於テ此請求權ヲ後者ニ與ヘサルヘカラサレハナリ然ルニ論者アリ曰ハク裏書人等ノ擔保請求權ハ所持人ト同シク引受ノ拒絶ニ因リテ之ヲ有スルモ後者ノ請求通知ヲ受領スルニ非サレハ之ヲ行使スルコトヲ得サルモノトスルニ在リ之ヲ以テ其發送ノ時

ヨリ裏書人ヲシテ此權利ヲ行使セシメントスル議論ハ寧ロ實益ナキ空論ト云ハサルヘカラサルナリト其前段ハ立法論トシテ之ヲ聞クコトヲ得ルモ法律ノ解釋論トシテハ寸秒モ之ヲ容ル、餘地アルコトナシ其後段ハ論者ノ說ノ如ク多クハ其實益ナカルヘシ然レトモ往々ニシテ此實益アリテ存スルヲ如何セン即チ被請求者カ前者ノ擔保請求ノ通知ヲ發シタルコトヲ知ルモ其受領ノ遲延スルコトアリテ自己カ更ニ擔保ノ請求ヲ爲サントスルニ爾カモ今ニ於テ之ヲ請求スルニ非サレハ機ヲ失ヒ第二ノ被請求者タル其前者カ遂ニ無資產ノ狀況ニ立チ至ルカ如キコトアリテ空シク長蛇ヲ逸スルコトアルヘシ豈ニ空論ナリトセンヤ

裏書人ハ斯ノ如ク後者ヨリ擔保請求ノ通知ヲ受領スルニ因リテ擔保ノ請求權ヲ生シ之ヲ以テ擔保請求ノ要件ト爲スモノナレトモ此ニ一ノ例外アリテ存ス即チ參加支拂アリタルトキハ其被參加人タル裏書人ハ後者ヨリ擔保請求ノ通知ヲ受領セサルモ其參加引受ノ行爲ニ因リテ當然擔保ノ請

求權利者ト爲ルモノナリ

(B)自己カ擔保ヲ供出スヘキ額ニ相當スル處ノ擔保ヲ請求スルコト第一ノ擔保請求權利者タル所持人ハ自己カ他ニ擔保ヲ供出スルコトナキヲ以テ手形金額及ヒ費用ニ付テ之ニ相當スル處ノ擔保ヲ請求スルコトヲ得ルモ第二ノ擔保請求權利者タル裏書人ハ其後者ノ請求額ト同一ノ額ニ付テ請求スルトキハ費用ノ嵩ムコトアリテ損失ヲ招クカ如キコトナキニ非サルヲ以テ此者カ其前者ニ對シテ請求ヲ爲スコトヲ得ヘキ擔保ノ範圍ハ自己カ擔保ヲ供出スヘキ金額ニ更ニ費用ノ額ヲ加ヘタルモノナリトス之ヲ以テ擔保請求權利者ノ請求額ハ順次增加スルニ至ルモノト云ハサルヘカラサルナリ

(C)裏書人ハ其擔保ヲ供セシメントス欲スル者ニ對シテ遲滯ナク擔保請求ノ通知ヲ發スルコト

(D)裏書人ハ擔保ト引換ニ引受拒絕證書ヲ擔保義務者ニ交付スルコト

岸本評論著者ノ論スルカ如ク立法上ノ批難ハ之ヲ免カレサルヘシ

以上ノ二個要件ハ前項ニ於テ説述シタル處ト異ナルコトナキヲ以テ茲ニ更ニ之ヲ贅セス

上來説述スル處ニ因リテ裏書人ニ於ケル擔保請求ノ要件ヲ明カニスルコトヲ得タリ此ニ仍一言ヲ要スヘキハ保證人ノ擔保請求權是ナリ保證人ハ其保證行爲ニ依リテ主タル債務者ト同一ノ義務ヲ負擔スルモノナルヲ以テ所持人又ハ其他ノ擔保權利者ハ保證人ニ對シテ擔保請求ノ通知ヲ爲スコトアルヘシ此場合ニ於テ保證人ハ其通知ヲ受領シタルトキハ其前者ニ對シテ擔保ノ請求權ヲ有シ且ツ之ヲ行フコトヲ得ルカ手形法第四百九十九條ヲ見ルニ保證人カ其債務ヲ履行シタルトキハ所持人カ主タル債務者ニ對シテ有セシ權利及ヒ主タル債務者カ其前者ニ對シテ有スヘキ權利ヲ取得スト規定セルニ因リテ保證人カ其前者ニ對シテ擔保ノ請求權ヲ有スル場合ハ先ツ自己ノ債務ヲ履行シタルトキニ限ルモノト云ハサルヘカラサルカ如シ余輩ハ裏書人ト相比シテ頗ル其權衡ヲ失シタルモノナルコト

ヲ知ルモ法條ノ解釋ハ之ヲ附會スルコトヲ許サス玆ニ於テ或ル論者曰ハク手形法第四百九十九條ハ保證人ニ於テ償還ノ義務ヲ履行シタル場合ニ付テ之ヲ規定シタルモノニシテ擔保ノ義務ニ付テハ之ヲ手形法理ノ然ラシムル處ニ一任スルニ在ルナリト余輩ハ此說ヲ信セント欲スルモ法條ノ規定カ之ヲ許サヽルヲ如何ニセン蓋シ手形法第四百九十九條ハ論者ノ主張スルカ如ク償還ノ義務ト擔保ノ義務ヲ區別スルモノニ非ス其第四百九十七條ニハ保證人ハ主タル債務者ト同一ノ義務ヲ負擔スルコトヲ規定セリ而シテ主タル債務者ノ負擔スル義務ハ手形法ニ於テ擔保ノ義務ト償還ノ義務ヲ併稱スルモノニシテ保證人ノ負擔スル處ノ義務ハ此二個ノ義務ニ外ナラサレハ第四百九十九條ニ所謂債務トハ此二個ノ義務ヲ指稱スルモノナルコト毫モ疑ノ存セサル處ナレハナリ

第六欵　擔保ノ效力

爲替手形ニ於ケル擔保ノ效力ハ全ク單一ナルモノニシテ即チ手形ノ償還

義務ヲ確保スルニ在リト云フ一語ヲ以テ之ヲ悉スコトヲ得ルモノトス
斯ノ如ク擔保本來ノ性質ヨリ生スル處ノ效力ハ償還ノ義務ヲ確保スルニ在ルモノナリト雖モ擔保ノ設定ハ如何ナル範圍內ニ於テ其效力ヲ有スルモノナルカ之ヲ換言スレハ擔保義務者カ擔保ヲ供シタルトキハ何人ニ對シテ其效力ヲ生スルモノナルカ普通ノ場合ニ於テハ擔保ヲ請求シタル者ニ對シテ其擔保設定ノ效力ヲ生スルモノナレトモ手形ノ擔保ニ付テハ一般ノ擔保ト同一ニ之ヲ論スルコトヲ得サルモノニシテ擔保義務者ハ擔保ノ請求者ニ對シテ擔保ヲ供スルモ擔保ノ請求ヲ爲サヽリシ其他ノ後者ハ未タ償還ノ義務ニ付テ確保ヲ受ケタルモノニ非サルヲ以テ償還請求ノ場合ニ於テハ自己カ償還ヲ爲シタル額ニ付キ其前者ニ對シテ更ニ其償還ヲ請求スルコトヲ得ルモノナリ此場合ニ於テハ其請求ヲ受ケタル擔保供出者カ既ニ其他ノ後者ニ對シテ擔保ヲ供出シタル理由ヲ以テ對抗スルコトヲ得ス之レ擔保ニ關スル行爲ハ手形法上ノ行爲ナルモ手形上ノ行爲ニ非

毛戸曰、用意周到

サルヲ以テ其行爲ハ凡テノ後者ニ對シテ之ヲ主張スルコトヲ得サルニ基因スレハナリ此ニ於テ手形法ハ前者カ擔保ヲ供シ又ハ擔保ニ代ヘテ相當ノ金額ヲ供託シタルトキハ其擔保又ハ其供託ハ擔保請求者ニ對シテハ勿論其後者全員ニ對シテ之ヲ爲シタルモノト看做シテ手形法上ノ效力ヲ定メタリ然レトモ手形法ハ之ト仝時ニ他ノ一面ニ於テハ擔保義務者カ擔保ヲ供出シ又ハ擔保ニ代ヘテ相當ノ金額ヲ供託シタルトキハ之ニ因リテ擔保請求者ヲ除キ其他ノ後者全員ノ爲メニモ亦其供出又ハ供託ノ效力ヲ生スルモノトセリ之ヲ以テ其他ノ後者各自ニ於テ擔保ヲ供出シ又ハ擔保ニ代ヘテ相當ノ金額ヲ供託シタルモノト爲ルナリ從ヒテ法律上ノ實益ハ是等ノ者ニ於テ其擔保ノ供出又ハ金額ノ供託ヲ以テ對抗スルコトヲ得ルニ至ルモノナリ然レトモ若シ夫レ擔保ノ效力ニシテ消滅シタルトキハ是等ノ者ノ爲メニ擔保ヲ供シタルノ故ヲ以テ其擔保ハ是等ノ者ノ有ニ歸スカト云フノ疑ヲ生スル者アリタレトモ這ハ思ハサルノ甚シキモノニシテ法

律ノ精神ハ是等ノ者ニ擔保ノ義務ヲ免カレシメンドスルニ在リテ其他ヲ言フモノニ非サルナリ

第七欵　擔保權ノ消滅

擔保ハ爲替手形ノ償還ノ義務ヲ確保スルモノナルヲ以テ擔保權ノ消滅ハ即チ其效力ノ滅失ニシテ效力ノ滅失ハ償還義務ノ確保ヲ爲スコトヲ要セサルニ至リタルトキニ於テ生スルモノナリ而シテ其效力ノ滅失ヲ來タスヘキ原因ハ手形法ニ於テ列擧スルモノナルヲ以テ手形法ハ其規定以外ノ消滅原因ヲ認メサルナリ

擔保權消滅ノ原因ハ之ヲ分チテ一般ノモノト特別ノモノトノ二トス以下之ヲ說述スヘシ

其特別ノ消滅原因トハ豫備支拂人ノ引受拒絶ニ因リ供シタル擔保ノ效力ヲ失フニ至リタル原因ヲ云ヒ一般ノ消滅原因トハ其他ノ擔保權發生ノ原因カ消滅ニ歸スヘキ新タナル事由ノ生シタルコトヲ云フナリ

(1) 一般ノ消滅原因

一般ノ消滅原因ハ更ニ之ヲ分チテ普通消滅ノ原因ト特例消滅ノ原因トノ二個ト爲ス先ツ普通消滅ノ原因ニ付テ之ヲ論述セン

(A) 後日ニ至リ爲替手形ノ單純ナル引受アリタルトキ

一タヒ引受ヲ拒絶セラレタルトキハ支拂力ヲシテ不健全ナラシムルニ至ルヲ以テ償還ノ義務ヲ確保セシムルノ要アリト雖モ其引受ヲ拒絶セラレタル爲替手形カ後日ニ至リテ更ニ單純ナル引受ヲ得タルトキハ茲ニ其支拂力ノ健全ヲ回復スルモノニシテ最早償還ノ義務ヲ確保スルノ要ナキニ至ルモノナルヲ以テ曩ニ供シタル擔保又ハ金額ノ供託ハ法律上ノ效力ヲ維持スルノ要ナキニ至リタルモノトス而シテ其引受ハ通常ノ引受ナルト參加引受ナルトヲ問ハサルナリ

(B) 手形金額及ヒ費用ノ支拂アリタルトキ

爲替手形カ引受ノ拒絶ニ因リテ支拂力ヲ不健全ナラシメ爾後更ニ單純ノ

引受ヲ得サルモ支拂人ニ於テ手形金額及ヒ費用ノ支拂ヲ爲シタルトキハ爲替手形ハ支拂力ヲ不健全ナラシメタルモ最終ニ於テ完全ナル支拂ノ效果ヲ得タルモノナルヲ以テ償還ノ義務ハ遂ニ發生スルコトナクシテ止ミタルモノナルニ因リ此義務ヲ確保シタル原因ノ消滅ニ歸シタルモノナレハ其供シタル擔保又ハ供託シタル金額ハ手形法上ノ效力ヲ喪失スルニ至ルモノナリ

(C) 擔保ヲ供シ若クハ供託ヲ爲シタル者又ハ其前者カ償還ヲ爲シタルトキ

本號ハ前號ト異ニシテ既ニ償還義務ノ發生シタル場合ニ係ルモ他ノ方法ニ依リ償還ノ義務ヲ消滅セシメタルモノナルヲ以テ其之ヲ確保シタル原因ハ既ニ烏有ニ歸シタルモノナリ之ヲ以テ擔保ヲ供シ若クハ供託ヲ爲シタル者又ハ其前者カ償還ヲ爲シタルトキハ其供シタル擔保又ハ供託シタル金額ハ法律上ノ效力ヲ喪失スルニ至ルモノトス玆ニ法律ハ擔保供出者

又ハ供託者ノ後者カ償還ヲ爲シタル場合ニ就テ何等ノ規定ヲ爲サヽルハ一見奇ナルカ如キモ元來該擔保又ハ供託ハ其後者ノ爲メニノミ之ヲ爲シタルモノニ非スシテ是等ノ者ニ對シテモ之ヲ爲シタルモノナルヲ以テ是等ノ者カ償還ヲ爲シタルトキハ益〻其確保ノ實益ヲ急迫ナラシムルモノナルニ因リ此ニ之ヲ除キタルハ當然ノ事理ナリトス

(D)手形上ノ權利カ時效又ハ手續ノ欠缺ニ因リテ消滅シタルトキ擔保ハ償還ノ義務ヲ確保スルモノナルヲ以テ手形債權者ニ在リテハ其權利ヲ安泰ナラシムルモノナリ然ルニ其權利カ消滅スルコトアリトセンカ既ニ其權利ノ保安ヲ要スル理由ナキニ至ルヲ以テ償還ノ義務ハ勿論消滅ニ歸スヘキモノナルニ因リ從ヒテ之ヲ確保シタル處ノ擔保又ハ供託ハ法律上ノ效力ヲ喪失スルニ至ルナリ而シテ手形上ノ權利ヲ消滅セシムル原因ハ手形法ニ規定スル處ニシテ余輩カ上來說述シタル(乙)(丙)ノ兩號ハ相對的ニ或ハ絕對的ニ手形上ノ權利ヲ消滅セシムルモノナレトモ還ハ既ニ特

別ニ規定シタルモノナルヲ以テ所謂權利ノ消滅ナル題下ニ於テ之ヲ説述スヘキモノニ非サルナリ茲ニハ時效又ハ手續ノ欠缺ニ因リテ手形上ノ權利カ消滅シタルトキハ其供シタル擔保又ハ供託カ其法律上ノ效力ヲ失フニ至ルモノトスルニ在ルナリ

以上説述スル處ハ即チ一般ノ消滅原因中普通ノ消滅原因ニ屬スルモノニシテ左ニ之カ特例ノ場合ヲ一言スヘシ

特例ノ場合ニ屬スヘキ擔保權消滅ノ原因ハ夫ノ償還義務ノ確保ノ原因カ消滅シタル爲メ擔保權ハ消滅スルモノナリト云フニ非スシテ仍其原因ノ消滅セサルニモ拘ラス法律ノ特別規定ニ基キ其擔保權ヲ消滅セシムルニ在ルナリ即チ擔保ヲ供シ又ハ供託ヲ爲シタル者カ滿期日ヨリ一年内ニ償還ノ請求ヲ受ケサリシトキハ茲ニ其擔保權ハ消滅スルモノト爲セリ之レ蓋シ法理ノ結果カ然ラシムルニ非スシテ擔保供出者又ハ供託者ヲ永ク擔保權ノ下ニ羈束セシムルハ手形ノ性質ニ違戻スルモノナルヲ以テ法律ハ

擔保供出者又ハ供託者ニ對シテハ成ルヘク速ニ償還ノ請求ヲ爲サシメント欲シタルニ在ルモノナレハナリ

（2）特別ノ消滅原因

(A) 備豫支拂人カ後日ニ至リ單純ナル引受ヲ爲シタルトキ

本號ハ一般ノ消滅原因ニ付テ說述シタル（甲）ニ相當スルヲ以テ茲ニ之ヲ論述セス引受ヲ爲ス處ノ者カ彼ハ支拂人ニシテ是ハ豫備支拂人タルノ差アルノミ

(B) 引受人カ後日ニ至リ相當ノ擔保ヲ供シタルトキ

特別原因ニ基ク擔保權ノ發生ハ元來引受人カ破產ノ宣告ヲ受ケテ相當ノ擔保ヲ供スルコトヲ得ス且ツ豫備支拂人カ引受ヲ拒絕シタルニ因ルモノナルヲ以テ假令豫備支拂人カ引受ヲ拒絕シタルニモ拘ラス引受人ニ於テ相當ノ擔保ヲ供シタルトキハ茲ニ償還義務ノ確保ヲ爲スコトヲ得ルニ至リタルモノナルヲ以テ手形義務者ノ供シタル擔保ハ既ニ法律上ノ效力ヲ

喪失スルニ至リタルモノナリ茲ニ法律ハ擔保ト云ヒ供託ト云ハサルハ其之ニ及フノ立法的精神ナルヘキモ規定ノ上ニ於テハ其之ニ及フヘキ解釋ヲ許サヽルナリ

(C) 第四百七十九條第二號乃至第五號ノ場合

本號ハ既ニ前項ニ於テ説述シタル處ナルヲ以テ茲ニ之ヲ贅セサルナリ

以上説述スル處ニ因リテ擔保權消滅ノ原因ノ要領ヲ説了セリ以下少シク其消滅ノ結果ニ付キ之ヲ説明スヘシ

擔保權カ一般ノ原因ニ因リテ消滅スルト將タ又特別ノ原因ニ因リテ消滅スルトヲ問ハス苟クモ擔保權ノ消滅シタルトキハ其供シタル擔保又ハ其供託シタル金額ハ之ヲ取戻スコトヲ得之レ蓋シ其供シタル擔保又ハ其供託シタル金額ハ擔保權ノ消滅ニ因リテ法律上ノ效力ヲ喪失スルニ至リテ擔保供出者又ハ供託者ノ自由處分ノ權利内ニ復歸スルモノナルヲ以テナリ法律ハ擔保ニ付テハ「云々其效力ヲ失ヒ」又金額ニ付テハ「云々之ヲ取戻ス

毛戸曰、流通力ノ消滅トハ手形上ノ債權債務ヲ云フモノニハ非サルカ聊カ說明ノ足ラサル惑アリ

コトヲ得」ト規定スレトモ何レモ效力ヲ失ヒ何レモ之ヲ取戻スヲ得ルニ至ルモノナリ唯擔保ニ付テハ保證人ノ如キ對人擔保ヲ供スルコトアリ或ハ債權ノ如キ無体財産ヲ以テ擔保ヲ供スルコトアルヲ以テ往々取戻スコトヲ要セサル場合ノ生スルコト在ルニ因リ斯クハ規定シタルニ外ナラス

第二節　支拂

第一款　支拂ノ性質

手形ニ於ケル支拂トハ手形金額ノ給付ヲ爲スコトノ謂ニシテ其結果手形ノ流通力ヲ消滅セシムルニ至ルモノナリ手形ノ支拂ハ或ハ手形債務ノ履行ト爲ル場合アリ引受人ノ辨濟是ナリ或ハ手形債務ヲ負擔セサルニ拘ラス自由意思ヲ以テ手形金額ノ支給ヲ爲ス場合アリ支拂人ノ支拂是ナリ之ヲ以テ手形金額ノ支給ヲ總稱シテ之ヲ辨濟ト云フコトヲ得ス蓋シ辨濟ト云フトキハ債務ノ存在スルコトヲ思意セサルヘカラス然ルニ手形金額ノ支給ハ必スシモ債務ノ履行ニ非サレハナリ

斯ノ如ク支拂ハ金額ノ給付ヲ爲スモノナルヲ以テ全然タル辨濟ニ非ストスルモ其性質ノ相容ル、限リハ民法辨濟ノ規定ニ準シテ其支配ヲ爲スヘキモノトス之ヲ以テ手形ノ所持人カ手形ノ權利者ニ非ストスルモ支拂人ニ於テ善意ナリシトキハ其支拂ハ手形權利ノ準占有者ニ爲シタルモノトシテ有效ナリトセサルヘカラス此ニ於テ一ノ疑問ノ發生スルハ無記名式ノ手形是ナリ民法第八十六條ニ於テハ無記名ノ債權ヲ動產ト看做セリ之ニ因リ無記名式ノ手形債權ハ動產ト看做サルヘキモノナルヲ以テ其手形ノ所持人ハ債權ノ占有者ニ非スシテ物ノ占有者ナルカ如シ果シテ然ラハ上述シタル處ノ準占有者ニ爲ス支拂ノ規定ハ之ヲ準用スルコトヲ得サルナリ然レトモ仍債權タル性質ハ之ヲ沒了シタルモノニ非サルヲ以テ右ノ見解ハ巧妙ナルカ如キモ其手形ノ所持人ハ債權ノ占有者ナリト解釋スルハ五十步ヲ誤マルモノニ非サルヘシ又民法ノ規定ヲ準用スルトキハ手形ノ支拂者ハ其手形ノ所持人及ヒ其署名行爲ノ眞僞ヲ調査スルモ義務ヲ負フコトナキニ因リ所持人ヲ以テ手形ノ權利者ニ非サル者ナリトスルモ支拂者ハ其責任ヲ負フコトナキモノトス惡意又ハ重過失アルトキハ支拂者ハ其責ヲ辭スルコトヲ得サルハ一般ノ條理ナレトモ這ハ之レ裏書式ノ手形ニ限リ無記名式ノ手形ニ之ヲ準用スルコトヲ得ルノ規定アルコトナシ茲ニ於テ議論百出スト雖モ裏書式ノ手形ニシテ斯ノ如クンハ一層狀態ノ輕便ナル無記名式手形ニ之ヲ準用シ得サルノ理アルコトナシ以上論スル處ハ債權ノ準占有ト相容レサルモノニ非サルナリ

第一款　支拂ノ原因

前款ニ於テ說明スルカ如ク手形ノ支拂ハ或ル場合ニ於テハ手形債務ノ履行トシテ之ヲ支拂フコトアリ又或ル場合ニ於テハ手形債務ヲ負擔スルコトナク單ニ自由意思ヲ以テ手形金額ヲ支拂フコトアリ之ヲ以テ支拂ノ原因ハ之ヲ二種ニ區別スルコトヲ得即チ一ハ支拂人カ手形ノ引受ヲ爲シタルニ基キ他ノ一ハ手形ノ引受ヲ爲サヽルモ自由意思ニ基クモノ是ナリ從

ヒテ一ハ引受人ノ手形債務トシテ支拂ヲ爲サヽルヘカラサルモノナレトモ他ノ一ハ支拂人ハ手形債務ヲ負擔スルコトナキヲ以テ債務ノ履行トシテ支拂ヲ爲サヽルヘカラサルモノニ非サルナリ何レノ場合ニ於テモ支拂ヲ拒ムトキハ等シク償還請求權ノ發生原因ヲ構成スルモ後者ニ在リテハ支拂人ニ手形法上ノ關係ヲ遺スコトナキナリ

第三款　支拂ノ請求

歐洲曰、支拂人ニ對シ呈示ヲ要セサルノ理由何ニ依リテ見ルヲ得ルカ　毛戸曰、支拂ノ請求ハ一ニハ引受人ニ遲滯ノ責ヲ負ハシメ又一ニハ前者ニ對スル償還請求

引受ノ請求ヲ爲スニハ必ス手形ノ呈示ヲ爲サヽルヘカラサレトモ支拂ノ請求ヲ爲スニハ此呈示ノ手續ヲ要スルモノニ非ス引受人若クハ支拂人ニ書面若クハ口頭ヲ以テ支拂ノ請求ヲ爲スモ可ナリ要スル處支拂ノ請求ヲ爲スニハ請求ノ告知ヲ表示スレハ足ルモノニシテ手形法上特別ノ行爲ヲ要スルモノニ非ス

斯ノ如ク支拂ノ請求ヲ爲スニハ手形ノ呈示ヲ要セサルヲ以テ原則トスレトモ茲ニハ一ノ例外ヲ存ス即チ一覽拂ノ爲替手形是ナリ一覽拂ノ爲替手

權保全條件タリ然ルニ引受人ハ手形ノ呈示ト共ニ履行ノ請求ヲ受クルニアラサレハ遲滯ノ責ニ任セス（二七九）又前者ハ所持人カ支拂人ニ對シテ手形ヲ呈示シテ支拂ヲ求メタルニアラサレハ償還義務ヲ負ハス（四八七）故ニ支拂ノ請求ヲ爲スニハ手形ノ呈示ヲ要スルモノト云ハサルヘカラ

形ハ其文字カ之ヲ表示スルカ如ク必ス支拂ニ先チ引受人若クハ支拂人ニ爲替手形ノ一覽ヲ爲サシムルコトヲ要ス此一覽ヲ爲サシムル處ノ行爲ハ即チ手形ノ呈示ニシテ此場合ニ於ケル呈示ハ即チ支拂請求ノ要件ナリトス此呈示ハ手形ノ滿期日ニ於テ之ヲ爲スモノナレトモ一覽拂ノ爲替手形ハ一覽ノ日ニ於テ滿期日ト爲ルモノナルヲ以テ手形ノ呈示ヲ爲スマテハ何レノ時ニ至ルモ手形ハ永久ニ滿期日ノ到來スルコトナキニ終ハルヘシ斯ノ如キハ前者ノ保護ヲ完クスル所以ノモノニ非サルノミナラス一覽拂爲替手形ノ發達ヲ害スルモノト云ハサルヘカラサルナリ之ヲ以テ所持人ハ其日附ヨリ一年内ニ爲替手形ヲ呈示シテ以テ一覽ノ日ヲ定メ其支拂ヲ求ムヘキモノトセリ此法定呈示期間ハ一方ニ於テハ前者カ保護スル爲メ他方ニ於テハ公益ヲ保護スル爲メ其長期ヲ定メタルモノナルヲ以テ振出人ニ於テ其利益ノ爲メ此期間ヲ短縮スルコトハ前者ノ保護ト矛盾スルコトナキヲ以テ其隨意ニ任セテ可ナリ然レトモ此期間ヲ伸張スルコトハ公

ス著者ノ說ノ基ク所那邊ニアルヤヲ知ルニ苦シム
岸本評論予ハ著者ノ說ヲ可トスル者ナリ一覽拂ノ手形ヲ除キテハ手形ノ呈示ヲ要セス支拂ノ請求ト支拂人ノ付遲滯トハ何等關係アルモノニ非ス付遲滯ハ手形法ノ規定セサル處ニシテ手形權利ニ何等ノ影響ヲ及ホスヘキモノニ非ス呈示ハ償還ノ

益ニ關スルヲ以テ之ヲ許サヽルナリ

所持人カ右ノ法定呈示期間內ニ於テ手形ノ呈示ヲ爲シタルトキハ既ニ其手形ニ引受アル場合ト否トヲ問ハス引受人又ハ支拂人ニ於テ支拂ヲ爲セハ事止ムヘシト雖モ若シ支拂ヲ拒絶スルトキハ其法定呈示期間內ニ於テ手形ノ呈示ヲ爲シタルコトハ之ヲ知ルニ詮ナキヲ以テ拒絶證書ヲ作成シテ之ヲ證明セサルヘカラス此場合ニ於テ若シ拒絶證書ヲ作成シテ之ヲ證明セサルトキハ其懈怠ノ結果トシテ其前者ニ對スル處ノ手形上ノ權利ヲ喪失スルニ至ルナリ此場合ニ於ケル手形上ノ權利トハ支拂拒絶ニ因リテ發生シタル處ノ償還請求權ヲ稱スルニ在リトス他ノ手形ト雖モ償還ノ請求ヲ爲スニハ支拂ノ爲メニスル手形ノ呈示ヲ爲シタルコトヲ要スルモノナレトモ拒絶證書ヲ作成シテ其呈示ヲ爲シタルコトヲ證スルニ及ハス一覽拂爲替手形ニハ此作成並ニ證明ノ規定アル爲メニ手形ノ呈示ハ支拂請求ノ要件タリト云フニ非ス呈示シテ支拂ヲ求ムルコトヲ要スト云フ規定

要件ヲ爲スモ支拂ヲ請求スル處ノ要件ニ非ス支拂ト償還トハ特立ノ關係ナリ

ノ存スルカ爲メニ支拂請求ノ要件ナリト云フニ在リ他ノ手形ニ付テハ此規定ナキヲ以テ呈示ハ手形支拂ノ請求要件トナラサルナリ

手形ノ支拂ハ滿期日ニ於テ爲スヘキモノナルヲ以テ一覽拂ノ爲替手形ハ以上ノ手續ニ依リテ滿期日ヲ定ムルノ外一覽後定期拂ノ爲替手形ハ引受ノ爲メニスル手形ノ呈示ニ因リテ滿期日ヲ定メ其他ノ爲替手形ハ手形自体ニ於テ滿期日ノ確定セルモノナルニ因リ其滿期日ニ於テハ所持人ハ之カ支拂ヲ請求スヘキナリ然レトモ單純引受及ヒ一部引受ヲ除ク外他ノ引受ニ付テハ其引受文言ニ從ヒテ引受人タル義務ヲ負擔スルモノナルヲ以テ支拂期日カ往々手形ノ滿期日ト異ナル場合ノ生スルコトアルヘシ

第四款　支拂

手形金額ノ支拂ハ引受人若クハ支拂人ノ爲スヘキ行爲ナリト雖モ其支拂ヲ爲ス者カ所持人ニ對シテ或ル行爲ヲ求ムルコトヲ得即チ支拂ヲ爲ス者ハ振出人ニ對シテ支拂資金ニ關シ債權關係ヲ有スルコトアルヘキヲ以テ

其支拂ヲ爲シタルコトヲ證明スルノ要アリ又支拂カヲ消滅シタル手形カ仍所持人ノ手ヨリ社會ニ轉輾スルノ恐アルヘキヲ以テ其手形ヲ引渡サシムルノ要アリ是等ノ理由ニ因リ支拂ヲ爲ス者ハ爲替手形ト引換ニ非サレハ支拂ヲ爲サストヌ主張スルコトヲ得又所持人ニ對シテ其爲替手形ニ領收ノ記載ヲ爲サシメ且ツ之ニ署名行爲ヲ爲スヘキコトヲ請求スルコトヲ得ルモノトセリ

支拂ヲ爲ス者カ以上ノ請求ヲ爲シタルトキハ所持人ハ其請求ヲ拒ムコトヲ得ス之ヲ拒ムトキハ支拂ヲ拒マルヽモ之ヲ抗擊スルコトヲ得サルヲ以テ拒絶證書作成ノ原因ト爲ルモノニ非ス偶々拒絶證書ヲ作成シタリトスルモ償還請求權ノ發生スルコトナキヲ以テ償還ノ請求ヲ爲スコトヲ得サルナリ

支拂ハ振出人カ爲替手形ニ記載シタル支拂地ニ於ケル支拂ノ場所若シ之ナケレハ引受人カ記載シタル場所ニ於テ之ヲ爲スヘキモノトス之ニ反シ

毛戸曰、御尤〳〵

テ為替手形ハ更ニ場所ノ記載ナキトキハ營業所ニ於テ支拂ヲ爲スヘキモノトス若シ營業所之ナキトキハ住所又ハ居所ニ於テ支拂ヲ爲シ更ニ之ナキトキハ支拂地ノ何レノ場所ニ於テモ之ヲ支拂フコトヲ得ト雖モ支拂地ニ於テ之ヲ求ムルコトヲ得サルトキハ支拂ヲ得サルモノトシテ拒絶證書ヲ作成スルコトヲ得ルモノナリ

支拂ノ委託ハ單純ナラサルヘカラサルヲ以テ支拂ヲ爲ス者カ支拂ヲ爲スニ付テモ支拂ハ之ヲ分割スヘカラサルモノト爲サヽルヘカラス否ラサレハ理論ヲ一貫スルコトナシ然レトモ理論一片ニ因リテ分割支拂ハ無效ナリ所持人ハ分割支拂ヲ受クヘカラストセンカ支拂ヲ爲ス者ハ或ハ遂ニ一部ノ支拂ヲモ爲スコトヲ得サルニ至リテ前者ハ之カ爲メ全部ノ損失ヲ被ムルニ至ルヘシ故ニ分割支拂ハ原則ニ於テ之ヲ許スヘキモノニ非ストスルモ假リニ所持人カ分割支拂ヲ受クヘキモノトシテ毫モ損害ヲ被ムルコトナク却テ利アリ前者ハ所持人カ之ヲ受クルコトヲ拒ムニ由リテ損失ヲ

受クルニ至ルモノナルヲ以テ二者ノ利害ヲ比較シ所持人ニ分割支拂ト雖モ之ヲ受ケシメサルヘカラサルモノトシタリ

斯ノ如ク支拂ノ分割ヲ爲スコトヲ得ルトスルニ於テハ假令其手形カ全部ノ引受ヲ得タルモノナリト雖モ所持人ハ分割支拂ヲ受クルコトヲ拒ムヘカラス必ス之ヲ甘受セサルヘカラス否ラサレハ其分割支拂ノ部分ニ付テハ手形上ノ權利ヲ喪失スルニ至ルナリ

所持人カ分割支拂ヲ受ケタルトキハ全部支拂ヲ得タル場合ト異ニシテ爲替手形ヲ支拂者ニ引渡スコトヲ要セス蓋シ所持人ノ有スル手形上ノ殘存權利カ手形ニ依リテ表示セラルヽモノナルヘケレハナリ然レトモ支拂者ハ其分割支拂ヲ爲シタルコトヲ證明スルコトヲ得サルヲ以テ此場合ニ於ケル保護策ヲ講セサルヘカラス此ニ於テ手形法ハ所持人ニ命スルニ分割支拂ヲ受ケタルトキハ其分割支拂ヲ受ケタル旨ヲ爲替手形ニ記載セシメ且ツ其謄本ヲ作リ之ニ署名行爲ヲ爲シテ支拂者ニ之ヲ交付スヘキコトヲ

以テセリ玆ニ一ノ疑ノ存スヘキハ謄本作成ノコト是ナリ此謄本ハ分割支拂ノ旨ヲ記載シタル爲替手形全面ノ謄本ヲ指シテ之ヲ云フモノナルカ將タ分割支拂ノ旨ヲ記載シタル其部分ノ謄本ナルカ一見スルトキハ其記載部分ハ爲替手形文面ノ一部ニ當ルヲ以テ此部分ノミノ謄寫ヲ爲スハ抄本ヲ作ルモノニシテ謄本ト云フトキハ爲替手形全面ノ謄寫ヲ爲スヲ云フモノヽ如シ余輩ノ考ヲ以テスルトキハ領收ノ記載ハ領收ノ記載トシテ一部分ヲ爲スモノナルヲ以テ此謄寫モ亦一ノ謄本ヲ作ルモノナリト云フヲ至當ナリトスヘキニ似タリ然レトモ此疑問ヲ解クニハ斯ノ如キ閑話ニ時間ヲ費スヲ要セス要ハ唯謄本ヲ作成スルノ必要ニ因リテ之ヲ決スヘキノミ單ニ領收ノ記載ノミナルトキハ如何ナル法律關係ノ領收ナルヤヲ知ルコトヲ得サルヲ以テ玆ニ所謂謄本トハ領收ノ記載ヲ存シタル爲替手形全面ノ謄本ト解スヘキヲ至當ト信スルナリ

爲替手形ノ支拂ヲ爲スハ所持人ニ於テ支拂ヲ求メタルニ因リ之ヲ爲スモ

ノニシテ之ヲ求メサルニ自ラ進ンテ所持人ト信スル者ニ支拂ヲ爲スカ如キ愚ヲ爲スモノニ非サルナリ然レトモ滿期日ニ於テ所持人カ支拂ヲ求メサルコトアランカ支拂者カ手形ノ引受ヲ爲シタル者ニ非サルトキハ敢テ言フヲ要セサルモ若シ支拂者カ引受人ナルトキハ滿期日ニ於テ支拂ヲ爲スコトヲ得サルカ爲メ引受人ハ爾後三个年間何時ニテモ支拂ヲ爲サヽルヘカラサル法律上ノ拘束ヲ受クルモノニシテ其煩云フヘカラサルナリ之ヲ以テ引受人ハ支拂拒絕證書作成期間ノ經過後手形金額ヲ供託スルトキハ其ニ依リテ手形上ノ債務ヲ免カルヽコトヲ得ルモノトセリ滿期日ニ支拂ノ請求ナキトキハ直ニ之ヲ供託スルコトヲ得ルモノトセスシテ支拂拒絕證書作成期間ノ經過後ニ於テ手形金額ヲ供託スヘキモノト爲シタルハ所持人カ引受人ニ信用ヲ措キ滿期日ニ於ケル支拂ヲ請求スルコトナク前者ニ對スル償還請求權ヲ失ヒタルモ引受人ニ對シテ支拂ノ請求ヲ爲サントスルコト在ルニ因リテ少クトモ引受人ハ支拂拒絕書作成ノ期間內ニ於

毛戸曰、支拂ノ拒絕ニ因リテ手形ノ信用ヲ害ス著者カ支拂ノ拒絕ニ因リテ手形ノ支拂力ヲ喪失スト云ヘルハ聊カ語弊アルニ非サルカ

テハ之ヲ保管シテ支拂ノ請求ヲ待ツヘキモノトスルニ在リ

第三節　參加支拂

第一款　參加ノ性質

參加支拂ハ參加引受ト異ニシテ支拂ト同シク非手形行爲ノ一ナリトス蓋シ手形ニ於ケル方式的行爲ニ依リテ成立スル處ノモノニ非サレハナリ

參加支拂ハ局外者ノ關與的行爲ニ因リ成立スルモノニシテ引受人又ハ支拂人ノ支拂拒絕ニ因リ喪失セル支拂力ヲ回復シ償還請求權ヲ消滅セシムル處ノ行爲ナリ之ヲ以テ參加引受人ノ爲ス支拂ト雖モ參加支拂ナリトス然レトモ此行爲ニ依リテ回復セラレタル支拂力ハ參加引受ノ如ク維持的ノ效力ヲ保存スルモノニ非スシテ其回復行爲ト同時ニ終了スルモノトス

第二款　參加支拂ノ要件

既ニ説述シタルカ如ク參加支拂ハ爲替手形ノ喪失シタル支拂力ヲ回復スル處ノ行爲ナルヲ以テ參加支拂ノ要件トシテハ手形金額ノ支拂ヲ得サル

モノナルコトヲ要ス參加引受ハ方式的行爲ナルニ因リ其方式ノ具備スルコトヲ以テ要件トスレトモ參加支拂ハ方式行爲ニ非サルヲ以テ其要件ト爲サヽルナリ斯ノ如ク參加支拂ハ引受人又ハ支拂人カ支拂ヲ拒絶シタルニ因リ爲替手形ノ喪失シタル支拂力ヲ回復スルモノナルヲ以テ其支拂力ヲ喪失シタルトキハ既ニ償還請求權ノ發生セル場合ナリトス故ニ參加支拂ハ償還請求權ノ發生シタル場合ニ於テ之ヲ爲シ得ヘキモノニシテ普通ノモノト特別ノモノトニ區別スルコトヲ得普通ノ參加支拂ハ特別ノ參加支拂ヲ爲スヘキ體樣ノ存セサルニ於テハ其支拂力ヲ喪失シタルトキハ直ニ之ヲ求メ得ルモ特別ノ參加支拂ヲ爲スヘキ體樣ノ存スルトキハ先ツ特別ノ參加支拂ヲ得サルヘカラス特別ノ參加支拂ヲ得サル場合ニ於テ始メテ普通ノ參加支拂ヲ得ルニ至ルナリ普通ノ參加支拂ハ啻ニ其支拂力ヲ喪失シタルノ一事即チ償還請求權ノ發生スルヤ否ヤ直ニ之ヲ爲シ得ルモノニ非ス償還請求權ヲ行使シ得ル程度ニ進ミタル場合ニ非サレハ之ヲ爲ス

コトヲ得サルナリ爲替手形ニ豫備支拂人又ハ參加引受人ノ存在スルトキハ其支拂ノ拒絶ニ因リテ償還請求權ヲ發生スルモノナリト雖モ此場合ニ於テハ償還請求權ハ啻ニ支拂拒絶證書ノ作成及ヒ償還請求ノ通知ニ因リテ未タ之ヲ行使スルコトヲ得ス然ラハ奈何ナル場合ニ於テ普通ノ參加支拂ヲ求ムルコトヲ得ルヤト云フニ此場合ニ於テハ所持人カ支拂拒絶證書ヲ作成セシメ滿期日又ハ其後二日內ニ參加引受人ニ爲替手形ヲ呈示シテ特別ノ參加支拂ヲ求メサルヘカラス玆ニ豫備支拂人ト參加引受人ト競合シタル場合ニ於テ先ツ參加引受人ニ特別ノ參加支拂ヲ求メサルヘカラサル所以ノモノハ豫備支拂人ハ手形上ノ債務ヲ負擔セサルニ反シテ參加引受人ハ手形上ノ債務者タルカ故ニ豫備支拂人ト雖モ引受ヲ爲シタル者ナルトキハ參加引受人ト爲ルヘキハ敢テ言フヲ要セス之ヲ以ヲ參加引受人ナキトキ又ハ參加引受人アルモ特別參加支拂ヲ爲サヽリシトキハ始メテ豫備支拂人ニ爲替手形ヲ呈示シテ其特別參加支拂ヲ求メサルヘカラサル

ニ在リ

參加引受人又ハ豫備支拂人カ特別ノ參加支拂ヲ爲サヽリシトキハ所持人ハ其旨ヲ支拂拒絶證書ニ記載セシムルニ非サレハ手形上ノ必要ナル行爲ヲ證明スルコトヲ得サルニ至ルナリ若シ所持人ニシテ特別參加ヲ求ムル處ノ手續ヲ完結セサルトキハ豫備支拂人ヲ指定シタル者又ハ被參加人及ヒ其後者ニ對スル手形上ノ權利ヲ失却スル處ノ結果ヲ生スルモノトス普通參加支拂ナルト特別ノ參加支拂ナルトヲ問ハス所持人カ上來說述シタル處ノ要件ヲ充タスヘキ程度ニ達シ參加支拂ノ申出ヲ爲ス者アリタルトキハ支拂拒絶證書ニ其參加支拂アリタル旨ヲ記載セシメ且ツ手形金額及ヒ費用ノ支拂ト引換ニ其拒絶證書及ヒ爲替手形ヲ參加支拂人ニ交付セサルヘカラス茲ニ於テ論者曰ハク支拂拒絶證書ニ參加支拂ノ旨ヲ記載セシムルハ一ノ方式ヲ充タスヘキモノナルヲ以テ手形行爲ナリト云ハサルヘカラス從ヒテ參加支拂ノ要件ノ一ニ列セサルヘカラスト余輩ハ論者ノ說

ヲ一概ニ排斥スル者ニハ非サレトモ支拂拒絶證書ニ參加支拂ノ旨ヲ記載セシムルヲ以テ之ヲ手形行爲ナリトスルハ手形行爲ノ性質ニ反スルモノト云ハサルヘカラス拒絶證書ノ記載行爲ヲ以テ手形行爲ニ非ストスル以上ハ參加支拂ノ要件ニ之ヲ算入スルコトヲ得サルナリ又次ニ起ルヘキ問題ハ參加支拂ヲ受クルニハ支拂拒絶證書ニ參加支拂アリタル旨ヲ記載セシメサルヘカラスト爲スニ在レトモ之ヲ記載セシメタレハトテ若シ拒絶證書ト引換ニ手形金額ノ支拂ヲ得サルトキハ何ヲ以テ其支拂ナキコトヲ立證シ得ルカト云フニ在リ余輩ノ考ヲ以テスルトキハ本問ハ別ニ困難ヲ感スル程ノモノニ非サルカ如シ蓋シ我手形法ニ於テハ參加支拂ハ交換的ノ行爲ナラサルヘカラサルコトヲ以テ前提トスルモノナルニ因リ單ニ支拂拒絶證書ニ參加支拂アリタル旨ヲ記載セシムルモ手形金額及ヒ費用ノ支拂ト引換ニ其拒絶證書及ヒ爲替手形ヲ參加支拂人ニ交付シタルニ非サレハ參加支拂ノ行爲ハ終了セサルモノトス之ヲ以テ參加支拂ノ記入アル

支拂拒絶證書カ參加支拂人ノ手ニ在ラスシテ所持人ノ手ニ在ルトキハ未タ參加支拂ヲ爲シタルモノト見ルコトヲ得ス然レトモ一歩進メテ其支拂拒絶證書カ所持人ノ手ニ在ルモ爲替手形カ參加支拂人ノ手ニ存シ又ハ其支拂拒絶證書カ參加支拂人ノ手ニ在ルモ爲替手形カ仍所持人ノ手ニ存スルモノト假定スルトキハ參加支拂ノ行爲カ終了シタルヤ否ヤニ付キ判定ヲ爲スニ苦ムヘキ問題ニ遭遇シタルモノト云ハサルヘカラス異論區々ナルヘシト雖モ余輩ハ交換的ノ行爲カ全部終ラサルノ故ヲ以テ參加支拂ナキモノハト斷論スルヲ可トスル者ナリ

第三款　參加支拂人及ヒ被參加人

余輩ハ既ニ詳説シタルカ如ク參加トハ無關係ノ地位ニ在ル第三者カ其行爲ニ依リテ關係者タル地位ニ立ツ所ノ行爲ヲ云フモノナルヲ以テ參加支拂人ハ第三者タル地位ニ在ル者ナルコトヲ想像セサルヘカラス參加引受ハ引受ヲ拒絶シタル場合ニ非サレハ之ヲ爲スコトヲ得サルニ因リ引受人

毛戸曰、何故ニ裏書人ハ其前者ノ爲メ保證人ハ主タル債務者ノ前者ノ爲メニ參加支拂ヲ爲スコトヲ得サルカ

アルトキハ參加引受ナキコトヲ論述シタリシカ參加支拂ハ引受人アル場合ト雖モ其引受人カ支拂ヲ爲サヽルトキハ之ヲ爲スコトヲ得ルモノナルヲ以テ引受人ノ有無ハ參加支拂ヲ爲スニ付テノ前提問題ト爲ルモノニ非ス然レトモ參加支拂ハ支拂ヲ拒絶シタル場合ニ於テ爲シ得ル處ノモノナルヲ以テ參加支拂人ト爲リ得ル處ノ者ハ參加引受人ト爲リ得ル者ニ比シテ多少ノ制限ナカルヘカラス即チ引受人ハ手形債務者爾カモ支拂ヲ爲ス處ノ關係者タル地位ニ在ル者ナルヲ以テ第三者ナリト云フコトヲ得ス從ヒテ局外者タル地位ヲ存スル者ニ非サルヲ以テ參加支拂人ト爲リ得ル資格ヲ有スルコトナシ其他振出人以下裏書人及ヒ保證人ノ如キハ自己カ其行爲ニ依リ手形法上負擔シタル義務ト相容レサルヲ以テ參加支拂人ト爲ルコトヲ得サルハ深ク論スルヲ要セサレトモ參加引受人ハ參加支拂人ト爲ルコトヲ得ルヤ否ヤニ付テハ法制上多少ノ議論ナカルヘカラス抑モ參加引受人ノ如キハ參加引受ノ行爲ニ依リ局外者ノ地位ニ在ル處ノ者カ手

形ノ支拂關係者タル地位ニ立チタル者ナルヲ以テ手形ノ參加支拂人タル資格ヲ有セサルヲ冝シトスルカ如シ然レトモ參加支拂ヲ以テ手形振出ノ條件トシテ揭ケタル支拂人若クハ其支拂人トシテ揭ケラレタルノ故ヲ以テ引受ヲ爲シタル者之ヲ換言スレハ手形成立ノ當時其成立ヲ組織スル處ノ手形人員カ支拂ヲ拒絕シタル場合ニ於テ生スルコトヲ得ルモノトスルニ於テハ參加引受ノ支拂行爲ハ固ヨリ參加支拂ナリトシテ毫モ怪ムニ足ラサレトモ之ヲ該博ニ論シテ參加支拂ハ手形ノ支拂義務者又ハ指定セラレタル支拂人ニ於テ支拂ヲ拒絕シタルニ因リ消滅シタル支拂力ヲ回復スルノ行爲ナリトスルニ在ルトキハ參加引受人ハ參加支拂人タル資格ヲ有スルコトナシト云ハサルヘカラス法制上ノ議論トシテハ余輩ハ參加引受人ヲ以テ參加支拂人タル資格ナキモノトスル議論ヲ冝シトスルモ法律上ノ解釋論トシテハ之ニ反スル議論ヲ抂クルコトヲ得サルナリ其他支拂人ハ其支拂ヲ拒絕シタリト雖モ元來局外者ノ地位ニ在ル者ナルヲ以テ參加

支拂人ト爲ルコトヲ得ルヤ勿論ナリ從ヒテ豫備支拂人モ亦之ニ同シク凡ソ局外者ノ地位ニ在ル者ハ皆參加支拂人ト爲リ得ルモノト云ハサルヘカラサルナリ參加引受ハ害サレタル手形ノ支拂力ヲ回復シ之ヲ維持シ參加支拂ハ一旦消滅シタル支拂力ヲ回復シ之ヲ終了セシムルモノナルヲ以テ二者等シク手形義務ノ利益ヲ保護スルニ在リ從ヒテ之カ被參加人ト爲ル處ノ者モ亦彼是同一ノ資格ヲ存スル處ノ手形債務者タラサルヘカラス然レトモ獨リ參加支拂ニ付テハ參加引受ニ於ケル被參加人ト異ナル被參加人ノ存在シ得ル者アリトス即チ支拂人、豫備支拂人、引受人及ヒ被參加引受人是ナリ引受人及ヒ參加引受人ヲ被參加人トスルコトヲ得ルハ彼等ハ手形債務者タルノ故ヲ以テ當然ノコトナリト論スルコトヲ得ルモ支拂人及ヒ豫備支拂人ヲ以テ被參加人ト爲スコトヲ得ト云フニ至リテハ參加支拂ハ理論ヲ一貫セサルモノヽ如シ蓋シ參加支拂ハ一面ニ於テ手形債務ノ免脫ヲ爲サシムル效力ヲ生スルモノナルヲ以テ嘗テ手形債務ヲ負擔セサル

毛戸曰、著者ノ見解ノ如ク立法上批難ヲ免カレサルヘシ第五百五十一條「支拂人」ナル三字ヲ削リ「引受人若シ引受人ナキトキハ振出人」ナル十六字ヲ加フレハ可ナランカ

支拂人及ヒ豫備支拂人ノ債務ヲ免脱セシムルハ不能ノコトニ屬スレハナリ論者或ハ支拂人及ヒ豫備支拂人ヲ被參加人トスルハ最モ多數ノ債務者ヲシテ債務ヲ免カレシメントスルニ在リト云フト雖モ果シテ然ラハ債務者全員ノ首位ニ在ル者ヲ以テ此ノ地位ニ立タシムルニ若カス手形關係ニ於テハ支拂人及ヒ豫備支拂人ノ如キハ寧ロ局外者ノ地位ニ在ル者ナリ無關係ノ局外者ヲ拉シ來リテ强ヒテ被參加人ノ地位ニ立タシムルハ法制上ノ批難ヲ免カレサルナリ然レトモ解釋論トシテハ如何トモスル能ハス論者ノ說ヲ以テ却テ當ヲ得タルモノトスルノ外ナシ

豫備支拂人又ハ參加引受人ノ爲ス特別ノ參加支拂ハ既ニ被參加人ノ定マレルモノナルヲ以テ是等ノ者ノ參加支拂ハ豫備支拂人ノ指定者又ハ參加引受ニ於ケル被參加人ヲ以テ參加支拂ニ於ケル被參加人ト爲スヘキヤ言ヲ待タス普通ノ參加支拂人即チ豫備支拂人又ハ參加引受人ニ非サル參加支拂人カ被參加人ヲ指定セスシテ參加支拂ヲ爲シタルトキハ其支拂ハ何

人ノ爲メニ之ヲ爲シタルモノナルカ之ヲ知ルコトヲ得サルヲ以テ此場合ニ於テハ其支拂ハ法律行爲ノ目的ナキモノトシテ之ヲ無效ト爲スヘキカ如シ然レトモ斯ノ如キハ參加支拂人ノ意思ニ非サルヘク且ツ手形ノ失ヒタル支拂力ノ回復ヲ爲サシムルハ經濟社會ノ利益ヲ保護スルモノナルニ因リ此支拂行爲ヲ有效ナラシムルコトニ於テ充分ナル理由ノ存スルモノナルヲ以テ法律ハ之ヲ規定シテ有效ノモノトシ其支拂ハ最モ多數ノ債務者ヲシテ債務ヲ免カレシムル效力ヲ有スル支拂人ノ爲メニ之ヲ爲シタルモノト看做セリ

第四款　所持人ノ參加許否權及ヒ參加選擇權

參加引受ニ在リテハ所持人ハ其許否權及ヒ選擇權ヲ有スルモノナルコトハ既ニ說述シタル處ノ如シト雖モ參加支拂ニ付テハ所持人ハ其許否權ヲ有スルコトナク從ヒテ其選擇權ヲ有スルコトナシ蓋シ參加引受ニ在リテ

ハ第三者カ擔保請求權ノ行使ノ遮害ヲ爲サントシテ妄リニ參加引受ノ申出ヲ爲スコトナキニシモ非サルヲ以テ其申出ヲ爲ス者アルトキハ所持人ハ必ス其申出ニ從ハサルヘカラサルモノトシテ之ヲ所持人ニ强フルハ理由ナキモノナルヲ以テ參加引受ハ手形關係員ノ爲メニ之ヲ許スモノナレトモ其重キヲ所持人ニ置キ參加引受ノ申出人カ果シテ適當ノ者ナルヤ否ヤ其目的カ詐害ニ非サルヤ否ヤヲ調査シ又參加引受ヲ申出ル者數人アルトキハ其之ヲ選擇スルノ權利ヲ所持人ニ附與セサルヘカラサル必要アルモ參加支拂ニ在リテハ所持人ハ支拂人又ハ引受人ヨリ支拂ヲ受クルニ非サレハ其以外ノ者ノ支拂ハ自己ノ損失ニ歸スト云フ理由ナク何人ヨリ支拂ヲ受クルモ其支拂ハ即時ノ行爲ニ屬シ所持人カ手形ヲ所持スルノ目的ヲ達スルモノナルニ因リ參加引受ノ如ク將來ヲ慮ルノ要ナキヲ以テ之カ支拂ヲ受クルコトヲ所持人ニ强フルコトヲ得ルカ如シ然レトモ一面ニ於テハ普通債權者ハ彼ノ債務者以外ノ者ノ辨濟ヲ受クルコトヲ好マス且ツ

之ヲ拒ミ得ルカ如ク手形ノ所持人モ一定ノ支拂人又ハ手形債務者タル引受人以外ノ支拂ヲ受クルコトヲ好マサルヲ以テ普通債權者ノ如ク之ヲ拒ムコトヲ得ルカ如シ茲ニ於テ振出人以下ノ手形義務者ノ方面ヨリ觀察スルニ彼等ハ貨物ノ轉環ヲ目的トシテ手形ヲ振出シ裏書ヲ爲シタルモノナレトモ其振出又ハ裏書タルヤ支拂人ノ支拂ヲ期シタルモノナルヲ以テ若シ其豫期ト反シテ其支拂ヲ爲サヽルコトアランカ忽チ償還請求ノ義務ニ服サヽルヘカラスシテ經濟社會ニ於ケル一小部分ノ波瀾ヲ惹起スルモノト云ハサルヘカラス之ヲ以テ參加支拂ハ所持人ニ於テ重要ナル害ヲ受クルコトナク又手形義務者ニ於テ利益ヲ受クヘキモノナリトスレハ普通債權ニ反シテ參加支拂ヲ拒ムコトヲ得ストスルノ充分ナル理由ノ存スルモノナルヘケレハナリ之ヲ以テ手形法ハ參加引受ニ付テハ所持人ノ自由意思ニ因リテ許否スルコトヲ得ト爲セルニ反シテ參加支拂ニ付テハ此許否權ヲ附與セス從ヒテ參加引受ニ付テハ所持人ニ選擇權ヲ附與スルニ反シ

テ參加支拂ニ付テハ此選擇權ヲ認メサルナリ
既ニ屢々說述シタルカ如ク所持人ハ豫備支拂人ノ支拂ヲ拒ムコトヲ得ス又參加引受ヲ許諾シタルトキハ其者ノ支拂ヲ拒ムコトヲ得サルハ一ハ手形ノ振出又ハ裏書ノ效力ニ從ヒ他ハ參加引受ノ許諾ニ基キ手形上ノ效力ヲ生シタルニ因ルナリ特別ノ參加支拂ニ付テハ斯ノ如ク許否權ナキモノナルコトハ當然ノコトニ屬スト雖モ手形法ハ特ニ茲ニ之ヲ明規シタル所以ノモノハ注意ノ條項トスルニ在ルヨリモ寧ロ凡テノ參加支拂ヲ拒絕シタルトキニ於ケル其效力ヲ定メントスルニ在ルナリ即チ特別ノ參加支拂ハ勿論一般ノ參加支拂ヲ拒ムトキハ所持人ハ被參加人及ヒ其後者ニ對スル手形上ノ權利ヲ失フモノトセリ此ニ手形上ノ權利ト云フハ支拂ヲ得サルヨリ生スル處ノ權利ナルヲ以テ償還請求權ヲ云フモノナリト知ラサルヘカラス
斯ノ如ク參加支拂ヲ拒ミタルトキハ被參加人及ヒ其後者ニ對スル手形上

毛戸曰、著者ノ着眼ハ善ク立法ノ缺點ヲ指摘セリ之レ全ク第五百五十一條ニ於テ廣ク支拂人ト云ヒテ引受ヲナサヽル支拂人ヲ包含セシメタルヨリ生スル缺點ナリ之レ既ニ著者ノ攻擊ヲ加ヘタル點ニシテ誠ニ同感ナリ
岸本評論 立法ノ批難ハ免カレス

ノ權利ヲ失フモノトナルニ因リ假令之ヲ拒ミタルモノトスルモ被參加人ノ前者ニ對シテハ手形上ノ權利ヲ失ハサルハ勿論ノコトヽ云ハサルヘカラス此ニ於テ一ノ奇怪ナル結果ヲ生スルコトアリ即チ參加支拂人カ被參加人ヲ示サヽルトキ又ハ支拂人ヲ被參加人ト定メタルトキニ所持人カ其參加支拂ヲ拒ミタル場合ニ於テハ其拒絕ノ效果ハ被參加人ノ前者ニ及ハサルヲ以テ振出人以下手形義務者ハ支拂人タル被參加人ノ後者ニ非サルハ勿論ナルニ因リ結局所持人ハ手形上ノ權利ヲ失ハサルニ至ルナリ手形法ハ數人ノ參加支拂申出者アルトキハ最モ多數ノ者ヲシテ債務ヲ免レシムル效力ヲ有セシムル主義ヲ採用シナカラ此結果ヲ來タセシハ豈ニ長日ノ閑話ナラスヤ

閑話ハ暫ラク措キ所持人カ參加支拂ヲ拒絕シタル爲メ被參加人ニ對スル手形上ノ權利ヲ失フノミナラス其後者ニ對スル權利ヲ失ハシムルモノトセシ理由如何ト云フニ抑モ擔保ノ義務ニマレ將タ償還ノ義務ニマレ手形

義務者ノ一人ニ於テ之ヲ履行シタルトキハ其手形義務者ハ所持人ノ權利ヲ承繼スルモノナルヲ以テ其前者タルト後者タルトヲ問ハス所持人ニ對シテ義務ヲ負擔スル者ニ向ツテ其承繼權利ヲ行使シ得ルモノナルカ如キモ斯クテハ循環的結果ヲ生スルモノナルヲ以テ其後者ハ義務ヲ免ル、モノトス之ヲ以テ手形義務者ノ一人ヲ被參加人ト爲シタルトキハ其參加支拂ニ因リテ其後者ハ義務ヲ免カル、モノト爲ルニ因リ所持人カ手形法ノ規定ニ違背シテ參加支拂ヲ拒絶スルトキハ其違背行爲ニ因リテ被參加人ノ後者カ手形法ノ規定ニ基キ得タル利益ヲ失ハシムルコトヲ得サルヲ以テ手形法ハ其後者ニ對スル手形上ノ權利ヲ失ハシムルモノト爲シタルナリ

上來説述スル如ク所持人ハ參加支拂ノ許否權ナク又既ニ一言シタルカ如ク其許否權ナキ結果トシテ其選擇權ヲ有セサルナリ玆ニ於テ參加支拂ヲ爲サントスル者數人アルトキハ凡テ參加支拂ヲ爲スヘキモノナリヤ換言

スレハ數人ノ參加支拂申出者ハ悉ク連帶シテ若クハ各自全部的ノ支拂ヲ爲スヘキモノナルカ或ハ其數人中一人カ其支拂ノ任ニ當ルヘキヤノ問題ヲ決セサルヘカラス手形法ハ此場合ニ於テハ手形義務者ノ利益ヲ謀リ所持人ハ最モ多數ノ手形義務者ヲシテ債務ヲ免カレシムル效力ヲ有スル處ノ支拂ヲ受ケサルヘカラサルモノトシ他方ニ於テハ最モ多數ノ手形義務者ヲシテ債務ヲ免カレシメントスル參加支拂ノ申出人ヲ選定セリ然レトモ手形義務者中或ル一人ノ爲メ同時ニ數人ノ參加支拂申出者アル場合ニ付テハ何等ノ規定ヲ爲スコトナキヲ以テ問題ハ仍存スルモノトス余輩ハ此場合ニ於テハ明文ノナキニ拘ラス所持人ハ其數人ノ申出者ニ付キ選擇權ヲ有スルモノト解釋スル者ナリ蓋シ之ヲ選擇シテ手形義務者ヲ害スルコトナキニ於テハ原則ニ立歸ヘリ支拂ヲ受クルハ所持人ノ權利ナルヲ以テ其選擇ハ其權利ノ行使ニ外ナラサレハナリ而シテ曩キニ論述シタル選擇權ヲ有セストノ議論ニ予盾スルコトナシ

第五款　參加支拂ノ效力

參加支拂ハ特別ノ參加支拂ナルト將タ普通ノ參加支拂ナルトヲ問ハス手形法上二個ノ效力ヲ生ス曰ハク積極的效力曰ハク消極的效力是ナリ左ニ之ヲ分チテ說述スヘシ

(1) 積極的效力

參加支拂人ハ手形ノ滿期日ニ達スルヤ直ニ其支拂ヲ爲スモノニ非ス必ス手形ノ引受人又ハ支拂人ノ支拂ヲ爲サヽリシ事實ノ存在スルコトヲ要スルハ既ニ業ニ之ヲ說述シタル處ナリ之ニ因リテ未タ引受人又ハ支拂人カ支拂ヲ拒絕セサルニ先チテ第三者カ參加支拂人トシテ手形金額ノ支拂ヲ爲スモ手形法上之ヲ目シテ參加支拂アリタリト云フコトヲ得サルヲ以テ其支拂ノ行爲ハ手形法上ノ行爲タル效力ヲ生スルモノニ非ス

之ニ反シテ適法ニ參加支拂ヲ爲ストキハ手形法上ノ行爲タル效力ヲ生スルモノニシテ其積極的效力トシテハ手形ノ支拂力ヲ消滅セシメ從ヒテ手

形債務者ヲシテ所持人ニ對シ負擔スル處ノ手形債務ヲ免除セシムルニ至ルナリ而シテ此免除ニハ絶對的效力ヲ生スルモノト相對的效力ヲ生スルモノトノ二個アリテ存ス相對的效力ハ消極的效力ヲ説述スルニ當リテ之ヲ論スヘシ茲ニハ其絶對的免除ノ效力ヲ説明スヘシ夫レ參加支拂ハ之ニ因リテ爲替手形ノ振出人以下手形債務者タル總員ノ所持人ニ對スル處ノ義務ヲ消滅シ此者等ノ爲メニ手形債務ノ絶對的免除ヲ爲スニ至ルモノトス然レトモ絶對的免除ノ效力ヲ受クル處ノ者ハ被參加人ノ後者ニ外ナラス如何トナレハ被參加人ノ後者ニ在リテハ參加支拂ノ在リタルトキハ被參加人ナル前者カ第一次ノ債務者タル地位ニ立ツヘキモノニシテ手形ノ溯流的債務ノ存在ヲ認ムルノ理由ナキノミナラス更ニ手形債務ノ更改ヲモ爲スモノニ非サルニ反シテ被參加人ハ勿論其前者及ヒ引受人ノ如キハ參加支拂ノ在リタル爲メニ所持人ニ對スル手形債務ヲ免カルヽト同時ニ手形債務ハ一ノ更改力ヲ生シ是等ノ者ハ更ニ債務ヲ負擔スルニ至ルヘケ

レハナリ之ヲ以テ被參加人ノ後者ハ絶對的免除ノ效力ヲ受クルモノナリト云フ所以ナリ

(2) 消極的效力

余輩ハ茲ニ參加支拂ノ行爲ヨリ生スル第二ノ効力ヲ消極的效力ト云ヘリ消極的效力ハ前段ニ於テ説述シタル絶對的免除ノ效力ニ相對スル處ノ相對的免除ノ效力ヲ生スル結果參加人カ手形上ノ權利ヲ取得スルニ至ルモノヲ云フナリ

夫レ參加支拂人カ參加支拂ヲ爲ストキハ被參加人ノ後者ニ對スル處ノ效力ヲ除キテ被參加人ハ勿論其前者及ヒ引受人カ所持人ニ對スル處ノ手形上ノ債務ハ參加支拂ノ爲メニ之ヲ免カル、ニ至ルヘシト雖モ參加支拂ハ宛モ通常ノ支拂ハ振出人ノ爲メニ支拂ヲ爲スカ如ク其指定シタル者ノ爲メニ參加支拂ヲ爲スモノニシテ被參加人ノ後者カ手形債務ヲ免カル、ハ又宛モ振出人以下ノ手形債務者カ手形債務ヲ免カレ是等ノ者ハ手形上ノ關係ヨリ全ク離脱スルニ至ルト同一ナリ然レトモ其指定セラレタル其前者及ヒ引受人ノ如キ者ハ他人ノ行爲カ自己ニ無關係ナルニモ拘ラス參加支拂ノ在リタル爲メニ其結果トシテ自己カ所持人ニ對スル手形債務ヲ免カレ全ク法律上ノ拘束ヲ脱セントスルハ他人ノ辨濟ニ因リテ徒ラニ自己ノ腹ヲ肥スモノニシテ不當ニ利得ヲ爲スモノト云ハサルヘカラス茲ニ於テ是等ノ者ハ所持人ニ對シテ負擔スル處ノ債務ハ參加支拂人ニ對シテ之ヲ履行スヘキモノトス之ヲ換言スレハ參加支拂人ハ其支拂行爲ニ因リテ是等ノ者ニ對スル所持人ノ權利ヲ取得スルニ至ルモノナリ

此ニ於テ余輩ハ法律上疑惑ヲ抱ク者ナリ參加支拂ハ普通ノ支拂ニ於ケルカ如ク其利益ヲ得タル者ノ爲メニ手形上ノ關係ヲ終了セシムル效果ヲ生スルモノナル以上ハ夫ノ普通ノ場合ニ於ケル支拂カ其法律上規定セル振出人及ヒ其後者全員ヲシテ義務ヲ免カレシムルカ如ク參加支拂ハ參加支拂人カ指定シタル被參加人ヲシテ何故ニ手形債務ノ絶對的免除ヲ得セシ

岸本評論暫ラク疑ヲ存ス

メサルカ是レ余輩ノ疑惑ヲ抱ク處ニシテ普通ノ支拂ニ於ケル法律上ノ被指定人ト參加支拂ニ於ケル參加支拂人ノ被指定人トヲ區別スルノ要ヲ悟ラサルナリ

又手形法ハ所持人カ手形ノ保證人ニ對スル權利ニ付キ參加支拂ヨリ生スル消極的效力ニ關スル規定ヲ存スルコトナシ之ヲ規定セサルハ參加支拂人ヲシテ此者ニ對スル所持人ノ權利ヲ取得セシメサルニ在ルカ抑モ亦之ヲ取得セシムルコト勿論ナルヲ以テ規定ヲ待ツノ要ナシトスルニ在ルカ假リニ其答ノ後者ニ在リトセハ被參加人ニ對スル權利ノ取得ハ兎ニ角ニ其前者及ヒ引受人ニ對スル所持人ノ權利ヲ參加支拂人ニ於テ之ヲ取得スヘキハ不當利得ヲ許サヽル當然ノ結果トシテ敢テ法律ノ規定ヲ待ツノ要ナキモノナリト雖モ其茲ニ之ヲ規定スルノ要ヲ認メタルハ法律ハ參加支拂人ヲシテ取得セシムル處ノ權利ニ限定ヲ加ヘテ以テ手形ノ保證人ニ及ハサルコトヲ明カニシタルニ在ルヘシ此解釋ハ恐ラク附會ニ非サルコト

毛戸曰、若シ著者ノ議論ニシテ正鵠ヲ得タリトスレハ所持人ハ何故ニ保證人ニ對シテ手形上ノ權利ヲ取得スルカ（四七四及四八六參照）

ヲ保ツコトヲ得ン然ラハ參加支拂人カ取得スル處ノ權利ニ限定ヲ設ケタル法制上ノ理由ハ那邊ニ在ルカ是亦余輩カ法制上ニ於ケル疑惑ノ一ナリ」

參加支拂人カ參加支拂ニ因リテ取得シタル處ノ權利ハ普通民事上ノ權利ニ非スシテ手形法上得タル處ノ手形上ノ權利ナリ蓋シ所持人ノ有セシ處ノ權利ハ手形上ノ權利ニシテ之ヲ取得シタルモノナルヲ以テナリ而シテ此權利ノ取得ハ法律上當然生スル處ノ結果ニシテ特ニ權利移轉ニ關スル法律上ノ名義ヲ有スルコトヲ要スルモノニ非ス茲ニ於テ手形上ノ權利ハ手形行爲ニ依リテ取得スルノ原則ニ一變例ヲ爲スモノトス此變例ニ依リテ取得シタル權利ハ手形上ノ權利ナルカ民法上ノ權利ナルカニ付テハ學問上議論ノ存スル處ナレトモ手形法ハ所持人ノ權利ヲ取得スト規定セルニ因リ所持人ノ有スル權利ハ手形上ノ權利ナリト云フノ結果參加支拂人ハ手形上ノ權利ヲ取得スルモノナリト云ハサルヘカラサルナリ

第四節　償還

岸本評論
議論剴切

第一款　償還ノ性質

世ノ學者多クハ償還ノ性質ヲ論シテ償還ハ爲替手形カ支拂ヲ拒絶セラレタル場合ニ於テ所持人ノ爲メニ手形債務ノ辨濟ヲ爲スモノナレハ從タル義務ニテ保證ノ性質ヲ有スルモノナリト云ヘリ然レトモ其誤ナルコトハ既ニ余輩ノ屢々論シタル處ナリ抑モ義務ニ主從ノ關係アル場合ハ必ス其從タル義務ハ主タル義務ノ代換的性質ヲ有スルモノナラサルヘカラス又從タル義務ハ其主タル義務ノ爲メニ發生スルモノナラサルヘカラス從ヒテ從タル義務ハ特定存在ノ態度ヲ保有スルモノニ非ス然ルニ償還ノ義務ハ振出又ハ裏書ノ對價ヲ辨濟スルモノニシテ支拂ト相對シテ特定存在ノ態度ヲ保有シ支拂ノ爲メニ發生スルコトナク且ツ代換的性質ヲ有スルモノニ非ス殊ニ況ンヤ支拂ハ引受人ノ存セサルトキハ未タ手形上ノ義務トシテ存在スルモノニ非サルモノナレハ支拂義務ノ存スルニ拘ラス支拂ノ拒絶ニ因リテ償還ノ義務ヲ發生スルモノナルニ於テオヤ更ニ論歩ヲ轉シ

テ之ヲ說述セソニ償還ノ義務ヲ以テ從タル性質ヲ有スルモノトセハ必ス主タル義務ノ先ツ發生スルカ少クトモ同時ニ發生シ主タル義務ノ履行前ニ於テ存在セサルヘカラス然ルニ償還ノ義務ハ支拂ヲ拒絕セラレテ始メテ發生スルモノナルヲ以テ主從ノ債務關係ニ於ケル法律上ノ觀念ハ毫モ存スル處ナキナリ斯ノ如ク償還ノ義務ハ振出又ハ裏書ノ對價ヲ辨償スル處ノ義務ニシテ爲替手替ノ支拂ヲ保證シタル義務ニ非ス從ヒテ從タル義務ニ非スト論斷セサルヘカラサルナリ

償還ノ義務ハ手形法ノ規定スル處ノ義務ナリト雖モ亦債務ノ辨濟ヲ爲スヘキ義務ナリトス之ヲ以テ民法ノ規定ト相反セサル限リハ民法辨濟ノ規定ニ準據シテ支配スヘキモノナリ

第一款　償還請求權利者

爲替手形ノ振出又ハ裏書ヲ受ケソト欲スル者ハ之ニ其對價ヲ支拂フモノニシテ其之ニ對價ヲ支拂フハ他日手形金額ノ支拂ヲ得ヘキ代價ニ充ツル

毛戸曰、此說明ハ巧ハ巧ナリト雖モ果シテ正鵠ヲ得タリト云フヲ得ルカ

モノナリ然ルニ滿期日ニ至リテ手形金額ノ支拂ヲ得サルコトアリトセンカ豫メ支拂ヒタル對價ハ手形金額ノ支拂ヲ得サル爲メニ其對價タル效力ヲ喪失スルニ至ルモノナルヲ以テ其對價ヲ支拂ヒタル者ハ之カ辨濟ヲ要求スルコトヲ得サルヘカラス此要求者ヲ稱シテ償還請求權利者ト云フ然レトモ償還請求權利者ハ必スシモ直接ニ其對價ヲ支拂ヒタル者ニ限ルコトナシ間接ニ其對價ヲ支拂ヒタル者ト雖モ亦償還請求ノ權利者ナリトス然レトモ何人ニテモ間接ニ其對價ヲ支拂ヒタル者ハ此權利者ナリト云フコトヲ得ルモノニ非ス此權利者タルコトヲ得ル者ハ手形法ニ於テ認メラレタル者ナラサルヘカラス其手形法ニ於テ認メラレタル者ハ直接ニ其對價ヲ支拂ヒタル處ノ所持人及ヒ裏書人ト並ニ間接ニ其對價ヲ支拂ヒタル處ノ保證人及ヒ參加支拂人ノ四者ナリトス而シテ茲ニ一ノ論究ヲ要スヘキモノハ保證人及ヒ參加支拂人ニ付テハ論ナキモ夫ノ所持人及ヒ裏書人ハ其實何等ノ對價ヲモ支拂ハスシテ振出又ハ裏書ヲ受ケタル場合是ナリ

斯ノ如ク振出又ハ裏書ヲ受クルニ付キ其對價ヲ支拂ハサル處ノ者ハ對價ノ償還ヲ請求スルコトヲ得サルカ如シ此場合ニ於テハ頗ル説明ニ苦シムト雖モ元來振出人又ハ裏書人ハ無償ニテ受取人又ハ所持人ニ爲替手形ヲ附與シタルモノニシテ畢竟爲替手形上ノ利益ヲ贈與セシモノナリ從ヒテ其受贈者カ手形金額ノ支拂ヲ得サルトキハ贈與ノ目的ヲ達シタルモノニ非サルヲ以テ是等ノ者ニ對シテ之ニ相當スル處ノ利益ヲ支拂ハシムルハ不當ノ事ニ非ス而シテ此場合ニ於ケル支拂ヲ稱シテ償還ト云フハ語僻ナキニ非サレトモ其精神ニ於テハ異ナル處アラサルナリ

償還請求權利者ハ其前者ニ對シテ償還ノ請求ヲ爲スコトヲ得ルモノナレトモ償還請求權利者中ニテ夫ノ保證人及ヒ參加支拂人ノ如キハ前者ナル者アラサルナリ然レトモ是等ノ者カ債務ヲ履行シ又ハ支拂ヲ爲シタルトキハ其之ヲ受ケタル處ノ者カ有セシ手形上ノ權利ヲ取得スルモノナルニ因リ前權利者ノ地位ニ立チテ前權利者ノ前者即チ手形債務者ニ對シテ手

形上ノ權利ヲ行使スルコトヲ得ルニ至ルモノナルヲ以テ結局前者ノ存在スルモノト云ハサルヘカラサルナリ

第三款　償還義務者

前款ニ於テ一言シタルカ如ク爲替手形ノ振出人又ハ裏書人ハ其振出又ハ裏書ヲ爲スニ當リテハ受取人又ハ所持人ヨリ對價ヲ受取ルモノニシテ其對價ハ即チ手形金額支拂ノ代價ナリトス之ヲ以テ若シ其爲替手形カ支拂ヲ得サルモノナルトキハ不當ニ對價ヲ受取リタルモノト爲ルニ因リ之ヲ返還セサルヘカラス此對價ノ返還ヲ爲スヘキ者ヲ稱シテ償還義務者ト云フ償還義務者ハ振出人ハ勿論裏書人及ヒ振出人又ハ裏書人ノ保證人ナリトス保證人ハ對價ヲ受ケサルモ保證行爲ニ因リテ主タル債務者ト同一ノ義務ヲ負擔スルモノナルヲ以テ償還ノ義務ヲ負擔スルモノトス而シテ裏書人及ヒ振出人又ハ裏書人ノ保證人ハ償還ノ義務ヲ負擔スト雖モ他ノ一面ニ於テハ前款ニ於テ説明シタルカ如ク償還ノ請求權ヲ有スルモノニテ

一面ニハ權利者ト爲リ他面ニハ債務者ト爲ル即チ其後者ニ對シテハ償還ノ義務者タルモノナレトモ其前者ニ對シテハ償還ノ請求權利者ト爲ルモノトス是レ蓋シ其後者ニ對シテハ對價ヲ受取リタル者ナルヲ以テ其對價ノ償還ヲ爲スノ義務アリト雖モ其前者ニ對シテハ自己カ對價ヲ支拂ヒタルモノナルヲ以テ其後者ニ自己カ受取リタル對價ヲ拂戻ストキハ其前者ヨリ自己カ支拂ヒタル對價ノ拂戻ヲ受クルニ非サレハ謂ハレナキ損失ヲ被ムルニ拂ルヘケレハナリ

第四款　償還請求權ノ發生

償還ノ請求ハ支拂保證ノ義務ノ履行ヲ要求スルモノニ非スシテ曩ニ支拂ヒタル對價ノ返戻ヲ要求スルモノナルヲ以テ對價ノ受領者カ其對價ヲ返戻セサルヘカラサル事實ノ發生シタルトキハ茲ニ償還請求權ナルモノ、發生スルニ至ルモノナリ而シテ如何ナル事實カ償還請求權ノ發生原因ト爲ルモノカト云フニ學術上ノ說ヲ以テスルトキハ爲替手形ノ支拂力ヲ破

壞シタル事實其モノカ償還請求權ノ發生原因ヲ構成スルモノト爲ルナリ

斯ノ如ク爲替手形ノ支拂力カ破壞セラレタルトキハ償還ノ請求權チ發生スルニ至ルモノナリト雖モ此發生原因カ夫ノ償還義務カ對價ノ受領者ニ就テ同時ニ發生スル如ク對價ノ支拂者ニ就テ同時ニ發生スルモノニ非ス是レ蓋シ償還ノ請求權ハ支拂力ノ破壞ニ基キテ發生スルモノナリト雖モ其支拂力ノ破壞ナル事實ハ償還請求權ノ第一期ノ發生原因ヲ爲スニ至ルモノニシテ是ヲ要言スレハ償還請求權發生ノ起因ヲ作成スルモノナルヲ以テ償還請求權ハ之ニ基キテ順次ニ發生シタル權利者ノ異ナルニ從ヒテ其發生原因ヲ異ニスルモノナレハナリ余輩ハ左ニ各權利者ノ請求權發生原因ニ付テ少シク說述セント欲ス

爲替手形カ滿期日ニ於テ支拂ヲ得ス即チ支拂ノ拒絕ヲ受ケタルトキハ其支拂ノ拒絕ナル事實ニ因リテ玆ニ償還ノ請求權ヲ發生ス此發生ノ原因ヲ

稱シテ第一期ノ發生原因ト云フ第一期ノ發生原因ニ因リテ償還ノ請求權ヲ有スル處ノ者ハ獨リ所持人ナリトス所持人ハ償還請求權ノ原働者ト爲ル者ナリ蓋シ他ノ償還請求權利者ハ實ニ所持人ノ償還請求權發生後ニ於ケル手形法上ノ行爲ニ基キ始メテ償還請求權利ヲ取得スルニ至ルモノナレハナリ所持人カ其前者ニ對シテ償還請求ノ通知ヲ發シタルトキハ其償還請求ノ通知ヲ受ケタル者ハ其通知受領ノ行爲ニ因リテ更ニ其前者ニ對スル償還ノ請求權ヲ發生スルニ至ルモノナリ此償還請求權ノ發生原因ヲ稱シテ第二期ノ發生原因ト云フ斯ノ如ク前者タル裏書人カ償還請求ノ通知ヲ受ケタルトキハ其前者ニ對シテ更ニ償還ノ請求ヲ爲スコトヲ得ルモノニシテ此第二期ニ於テ發生シタル償還請求權ハ順次ニ溯及シテ各裏書人ヲ傳ハリ受取人ニ至リテ消滅スルモノトス各裏書人各自ノ請求權ハ其各自カ償還請求ノ通知ヲ受ケタルトキニ於テ發生スルモノナレハ其發生時期ノ同シカラサルヲ以テ等シク之ヲ第二期ノ發生原因ナリト云フハ誤

ナルカ如シ然レトモ請求權ノ發生原因ヲ第一期第二期ニ分割シタルハ其發生原因ノ種類ニ付テ時期ヲ定メタルモノナルヲ以テ敢テ誤ナリトシテ責ムルハ當ヲ得タルモノニ非スト云ハサルヘカラス

茲ニ第二期ニ於テ發生スヘキ原因ヲ具有スルモ裏書人即チ償還ノ順等ニ於テ發生スヘキ原因ニ非サルヲ以テ第二期ノ發生原因ニ變例ヲ爲ス處ノ償還請求權ノ發生原因アリ此原因ニ因リテ償還請求權ヲ有スル處ノ者ハ保證人及ヒ參加支拂人ナリトス保證人ハ裏書人トハ異ニシテ所持人又ハ其他ノ後者ヨリ償還請求ノ通知ヲ受ケタルノミニテハ未タ償還請求權ヲ有スルニ至ラサルナリ必スヤ自己カ債務ヲ負擔シタル處ノ相手方ニ對シテ現ニ債務ヲ履行シタルコトヲ要ス此債務ノ履行其モノカ即チ償還請求權ノ發生原因ヲ構成スルニ至ルモノナリ又夫ノ參加支拂人ハ假令豫備支拂人又ハ參加引受人タリト雖モ支拂請求ノ通知ヲ受領シタル行爲其モノニ因リテハ未タ償還請求權ノ發生スルモノニ非ス必スヤ所持人ニ對シテ

現ニ手形金額及ヒ費用ノ支拂ヲ爲シタルコトヲ要ス蓋シ保證人及ヒ參加支拂人カ爲替手形ニ付キ償還請求權ヲ有スルニ至ル所以ノモノハ所持人(保證人ニ付テハ時トシテ所持人以外ノ後者)ノ有スル權利ヲ承繼スルモノナルヲ以テ所持人ニ支拂ノ濟了ヲ爲サヽル時ハ手形上ノ權利ハ未タ所持人ノ掌中ヲ脱セサルモノナルニ因リ是等ノ者ハ自己ニ無キ權利ノ行使ヲ爲スコトヲ得サルヘケレハナリ是レ等シク第二期ノ發生原因ヲ有スルモ裏書人ハ承繼的ノ權利ヲ有スルモノニ非サルヲ以テ茲ニ此差異ヲ生スルニ至ルモノナリ

手形法第五百八條ノ規定ヲ見ルニ爲替手形ノ所持人カ支拂拒絶證書ヲ作ラシメタル場合ニ於テ豫備支拂人又ハ參加引受人アルトキハ所持人ハ滿期日又ハ其後二日内ニ參加引受人ニ若シ參加引受人ナキトキ又ハ參加引受人カ支拂ヲ爲サヽリシトキハ豫備支拂人ニ爲替手形ヲ呈示シテ其支拂ヲ求メタル後ニ非サレハ其前者ニ對シテ償還ノ請求ヲ爲スコトヲ得スト

在ルヲ以テ單ニ支拂人ノ支拂拒絶ニ因リテハ所持人ハ宛モ償還請求權ヲ有セサルカ如シト雖モ償還請求權ハ絶對的ニ支拂人ノ支拂拒絶ナル原因ニ因リテ發生シ一ノ例外ヲ餘スモノニ非ス該條ハ所持人ノ有スル償還請求權發生ノ原因ニ付テ規定セルモノニ非ス償還請求權ハ支拂人ノ支拂拒絶ニ因リテ發生スルモ豫備支拂人又ハ參加引受人ノ存設スル場合ニハ此權利ハ此者等ノ凡テニ於テ參加支拂ヲ拒絶スルニ非サレハ之ヲ行フコトヲ得サルモノトシタルニ在ルナリ若シ夫レ豫備支拂人又ハ參加引受人ニシテ參加支拂ヲ爲スコトアリトセンカ所持人ノ有スル償還請求權ハ消滅ニ歸スルト同時ニ其權利ハ法律上當然其參加支拂人ニ移轉スルモノト爲ルナリ否ラスシテ所持人ニ償還請求權ノ存セサルモノトセハ手形法ハ何ヲ苦ンテ其第五百十三條ニ參加支拂人カ支拂ヲ爲シタルトキハ引受人、被參加人及ヒ其前者ニ對スル所持人ノ權利ヲ取得スト規定スルコトアランヤ支拂ヲ拒絶セラレタル所持人ノ權利ハ償還請求權ト引受人ニ對スル支拂請求權ニ外ナラスシテ參加支拂アリタルトキハ被參加人ノ後者全員ハ償還ノ義務ヲ免除セラルヽモノナルヲ以テ參加支拂人カ所持人ノ權利ヲ承繼スルハ引受人ニ對スル支拂請求權ト被參加人及ヒ其前者ニ對スル償還請求權ノ二者ナリトス從ヒテ所持人ハ支拂拒絕ニ因リテ既ニ償還請求權ヲ有シタルモノナルコトヲ知ルニ足レリ

第五欵　償還請求ノ要件

償還ノ請求ハ漫然隨意ニ之ヲ爲スコトヲ許スモノニ非ス蓋シ手形ノ性質上手形ハ何人ノ手ニ存スルモノナリヤハ償還義務者ニ於テ常ニ之ヲ知悉スルモノニ非ス又其請求ノ當否ヲ知ルニ詮ナキヲ以テナリ之ヲ以テ手形法ハ法定ノ要件ヲ具備スルニ非サレハ其請求權ノ行使ヲ爲スコトヲ許サヽルモノトス然レトモ法定ノ要件ハ凡テノ償還請求權利者ヲ通シテ一定ノモノニ非ス余輩ハ之ヲ各別ニ說述セントス

(1)所持人ニ於ケル償還請求ノ要件

(A)支拂ノ拒絶アリタルコト

償還ノ請求ハ前者ニ支拂ヒタル對價ノ返戻ヲ要求スルモノナルヲ以テ對價ノ返戻ヲ要求シ得ル處ノ原因ナカルヘカラス支拂ノ拒絶ハ即チ曩キニ支拂ヒタル對價ノ目的ヲ欠缺スルニ至ルモノナルヲ以テ其對價ノ返戻ヲ要求シ得ル處ノ原因トナルモノナリ之レ玆ニ償還請求ノ要件トシテ其首位ニ之ヲ列擧シタル所以ナリ

(B)支拂ヲ求ムル爲メニ呈示ヲ爲スコト

余輩ハ支拂ノ章下ニ於テ或ル場合ヲ除クノ外手形ノ呈示ハ支拂請求ノ要件ニ非サルコトヲ一言シタリ然レトモ償還ノ請求ヲ爲スニハ支拂ノ拒絶アリタルコトヲ要シ支拂ノ拒絶アルニハ先ツ支拂ヲ求ムル爲メニスル呈示ノ在リタルコトヲ要スルモノトス否ラサレハ其拒絶カ正當ノ支拂請求ニ對シテ爲シタルモノナリヤ否ヤハ之ヲ確知スルコトヲ得サルナリ

(C)支拂拒絶證書ヲ作成セシムルコト

擔保請求ノ要件ヲ說述スルニ當リテ論シタルカ如ク手形上ノ權利者カ手形上ノ債權ヲ行使スルニハ手形ノ性質カ世界的ノモノナルニ因リ債權發生ノ原因ニ付キ確固不動ノ證據ヲ有セサルヘカラス然リ而シテ書證中公正證書ヲ以テ最モ其效力ノ確實ナルモノトスルニ因リ其支拂拒絕ノ事實ハ支拂拒絕證書ナル公證書ヲ以テ之ヲ證明セサルヘカラサルモノトセリ從ヒテ支拂人カ支拂ヲ拒絕シタルトキハ所持人ハ公證人又ハ執達吏ヲシテ支拂拒絕證書ヲ作成セシメサルヘカラス又此作成ヲ以テ償還請求ノ要件ノ一ニ列スルモノトス

支拂拒絕證書ノ作成ヲ以テ償還請求ノ要件ト爲スコト上述スル處ノ如シト雖モ茲ニ一ノ例外アリテ存ス即チ支拂拒絕證書作成免除ノ場合是ナリ支拂拒絕證書作成ノ免除者ハ豫メ手形權利者ノ擧證ノ責任ヲ免除シタル者ナルヲ以テ此者カ法律ノ保護ヲ受ケサラントスルハ公益ニ害ナキヲ以テ之ヲ有效トシ此者ニ對シテハ支拂拒絕證書ヲ作成セサルモ手形上ノ權

利ヲ失フコトナキモノトス其拒絶證書ハ何レノ時ニ於テ之ヲ作成スヘキモノナルヤヲ定ムルニ非スンハ折角其作成ノ目的ヲ達スルコトヲ得サルナリ茲ニ於テ法律ハ支拂拒絶ノ即日ニ於テ之ヲ作成スヘキモノト爲スヲ以テ原則トスレトモ一ニ亦所持人並ニ手形債務者ノ利益ヲ保護スルノ必要アリテ此原則ニ聊カ緩和ノ規定ヲ附設シ支拂拒絶證書ハ滿期日又ハ其後二日内ニ之ヲ作成スヘキモノトセリ何故ニ法律ハ所持人並ニ手形債務者ヲ保護スルノ必要アリテ滿期日ニ之ヲ作成スヘシトノ原則ニ緩和ノ規定ヲ附設セシヤト云フニ手形ノ資金義務者カ資金送付ノ遲滯セシ爲メニ支拂人カ支拂ヲ拒絶セシコトモアルヘク或ハ支拂人カ滿期日ニ支拂資料ヲ有セサルヨリシテ支拂ヲ拒絶セシコトモアルヘシ然ルニ之ニ一兩日ノ猶豫ヲ與フルトキハ資金ノ送付ヲ受クルコトモアルヘク或ハ支拂資料ヲ得ルコトモアルヘシ假シ否ラサルモ參加支拂ヲ受クルコトモアルヘケン之ヲ以テ所持人ハ此希望ニ基キ支拂拒絶證書ノ作成ヲ必ス滿期日ニ爲サ

ヽルヘカラストスルノ要アラサルナリ殊ニ法律ハ一面ニ於テ所持人ヲ保護スルモノト云ハサルヘカラス何トナレハ所持人ハ必ス滿期日ニ於テ支拂拒絕證書ヲ作ラシメサルヘカラサルモノトスルトキハ山僻寒村ノ地ニ在リテハ公證人又ハ執達吏ニ支拂拒絕證書作成ノ委託ヲ成スニ遑ナク空シク滿期日ヲ經過セサルヘカラサルニ至リテ爾カモ所持人ニ責ムヘキ過失アルコトナシ然レトモ仍之ヲ以テ前者ニ對スル手形上ノ權利ヲ喪失セシムル結果ヲ生スト爲スニ於テハ苛酷モ亦甚シト云ハサルヘカラサルヲ以テナリ

支拂拒絕證書ハ總則ノ規定ニ從ヒテ一定ノ場所ニ於テ之ヲ作成スヘキハ勿論ノコトナレトモ支拂地カ支拂人ノ住所ト異ナル場合ニ於テハ所持人ハ總則ノ規定ニ反シテ第四百九十條ノ規定ニ從ヒ第四百八十七條第一項ニ基キ支拂地ニ於テ支拂拒絕證書ヲ作成セシメ且ツ償還請求ノ通知ヲ發セサルヘカラサルモノトス

(D)償還ヲ為サント欲スル者ニ對シ償還請求ノ通知ヲ發スルコト

為替手形ノ所持人ハ支拂ヲ拒絶セラレタルニ因リ支拂拒絶證書ヲ作成セシメタルトキハ直ニ前者ニ對シテ償還ノ請求ヲ為スコトヲ得ルカ如シト雖モ手形法ハ手形債務者ノ不意ニ之カ請求ヲ為スコトヲ許サス蓋シ債務者ハ償還義務ノ發生シタルコトタニ知ラサルハ勿論其義務ノ履行ニ付キ何等ノ準備ヲモ為サヽルコトアルヘシ然ルニ其不意ニ償還義務ノ履行ヲ請求セラルヽコトアリトセンカ彼等ハ其準備ナキ為メ支拂資料ヲ缺キ時トシテハ支拂停止ノ故ヲ以テ破産宣告ヲ受ケサルコトノ已ヲ得サル不幸ノ地位ニ陥ラサルヘカラサルニ至ルコトアレハナリ爾カモ手形義務者ニ何等ノ過失ノ存スルモノニ非サルヘケレハ法律ハ此ニ彼等ヲ救護スルノ目的ヲ以テ彼等ノ不意ニ償還ノ請求ヲ為スコトヲ許サス此請求ヲ為サントスルニハ必ス先ツ償還ヲ為サシメント欲スル者ニ對シテ償還請求ノ通知ヲ發セサルヘカラサルモノトセリ

斯ノ如ク償還ヲ爲サシメント欲スル者ニ對シテ償還請求ノ通知ヲ爲サヽルヘカラサルモノナレトモ其通知ハ何レノ時ニ於テ之ヲ爲スモ隨意ナリト云フニ非ス若シ之ヲ其隨意ナリトスルトキハ償還義務者ハ爾後ノ救策ニ付テ挽回スヘカラサル損失ヲ被ムルコトアルヘク少クトモ其救策ノ手段ヲ失スルコトアルヘシ之ヲ以テ手形法ハ遲クトモ支拂拒絶證書作成ノ翌日マテニ償還請求ノ通知ヲ發スヘキモノトセリ

償還請求ノ通知ハ獨リ請求者ノ爲メニ其利益ナル效力ヲ生スルノミナラス其通知ヲ受クル者ノ後者全員ノ爲メニ其效力ヲ生スルモノトス之レ蓋シ前者ハ其後者カ自己及ヒ自己ノ前者ニ對シテ請求ノ通知ヲ發シタルトキハ自己モ亦其通知ヲ發スヘキヲ至當トスト雖モ其前者ハ後者全員ニ對シテ支拂ノ義務ヲ履行スヘキカ當然ノコトナレハ之ヲ再ヒセサルモ同一ノ效力ヲ生スルモノトシタルニ在ルヘケレハナリ然レトモ其前者タルニハ必ス自己モ償還請求權ノ發生シタル者ナラサルヘカラス否ラサレハ元

求其前者ニ對シテ請求ノ通知ヲ發スルコトヲ得サルモノナルヲ以テ本問ヲ生スルコトナキナリ

(E) 一定ノ金額ニ付テ償還ノ請求ヲ爲スコト

償還ノ請求ハ曩ニ支拂ヒタル對價ノ返戻ヲ要求スルニ在ルモノナルコトハ既ニ屢々說述シタル處ナリ然レトモ其支拂ヒタル對價ノミノ返戻ヲ受クルモノトスルトキハ所持人ハ存外損失ヲ受クルニ至ルヘシ之ヲ以テ手形法ハ所持人カ支拂ヲ拒絕セラレタル爲メニ生シタル費用其他ノ金額ハ之ヲ對價ト共ニ償還セシムルコトヽセリ蓋シ對價ハ手形金額ノ支拂ニ對スル代價ナルヲ以テ手形金額ノ支拂ヲ得サルトキハ之カ爲ニ償還請求ノ不得已費用及ヒ損失ヲ生シ爾カモ償還義務者カ支拂ヲ得サル手形ニ付テ對價ヲ支拂ハシメタルニ原因スルモノナレハナリ之ヲ以テ所持人ハ支拂ハレサル手形金額ハ勿論滿期日以後ノ法定利息ト支拂拒絕證書作成ノ手數料及ヒ其他ノ費用ニ付テ償還ヲ請求スルコトヲ得トセリ支拂拒絕證書

作成ノ費用ハ假令其作成ヲ免除シタルトキト雖モ之ヲ作成シタルトキハ其作成ノ費用ハ免除者ニ於テモ之ヲ免カルヽコトヲ得ス蓋シ作成ノ免除ハ免除者ニ於テ其費用ヲ免カレントスルニ在ルモノナレトモ手形權利者ニ於テハ支拂拒絶證書ノ作成ヲ以テ義務ナリトスルニ非ス償還請求ノ要件トシテ寧ロ手形權利者ノ權利行爲ニ屬スルモノトスレハナリ茲ニ「手形金額」ト云ハスシテ「支拂ハレサル手形金額」ト云ヒシハ所持人ハ部分支拂ヲ受ケサルヘカラサルモノナルヲ以テ部分支拂ヲ受ケタルトキハ殘存部分ノ手形金額ニ付テノミ支拂ヲ請求シ得ルモノナルニ因ルナリ又「振出又ハ裏書以後ノ法定利息」ト云ハスシテ「滿期日以後ノ法定利息」ト云ヒシハ元來所持人ハ多少ノ冒險的行爲ヲ以テ爲替手形ヲ取得シタルモノナルニ因リ滿期日以前ノ利息ハ之ヲ求ムルノ意思ナキモノト推測スヘク又之ヲ求メシムルノ不當ナルヨリ斯クハ規定シタルニ在ルナリ

支拂ハレサリシ手形金額トハ額面記載ノ金額ニ付テ之ヲ云フモノニ非ス

手形法ハ償還ノ請求ヲ受タル者ノ住所地カ支拂地ト異ナル場合ニ於テハ支拂地ヨリ償還ノ請求ヲ受クル者ノ住所地ニ宛テ振出シタル一覽拂ノ爲替手形ノ相場ニ依リテ計算スルモノトシ若シ支拂地ニ於テ其相場ナキトキハ支拂地ヨリ償還ノ請求ヲ受クル者ノ住所地ニ最モ近キ地ニ宛テ振出シタル一覽拂ノ爲替手形ノ相場ニ依リテ之ヲ定ムルモノトセリ之ニ因リテ之ヲ見ルトキハ償還ヲ受クル者ノ住所地ト支拂地ト同一ナル場合ニ於テハ特別ノ算定方法ナキニ因リ手形記載ノ額面ニ從ヒテ之ヲ計算スヘキモノト云ハサルヘカラス斯ノ如ク特別ノ算定方法ヲ定メタル所以ノモノハ爲替相場ノ高低ニ由リテ互ニ損得ノ差異ヲ生スルモノナレハ之ヲ可成衡平ナラシメントスルニ在ルナリ

(2) 裏書人ニ於ケル償還請求ノ要件

(A) 後者ヨリ償還請求ノ通知ヲ受ケタルコト

裏書人ハ所持人ト異ニシテ第二期ノ發生原因ニ因リテ償還請求ハ權利ヲ

有スルモノトス其發生原因ハ即チ後者ヨリ償還請求ノ通知ヲ受領スルニ在ルモノナリ裏書人ハ此通知ヲ受領スルトキハ後者ニ對シテハ償還ヲ爲サヽルヘカラスト雖モ其前者ニ對シテハ償還ノ請求權ヲ有スルニ至ルモノナルヲ以テ茲ニ其償還請求ノ要件トシテ之ヲ擧示セリ

(B) 償還ヲ爲サシメント欲スル者ニ對シ償還請求ノ通知ヲ發スルコト

裏書人ハ前號ノ通知ヲ受クルトキハ償還請求權利者ト爲ルヘケレトモ前項ニ於テ説明シタルカ如ク之ヲ以テ直ニ其前者ニ請求スルコトヲ得セシムルトキハ其前者ノ不意ニ意外ノ困難ヲ被ムラシムルニ至ルヘキヲ以テ法律ハ先ツ其請求ノ通知ヲ發セサルヘカラサルモノトセリ而シテ其通知ハ何レノ時ニ於テ之ヲ發スルモ其隨意ナリト云フニ非スシテ自己カ其後者ヨリ請求ノ通知ヲ受ケタル日ノ翌日迄ニ其通知ヲ發セサルヘカラサルモノトス其他前項所持人ニ於ケル償還請求ノ要件ニ付テ説述シタル處ハ本號ニ付テモ準用セラルヽモノナルヲ以テ此ニ再ヒ之ヲ喋々セサルヘシ

(C) 一定ノ金額ニ付テ償還ノ請求ヲ爲スコト

所持人ノ償還請求ヲ爲ス場合ニ於ケルト大差アルコトナク殆ント同一ノ金額及ヒ同一ノ算定方法ニ依ルヘキモノトスレトモ唯彼ト此ト異ナル處ハ彼ハ支拂ハレサリシ手形金額及ヒ費用ニ付テ償還ヲ請求スルモノナレトモ此ハ既ニ支拂ヒタル金額並ニ其支出シタル金額ニ付テ之ヲ求ムルニ在ルモノナルヲ以テ從ヒテ其法定利息モ亦支拂ヒタル日以後ニ於テ之ヲ求ムヘキモノトスルニ在ルナリ余輩ハ茲ニ償還請求ノ要件ノ說明ヨリ辭シ去ラントスルニ當リ仍一言ヲ費ヤサント欲ス所持人ハ償還請求ノ要件ヲ具備セス或ハ之ヲ缺クトキハ前者ニ對シテ償還請求權ヲ有セス或ハ既ニ有シタル權利ヲ喪失スルニ至ルナリ然ルニ裏書人ニ付テハ其要件ヲ缺クカ爲メニ手形上ノ權利ヲ喪失ストノ規定ヲ存スルコトナキヲ以テ宛モ裏書人ハ償還請求ノ要件ノ缺否カ權利ノ喪失問題ヲ生セサルモノヽ如シ然レトモ既ニ法律カ償還ノ請求ヲ爲スニハ其要件ヲ具備スヘキモノトスル

以上ハ其規定ノ存否ニ拘ラス其要件ヲ缺クトキハ前者ニ對シテ手形上ノ權利ヲ行フコトヲ得サルノミナラス爾後更ニ之ヲ補充スルコトヲ得サルモノナルヲ以テ其權利ヲ喪失スルニ至ルモノト論セサルヘカラス之ニ依テ之ヲ見ルトキハ所持人ノ償還請求ニ付テ失權ノ規定ヲ設ケタルハ蛇足ニシテ法制編纂員ノ拙劣ニ歸セサルヘカラス又所持人カ償還請求ノ要件ヲ缺クトキハ其前者ニ對スル手形上ノ權利ヲ失フモノナレハ爲替手形ニ支拂擔當者ノ記載アル場合ニ於テ支拂擔當者カ支拂ヲ拒絶シタルトキハ支拂地ニ於テ第四百八十七條第一項ノ規定ニ從ヒテ支拂拒絶證書ヲ作成セシメ且ツ償還請求ノ通知ヲ發セサルトキハ其前者ニ對シテノミナラス引受人ニ對シテモ手形上ノ權利ヲ失フニ至ルモノトス之レ蓋シ引受人ハ支拂擔當者ニ對シテハ宛モ裏書人其他ノ前者ニ於ケル地位ニ在ルモノナレハナリ

第六欵　償還

爲替手形ノ償還行爲ハ之ヲ分チテ直接償還及ヒ間接償還ノ二トス直接償還ハ償還義務者ヨリ直接ニ償還ヲ受クルニ在リト雖モ間接償還ハ償還義務者ヨリ償還ヲ受クルコトナク爲替手形ヲ更代シテ償還金額ニ相當スル金額ヲ受クルニ在ルモノトス左ニ之ヲ分説スルコト、セン

(1) 直接償還

所持人又ハ裏書人ハ勿論參加支拂人及ヒ保證人ハ償還請求ノ要件ヲ具備スルトキハ償還請求ノ通知ヲ受ケタル一人乃至全員ノ償還義務者ニ對シテ償還ヲ請求シ得ルモノニシテ其償還手續ハ法律上强制的ノモノニ非サレトモ償還義務者ノ求メニ依ルトキハ法律ノ規定ニ違反スルコトヲ得サルモノトス即チ償還者ニ於テ爲替手形支拂拒絶證書及ヒ償還計算書ノ提供ヲ求メラル、トキハ還償請求者ハ之ヲ拒ムコトヲ得ス盖シ是等ノ書類ヲ提供スルニ非サレハ其償還請求者ナリト稱スル處ノ者ノ眞否ヲ甄別スルコトヲ得サルヘク殊ニ償還請求權ハ手形法上ノ權利ニシテ手形法上ノ

權利ハ擔保ヲ除キテハ爲替手形ノ所持者ニ屬スルモノナレハナリ而シテ其提供アリタルトキハ之ト引換ニ償還ヲ爲スコトヲ得ルモノトス然レトモ償還者ニ於テ其危險ヲ冒シ是等ノ書類ヲ提供セシメスシテ償還ヲ爲スモ其隨意ナリ之ヲ提供セシメサルニ因リテ其償還行爲カ無效ト爲ルコトナシ之レ法律カ償還行爲ヲ以テ方式行爲ト爲サヽルニ因ルモノニシテ從ヒテ其者ニ對シテハ他ノ方法ヲ以テ其償還ヲ爲シタルコトヲ證明スルコトヲ得ルモノトス然レトモ償還行爲ニ就テハ擔保ニ付テ規定セルカ如ク後者ノ一人ニ付キ償還ヲ爲シタルトキハ其他ノ後者ニ付テモ償還ヲ爲シタルモノトストノ規定ヲ有セサルニ因リ其他ノ償還請求權利者ニ對シテハ第四百四十條ニ依ルノ外他ノ立證方法ヲ以テ之ニ對抗スルコトヲ得セシメサルモノトス

又償還者ハ償還請求者ヲシテ償還計算書ニ償還ヲ受ケタル旨ヲ記載セシメ且ツ之ニ署名行爲ヲ爲サシムルコトヲ得ルモノトス固ヨリ之ニ受領ノ

旨ヲ記載セシメ又署名行爲ヲ爲サシムルモ償還行爲ハ無效ト爲ルニ非ス然レトモ後日其請求者カ不正ノ者ナリタリトカ或ハ其他ノ爭議ノ生スルコトアルトキハ其否ラサルコトヲ立證スルノ要ニ供スルヲ便トスルニ在ルナリ

(2) 間接償還

爲替手形ノ所持人又ハ裏書人タル償還請求權利者カ償還義務者ト遠隔ノ地ニ在ルトキハ其償還ノ請求ヲ爲スコト頗ル困難ニシテ且ツ幾多ノ手數及ヒ費用ヲ要スルモノナルヲ以テ直接償還ヲ强要スルニ於テハ償還義務者ノ遠隔地ニ在ル爲替手形ハ流通ノ遲鈍ナル病ニ罹ルコトアルヘシ之ヲ以テ各國ノ法制ハ此場合ニ於ケル救濟策ヲ規定スルニ至リタリ是レ手形法ノ頗ル發達シタル所以ニシテ我手形法モ亦之ヲ規定セリ此場合ニ於ケル救濟策ハ償還請求者ヲシテ直接償還ノ請求方法ニ代ヘ其前者ヲ支拂人トシテ更ニ爲替手形ヲ振出スコトヲ得セシムルニ在リ斯ノ如クスルトキ

ハ償還請求者ハ振出ノ對價ヲ得ルモノナルヲ以テ直接償還ヲ得タルト同一ノ效果ヲ收ムルニ至ルヘシ斯ノ如キ振出ヲ稱シテ外國ニテハ戻爲替手形ノ振出ト云ヒテ我舊手形法ハ此名稱ヲ襲用シタリキ然レトモ戻爲替手形ノ振出ナル語ハ少シク穩當ヲ失シ其實新ニ爲替手形ヲ振出スニ在ルナリ

間接償還ノ請求ニ付テ要スル處ノ條件ハ一般ノ振出要件ニ基クヘキハ勿論ナレトモ此場合ニ於テハ特ニ要件ノ制限ヲ爲スモノトス其制限ニ付テ少シク說述スヘシ

(一) 振出地

一般ノ振出ニ在リテハ何地ナルヲ問ハス其振出ヲ爲ス地ヲ以テ其振出地ト爲スヘキモノナレトモ償還請求ノ爲メニスル振出ニ在リテハ之ト異ニシテ又所持人ト裏書人トニ依リテ異ナルモノナリ即チ所持人カ爲替手形ヲ振出ストキハ本爲替手形支拂地ヲ以テ振出地ト定ムヘキモノトス蓋シ

支拂地ニ於テ支拂ヲ拒絶セラレタルモノナレハ其地ニ於テ之ヲ振出スヘキハ償還請求ノ目的上當然ノコトニ屬スレハナリ又裏書人カ爲替手形ヲ振出ストキハ其住所地ヲ以テ振出地ト定ムヘキモノトス蓋シ裏書人ハ其住所地ニ於テ多クハ償還ヲ爲シタルモノナルヲ以テ其地ニ於テ之ヲ振出スハ償還請求ノ目的ニ於テ當然ノコトニ屬スレハナリ

(二)支拂地

一般ノ振出ニ付テハ何レノ地ヲ以テ支拂地ト定ムルモ一ニ振出人ノ隨意ニ在リト雖モ償還請求ノ爲メニスル振出ニ在リテハ法律ハ必ス償還ノ請求ヲ受クル者ノ住所地ヲ以テ支拂地ト爲サヽルヘカラサルモノトセリ蓋シ斯ル原因ニ基ク爲替手形ノ振出ハ其實償還ヲ請求スルニ在ルモノナルヲ以テ可成支拂人ト爲ル處ノ償還義務者ニ便利ヲ與ヘ一ニ亦支拂ヲ拒絶スルコト勿ラシメ以テ其支拂力ヲ確保スルノ要アレハナリ

(三)一覽拂爲替手形

毛戸曰、民手形ニ關スル規定ハ手形上ノ關係ヲ定メタルモノニアラス支拂人ノ一定ノ條項ヲ記載シタル手形ヲ引受クヘキ民法

一般ノ振出ニ在リテハ振出人ハ如何ナル種類ノ爲替手形ヲ振出スモ其自由ニ在リト雖モ償還請求ノ爲メニスル振出ニ在リテハ法律ハ必ス一覽拂爲替手形トスルニ非サレハ之ヲ振出スコトヲ得ストセリ之レ蓋シ前項ニ於テ一言シタル如ク畢竟スル處其支拂力ヲ確保スルノ要アレハナリ

償還請求ノ爲メニスル爲替手形ノ振出ニ付テハ以上ノ要件ヲ特ニ具備スヘキモノトスルニ在レトモ振出人カ之ニ反シテ全然一般ノ要件ニ就テ之ヲ振出シタルモノナルトキハ之ヲ無效トスヘキモノナルカ此點ニ付テハ聊カ疑義ナキ能ハス手形法ニ於テハ之ヲ要件トスルモノナルヲ以テ全然之ヲ無效ナリトスルカ如シト雖モ一面ニ於テハ償還請求ノ爲メニ振出スモノナルコトヲ爲替手形ニ記載スルコトナキヲ以テ被振出人又ハ被裏書人ノ如キハ一般ノ爲替手形トシテ之ヲ所持スルモノナルニ因リ之ヲ無效トスヘカラサルニ似タリ或ハ云ハンカ償還請求ノ爲メニスル爲替手形ノ振出ハ爲替手形支拂拒絶證書及ヒ償還計算書ヲ添付スルモノナルヲ以テ

上ノ義務ヲ定メタルマテナリ故ニ著者ノ見解ノ如ク支拂地、振出地、満期日ニ關シテ法律ノ加ヘタル制限ヲ守ラスシテ手形ヲ振出スモ効力ニ妨ケナシ只此ノ如キ手形ハ支拂人タル償還義務者ハ之ヲ引受クルノ義務ナキノミ

岸本評論 予ハ著者ノ議論ヲ可トス手形ハ一般ノ要件ヲ具備スルトキハ一

直ニ其爲替手形ハ一般ノ爲替手形ニ非サルコトヲ了知スルコトヲ得ヘキモノナルニ因リ全然之ヲ無效トスヘシト然レトモ舊手形法ニ於テハ是等ノ書類ヲ添付スヘキモノト爲シタレトモ新法典ハ之ヲ要件トスヘキ規定ノ存セサルヲ以テ假令之ヲ添付セサルモ償還請求ノ爲メニスル爲替手形ノ振出ヲ妨クルコトナシト云ハサルヘカラス然ラハ何ヲ以テ一般ノ爲替手形ト比較シテ其否ラサルコトヲ認知シ得ルカ論者ハ未タ法典ノ規定ヲ解セサルモノト云ハサルヘカラス余輩ハ立法論トシテハ兎モ角モ法典ノ解釋トシテハ此要件ヲ缺クトキハ償還請求ノ爲メニスル爲替手形ノ振出トシテハ之ヲ無效トスヘキモ一般ノ爲替手形トシテ之カ成立ヲ認メサルヘカラサルモノト論スル者ナリ

適法ニ振出シタル償還請求ノ爲メニスル爲替手形ノ支拂人カ手形法上其所持人ニ對シテ必ス支拂ヲ爲サヽルヘカラサル義務ヲ負擔スルコトナキヲ以テ之ヲ拒絶スル場合ノ必スシモナキヲ保スヘカラス此場合ニ於テハ

般ノ手形トシテ成立シ且ツ効力ヲ有スルモノナルヲ以テ毛月氏ノ評論ノ如キハ手形行爲ニ關係ナキ裏面ヲ觀察シテ民法上ノ議論ヲ試ミタルモノニハ非サルナキカ

岸本評論法制上幾多ノ議論ナキ能ハス

更ニ償還問題ノ發生スルモノニシテ其償還ノ手段トシテ常ニ間接償還ノ手續ニ依ルトキハ償還復償還遂ニ絶止スルノ期ナキモ法律ノ上ニ於テハ一ノ奇觀トシテ措クノミ之ヲ絶止セシムル策アラサルナリ

第七款 償還ノ效力

上來詳說シタルカ如ク償還ハ受取リタル對價ヲ返還スルモノニシテ償還ノ效力ハ對價返還ノ一事ニ在ルカ如シト雖モ法理ノ說明トシテハ未タ以テ償還ト手形ノ關係ニ付キ償還ヨリ生スル所ノ效力ヲ明カニスルニ足ラス抑モ爲替手形ハ支拂ノ拒絶ニ因リテ手形ノ支拂力ヲ破壞セラル丶モノナリト雖モ未タ手形其物ノ消滅ニ歸スルコトナシ償還ハ對價ノ返還ヲ爲スト同時ニ爲替手形ヲ裏書又ハ振出前ノ狀態ニ復舊セシムルモノニシテ償還ノ最後ニ於ケル目的ハ爲替手形ヲ其發行者ノ手ニ歸屬セシメ以テ替爲手形ノ實質的效力ヲ消滅セシムルニ在リ然レトモ我手形法ノ規定ハ果シテ此手形消滅說ヲ認容スルモノナリヤ否ヤハ實ニ一大疑問ナリトス即

ヲ我手形法ハ償還請求ノ要件トシテ爲替手形ヲ償還ト交換ニ償還者ニ交付スヘキコトヲ規定セス償還請求者カ爲替手形ヲ償還ト引換ニ交付スルコトナキトキハ償還者ニ於テ償還義務ヲ履行スルニ及ハサルモノトシ其之ヲ交付スルト否トニ拘ラス償還ヲ爲スト否ヤハ一ニ償還者ノ意思ニ在ルモノトス之ヲ以テ法典ノ解釋トシテハ償還最後ノ效力ハ手形ヲ消滅セシムルモノナリトノ說ハ我手形法ノ容レサルモノナルカ如シ然ラハ我手形法ニ於テ償還ノ効力ハ如何ト云フニ余輩ハ疑問ナカラ對價ノ返還ニ外ナラスト云ハント欲スル者ナリ

第五節　拒絕證書

第一欵　拒絕證書ノ性質

凡ソ諸般ノ法律行爲ニ於テ其行爲ノ性質體樣發生存在又ハ消滅等ノ事實ヲ證明スヘキ所ノ材料ハ區々ニシテ一樣ナラス法律ヲ以テ之ヲ定メントスルモ或ル場合ノ外ハ多クハ之ヲ一定スルコトヲ得サルモノナリ契約ヲ

以テ法律關係ヲ成立セシムルトキハ豫メ書證ヲ作成シ置クコトヲ得ヘシト雖モ單獨行爲ニ付テハ往々ニシテ書證ヲ得難キコトアリ偶々之ヲ得ルコトアリトスルモ單獨行爲ハ第三者ニ關係ヲ及ホスコト比較的ニ多キヲ以テ一片ノ私書證書又ハ其他ノ推測ニ因リ其事實ヲ斷スルトキハ誤ヲ生シ易キハ敢テ言フヲ要セス之ヲ以テ爲替手形ニ於ケル引受ノ拒絕又ハ支拂ノ拒絕其他爲替手形ノ複本又ハ謄本ノ存在スル場合ニ於テ其正本又ハ原本ノ返還ヲ爲サヽルトキハ其拒絕ナル事實ノ證明ヲ爲スニハ推測又ハ人證ヲ以テ之ヲ足レリトスルコトヲ得ス蓋シ爲替手形ハ經濟社會ニ於ケル貨物ノ轉換ニ付テハ貴重ノ關係ヲ有スルモノナルヲ以テ手形ノ運行ニ付テハ法律ヲ以テ精密周到ニ之ヲ監督セサル可ラス從ヒテ其引受ノ拒絕、支拂ノ拒絕又ハ原本返還等ハ之ヲ明確ニシテ經濟社會ニ於ケル騷擾ヲ豫防シ安寧ヲ保持セサルヘカラサレハナリ之ヲ以テ是等ノ事實ヲ明確ニスルニハ法律ヲ以テ之ヲ規定スルノ要アリ之ヲ一般ノ證據法ヨリ奪フテ以テ手形法ニ規定スルノ當否ハ暫ク措キ各國ノ法制ニ於テハ皆之ヲ手形法ニ規定セリ一ニ亦便宜ノ規定ナルヘシ我手形法ニ於テモ之ヲ規定シ此拒絶ノ事實ハ一ノ證書ヲ以テ證スヘキモノトシ公證人又ハ執達吏ヲシテ作成セシムルコトヽセルヲ以テ此種ノ證明證書ハ公正證書ナリトス之ヲ以テ手形ニ對スル右ノ拒絶ナル事實ハ手形法ニ規定セル拒絶證書ナル公正證書ヲ以テ證明ノ材料トスルノ外私署證書ハ勿論人證其他ノ推測ヲ以テ之ヲ斷スルコトヲ得ス

斯ノ如ク拒絶證書ハ公正證書タル性質ヲ有スルモノナルニ因リ余輩ハ此ニ於テ手形法上ニ於ケル一ノ論斷ヲ試ミントス學者往々ニシテ拒絶證書ノ作成ヲ以テ權利發生條件ノ一ナルカ如ク説明スル者アレトモ誤謬ノ甚シキモノナリ凡ソ證書ハ權利ノ發生存在ヲ證明スルモノナリト雖モ未タ證書ノ作成ニ因リテ權利ノ發生スルモノハ非サルナリ只手形ノ如キハ權利的證券ナルヲ以テ手形ノ作成ト同時ニ權利ノ發生スルコトアルモ這ハ

單純ノ證明證劵ニ非サルヲ以テ同日ノ論ニアラサルナリ拒絶證書ハ實ニ拒絶ナル一ノ事實ヲ證明スルモノナルヲ以テ純然タル證明證劵ナルコトハ論ナク所持人ハ拒絶ナル事實ニ因リテ前者ニ對スル手形上ノ權利ヲ發生シ此權利ハ拒絶證書ニ因リテ其拒絶ナル事實ノ證明セラルヽコトニ於テ實行セラルヽモノナリ之ヲ以テ拒絶證書ノ作成カ權利ヲ發生ストノ議論ハ證書其物ノ觀念ニ於テ容ルヽ所ニ非ス

第一款　拒絶證書作成ノ原因

拒絶證書ハ如何ナル場合ニ於テ之ヲ作成スヘキモノナルヤハ前章ニ於テ既ニ數次説述シタル處ナリ然レトモ便宜ノ爲メ前後之ヲ一括シテ其要領ヲ摘述スヘシ

一覽後定期拂ノ爲替手形ノ所持人ハ其日附ヨリ一年內ニ引受ヲ求ムル爲メ爲替手形ヲ支拂人ニ呈示セサルヘカラス然ルニ支拂人カ引受ヲ爲サス又ハ引受ノ日附ヲ記載セサリシトキハ所持人ハ呈示期間內ニ拒絶證書ヲ

作ラシムヘキモノトス(四六七)
振出人カ支拂擔當者ヲ定メタル場合ニ於テ其引受ヲ拒マレタルトキハ拒絶證書ヲ作リテ其呈示ヲ爲シタルコトヲ證セサルヘカラス(四七二)
其他所持人カ自由ニ引受ヲ求メタル場合ニ於テ之ヲ拒マレタルトキハ拒絶證書ヲ作成スルコトヲ得(其他五〇〇)
引受人カ破産ノ宣告ヲ受ケ相當ノ擔保ヲ供セサルトキハ所持人ハ拒絶證書ヲ作ルヘキモノトス(四八〇)
一覽拂ノ爲替手形ノ所持人ハ其日附ヨリ一年内ニ爲替手形ヲ呈示シテ支拂ヲ求メサルヘカラス此場合ニ於テ支拂ヲ拒マレタルトキハ拒絶證書ヲ作成シテ右ノ期間内ニ呈示シタルコトヲ證セサルヘカラス(四八二)
其他凡テ支拂ヲ拒マレタルトキハ滿期日又ハ其後二日内ニ拒絶證書ヲ作成セサルヘカラス(四八七、四九〇、五〇八)
爲替手形ノ正本又ハ原本ノ返還ヲ拒ミタルトキハ複本又ハ謄本ノ所持人

ハ拒絶證書ヲ作成セサルヘカラス(五二一、五二四)手形法ニ於テ拒絶證書ヲ作成スヘク又作成シ得ヘキ場合ハ以上ノ數項ナリトス

第三欵　拒絶證書ノ作成

(1)請求者

拒絶證書ノ作成ヲ請求スル者ハ必ス被拒者ナラサルヘカラス何トナレハ被拒者ハ其拒絶ノ事實ヲ確保スル爲メニハ第一ノ當局者ニシテ其利害ノ關係スル所重大ナルヲ以テナリ敢テ深ク論スルヲ要セス

拒絶證書ノ作成ハ常ニ一通ナルモノトス之ヲ以テ被拒者カ數人ニ對シテ手形上ノ請求ヲ爲サントスルニモ各通ノ拒絶證書ノ作成ヲ要スルモノニ非ス若シ夫レ各通ノ拒絶證書ヲ作成セサルヘカラサルモノトセハ徒ラニ煩冗ノ手數ヲ要スルノミニシテ毫モ其利益ノ存スルコトナシ之ヲ以テ數人ニ對シテ手形上ノ請求ヲ爲サントスルニハ一通ノ拒絶證書ヲ作成シ各

人ニ對シテハ只其請求ノ通知ヲ爲セハ足レルモノトス蓋シ拒絕證書ハ拒絕ノ事實ヲ公證スルモノニシテ公證ハ何人ニ對シテモ同一ノ效力ヲ有シ其效力ヲ有スルニハ一通ノ證書ヲ以テ充分ナリトスレハナリ

(2) 作成者

拒絕證書ノ目的ハ拒絕ノ事項ヲ確證スルニ在リテ拒絕證書ノ適法ニ成立スルトキハ其拒絕ノ事實ハ公認セラルヽモノナルヲ以テ之カ作成ヲ私人タル所持人ニ一任スヘキモノニ非ス此ニ於テ手形法ハ公證人又ハ執達吏ヲ以テ拒絕證書ノ作成者ト爲シ以テ拒絕ノ事實ヲ確認セシメ證書ノ確立スルコトヲ保障セリ

然レトモ是等作成者ハ能働的ニ干涉シテ拒絕證書ヲ作成スヘキモノニ非ス之ヲ作成スルニ付キ利益ヲ有スル處ノ被拒者ニ於テ之カ作成ノ請求ヲ爲シ作成者タル公證人又ハ執達吏ヲシテ作成ノ働機ヲ得セシメサルヘカラス之ヲ以テ公證人又ハ執達吏ハ其請求ニ因リ拒絕證書ヲ作成スヘキモ

ノトス

(3) 記載事項

拒絶證書ハ要式證書ノ一ニシテ要式證書トハ法定ノ式目ニ從ヒテ作成スルコトヲ要スル證書ヲ云フモノナリ手形法第五百十五條ハ實ニ此法定式目ヲ規定シタルモノトス

(一) 爲替手形其謄本及ヒ補箋ニ記載シタル事項

拒絶證書ヲ作成スルニ當リテヤ如何ナル爲替手形カ拒絶セラレタルモノナルカヲ知ルハ必要ノ事柄ナリトス之ヲ以テ拒絶證書ニハ爲替手形ノ全文及ヒ之ニ補箋アルトキハ其全文ヲ記載スヘキモノトス又爲替手形ノ謄本ヲ作リタルトキハ其謄本ノ全文ヲモ記載セサルヘカラス而シテ此ニ複本ノコトヲ言ハサルハ複本モ亦爲替手形ノ一ナルヲ以テ殊更ニ複本ト云フコトヲ要セス又複本ハ正本ト記載事項ヲ異ニスルコト絶對的ニナキモノトスルヲ以テ爲替手形トシテ一個ノ書面ノ全文ヲ記載スレハ足レルヲ

以テナリ

爲替手形ノ引受又ハ支拂ヲ求ムルニハ爲替手形ヲ以テスルモノナレハ其謄本ハ爲替手形ノ代表力ヲ存セサルニ因リ假令謄本ノ存スル場合ト雖モ其全文ヲ拒絶證書ニ記載スルコトヲ要セサルヘク又原本ノ返還ヲ拒ミタル場合ニ於テ其原本ノ送付先ヲ記載シタル謄本ノ全文ヲ拒絶證書ニ記載スルコトヲ要セサルカ如シ然レトモ本號ニ於テ列擧的ニ記載シタル所ヨリ想像スルトキハ其謄本ノ存スルトキハ必ス之ヲ記載セサルヘカラストト解スルヲ以テ穩當ナリトスルニ似タリ

(二)拒絶者及ヒ被拒絶者ノ氏名又ハ商號

拒絶證書ハ拒絶ノ事實ヲ確證スルニ在ルヲ以テ何人カ拒者ニシテ何人カ其被拒者ナルカ即チ拒絶ニ付テノ當事者ヲ明カニセサルヘカラサルヤ敢テ喋々ヲ要セサル所ナリ

拒絶者カ行爲能力ヲ有セサル場合ニ於テハ其實際拒絶ヲ爲シ又ハ之ヲ爲

シサメタル所ノ法定代理人ヲ記載セサルヘカラサルカ余輩ハ之ヲ必要ノコトナリト信ス法律ニ規定ナキ事項ナルヲ以テ之ヲ記載スルモ記載ノ效力アラサルカ如シト雖モ拒絶證書ハ手形ニ非サルヲ以テ必スシモ記載ノ効力ナシト云フコトヲ得サルヘシ

(三) 拒絶者ニ對シテ爲シタル請求ノ趣旨及ヒ拒絶者カ其請求ニ應セサリシコト又ハ拒絶者ニ面會スルコト能ハサリシ理由

爲替手形ノ所持人ハ如何ナルコトヲ請求シテ拒絶セラレタルモノナルカ請求ノ趣旨ト拒絶ノ事實即チ因果ノ關係ヲ拒絶證書ニ記載シテ之ヲ證スルニ非サレハ拒絶ノ事實ヲ明カニスルコトヲ得ス又所持人カ請求シ得ル所ノ事項ハ手形法ニ於テ限定セラレタルヲ以テ其限定外ノ事項ヲ請求シテ拒絶セラレタルモ之ニ因リテ他方ニ對スル所ノ權利ヲ發生スルモノニ非サレハ拒絶證書ハ果シテ適法ノ請求ヲ爲シタルモノナルヤ否ヤ又其拒絶カ手形法上理由ナキモノナルヤ否ヤヲ知ルニ便セシメサルヘカラサル

ヲ以テ拒者ニ對シテ爲シタル請求ノ趣旨及ヒ其請求ヲ拒絶シタルコトヲ記載セサルヘカラス

手形法ニ於テ拒絶ナル語ハ必スシモ積極的ニ拒ミタル行爲ヲ指シテノミ之ヲ云フモノニ非ス所持人カ手形法上ノ或ル請求ヲ爲サントスルモ其請求ヲ受クヘキ所ノ者カ不在ナルカ又ハ不可抗力或ハ意外ノ事爲ニ因リテ其請求ヲ爲ス能ハサル場合ニ於テ其請求ノ目的ヲ達セサルトキハ亦此ニ法律上一ノ拒絶ナル事實ノ生シタルモノトス之ヲ以テ請求ヲ爲サントスルモ拒者ニ面會スルコト能ハサルトキハ其面會ヲ爲スコト能ハサリシ理由ヲ記載セサルヘカラス而シテ茲ニ拒者ニ面會スルコトヲ得サリシ場合ノミヲ規定スト雖モ面會シテ請求ヲ爲ス能ハス請求ヲ爲スモ疾病其他ノ理由ニ因リテ應否不能ノ如キモ共ニ之ヲ包含スルモノト解釋セサルヘカラス次號ニ於テ「云々之ヲ爲スコト能ハサリシ云々」ト規定セルニ因リテモ之ヲ知ルコトヲ得ヘシ

(四)前號ノ請求ヲ爲シ又ハ之ヲ爲スコト能ハサリシ地及ヒ年月日
拒者ニ對シテ爲シタル所ノ請求ノ趣旨及ヒ其之ニ應セサリシコト又ハ請求ヲ爲ス能ハサリシコトノ明カナルニ至ルモ其之ヲ爲シ又ハ之ヲ爲ス能ハサリシ場所及ヒ何時ニ於テ之ヲ爲シ又ハ之ヲ爲シ能ハサリシカヲ明カニスルニ非サレハ法定期間又ハ手形上ノ期間ヲ守リシヤ否ヤヲ知ルコトヲ得ス從ヒテ利害ノ關係ヲ及ホスコトモ亦一樣ニ非サルナリ之ヲ以テ拒絶證書ニハ被拒者カ爲シタル請求ノ地及ヒ其年月日ヲ記載シ又被拒者カ其請求ヲ爲ス能ハサリシ地及ヒ年月日ヲモ記載セサルヘカラサルコトヽセリ
(五)拒絶者ノ營業所、住所又ハ居所カ知レサル場合ニ於テ其地ノ官署又ハ公署ニ問合ヲ爲シタルコト
凡テ手形關係ニ於ケル主働的行爲ハ利害關係人ノ營業所ニ於テ之ヲ爲シ營業所之レナキトキハ住所又ハ居所ノ一ニ於テ之ヲ爲スコトヲ要スルモ

キモノニシテ拒絶證書ヲ作成スルニ付テモ亦此場所ニ於テ之ヲ爲サヽルヘカラサルモノナリ而シテ拒絶證書ノ作成者タル公證人又ハ執達吏ハ拒絶證書ヲ作成スルニ當リ拒絶者ノ營業所、住所又ハ居所ノ知レサルトキハ其地ノ官署又ハ公署ニ就テ之カ問合ヲ爲サヽルヘカラス問合ヲ爲スモ仍之ヲ知ルコト能ハサルトキハ作成者ノ役場又ハ官署若クハ公署ニ於テ拒絶證書ヲ作ルコトヲ得ルモノナリ之ヲ以テ作成者ハ拒者ノ營業所、住所又ハ居所ノ知レサルトキハ果シテ其義務タル問合ヲ爲シタルヤ否ヤヲ記載セサルヘカラス

(六)法定ノ場所外ニ於テ拒絶證書ヲ作ルトキハ拒絶者カ之ヲ承諾シタルコトヲ要ス

前號ニ於テ説明シタル如ク拒絶證書ヲ作成スヘキ場所ハ拒者ノ營業所若シ營業所ノ之レナキトキハ其住所又ハ其居所ニシテ是等ハ法定ノ場所ナリトス此場所ノ明カナルトキハ此場所ニ於テ之ヲ作成スルニ非サレハ拒

絶證書作成ノ效力アラサルモノトス然レトモ拒絶者ニ於テ承諾スルトキハ法定ノ場所外ニ於テ之ヲ作成スルコトヲ得セシムルモ妨ケアルコトナシ蓋シ法定ノ場所ノ明カナルニ拘ラス其法定ノ場所外ニ於テ拒絶證書ノ作成ヲ爲ストキハ公式ノ嚴正ヲ缺キ又拒絶ノ事實ヲ確認シタルモノナリヤ否ヤ聊カ疑ナキ能ハス之ヲ以テ法定ノ場所外ニ於ケル拒絶證書ノ作成ハ其效力ナキモノトセルニ反シテ拒者カ其法定ノ場所外ニ於テ拒絶證書ヲ作成スルコトヲ承諾シタルトキハ公式ノ嚴正ヲ保ツノ要ナク又右ノ嫌疑ノ生セサルヲ以テ之カ作成ヲ無效ナリトスルノ理由ヲ存セサルヘケレハナリ作成者ノ役場又ハ官署若クハ公署ニ於テ拒絶證書ヲ作成スル場合ハ拒者ノ營業所、住所及ヒ居所ノ知レサルトキニ限リ爾カモ拒者ノ承諾ヲ要スルモノニ非ス法定ノ場所外ニ於テ作成スルニ付キ拒者ノ承諾ヲ要スル場合ハ拒者ノ營業所、住所及ヒ居所ノ一又ハ三ノ知レタルトキニ限ルモノナリ

(七) 參加引受又ハ參加支拂アルトキハ參加ノ種類及ヒ參加人並ニ被參加人ノ氏名又ハ商號

參加行爲ハ手形ノ關係者ニ大ナル利害ノ影響ヲ及ホスモノナルヲ以テ拒絕證書ニ參加ノ種類ヲ記載シ且ツ參加人並ニ被參加人ノ氏名又ハ商號ヲ表示シテ其關係ヲ明カニセサルヘカラサルヤ論ヲ待タサルナリ

以上列擧スル所ハ拒絕證書作成ノ必要事項ナルヲ以テ之ヲ記載セサルヘカラス乍併右ノ必要事項中固定ノ事項ト否ラサルモノトアリ固定ノ事項ニ非サルモノハ固ヨリ其事項ノ發生シタルトキニ限リ記載スヘキモノニシテ其發生セサルモノナルトキハ拒絕證書作成ノ記載事項ニ非サルナリ』拒絕證書ノ文面ノ成立スルトキハ作成者タル公證人又ハ執達吏ハ之ニ署名行爲ヲ爲シテ其作成ヲ確保セサルヘカラス

第四款　作成者ノ事務

作成者タル公證人又ハ執達吏カ拒絕證書ヲ作リタルトキハ其所管ノ帳簿

ニ其證書ノ全文ヲ記載シテ其作成ノ事實ヲ確保セサルヘカラス蓋シ拒絕證書ノ原本ハ之ヲ被拒者ニ交付スルモノナルヲ以テ其證書ノ全文ヲ其所管帳簿ニ記載スルニ非サレハ他日被拒者カ其拒絕證書ヲ滅失シタル等ノ場合ニ於テ其謄本ヲ交付スルコトヲ得ス又如何ナル拒絕證書ヲ作成シタルモノナルカヲ知ルコトヲ得サルニ至ルヘケレハナリ斯ノ如ク拒絕證書ノ全文ヲ作成者ノ所管帳簿ニ記載スヘキモノナルヲ以テ拒絕證書ノ滅失シタルトキハ利害關係人ハ其謄本ノ交付ヲ作成者ニ請求スルコトヲ得此場合ニ於テ其交付ヲ受ケタル謄本ハ原本ト同一ノ效力ヲ有スルモノトス

第六節　謄本

第一欵　謄本ノ性質

余輩ハ前章ニ於テ爲替手形ノ複本ハ正本ノ代表ヲ爲スモノナルヲ以テ爲替手形タル性質ヲ有スルモノナルコトヲ一言シタリ然レトモ爲替手形ノ謄本ハ爲替手形ノ文面ヲ謄寫シタルモノニシテ之ヲ換言スレハ爲替手形

ノ控書又ハ覺書タルモノニ過キサルヲ以テ爲替手形タル性質ヲ有スルコトナシ然ルニ普通ノ債權證劵ノ如キモノニ在リテハ其謄本ハ法律上其成立ヲ認メラルヽモノニ非サルニ反シテ爲替手形ノ謄本ハ手形法ニ於テ其成立ヲ認メラルヽモノナルヲ以テ法律上ノ關係ヲ生スルモノトス然レトモ此關係ハ未タ其謄本ニ爲替手形タル性質ヲ有セシムルモノニ非ス何トナレハ手形法ハ爲替手形ノ謄本ヲ認ムルト雖モ之ニ爲替手形ノ代表力ヲ有セシムルコトナケレハナリ唯或ル場合ニ於テ爲替手形ヲ助成スル處ノ働キヲ爲シ得ルコトアルノミナリ

第二欵　謄本ノ作成

爲替手形ノ複本ハ獨リ振出人ニ於テ之ヲ作成シ又作成スルノ義務ヲ負フモノニシテ唯裏書人カ振出人ノ作成シタル其複本ニ裏書ノ複本ヲ爲スコトヲ得ルノミ所持人ハ之カ作成ヲ求ムルノ權利ヲ有スルモ自身ニ於テ之ヲ作成スルノ權利ヲ有スルコトナシ然ルニ爲替手形ノ謄本ハ前欵ニ於テ

一言シタルカ如ク原本ノ文面ヲ謄寫シタルモノニシテ夫ノ覺書又ハ控書ノ類ナルヲ以テ所持人自身ニ於テ之ヲ作成スルコトヲ得ルモノトス蓋シ爲替手形ノ複本ハ正本ノ代表力ヲ有スルモノナレハ正本ノ作成者ニ於テ之ヲ作成スルハ其順路ヲ傳ハルモノニシテ一ニ又正本ノ作成者ニ非サル者ノ作成シタル文書カ正本ノ代表力ヲ有スト云フニ至リテハ其理由ノナキニ至ルモノナルヲ以テ之ヲ作成スル者ハ必ス正本ノ作成者ニ限ルト云フコトヲ得ルニ反シテ爲替手形ノ謄本ニ此理由ノ存在スルコトヲ要セサレハナリ之ヲ以テ爲替手形ノ謄本ハ所持人ノ自由意思ニ於テ之ヲ作成スルコトヲ得ルモノト云ハサルヘカラス

斯ノ如ク所持人ニ於テ爲替手形ノ謄本ヲ作成シタルトキハ其謄本ハ手形法ノ認メラルヽ處ト爲ルヲ以テ其原本ト異ナル事項ヲ記載スルコトヲ得ス之ヲ記載スルモ原本ニ效力ヲ及ホスモノニ非ス然レトモ若シ其謄本ニ原本ト異ナル事項ノ記載ヲ爲スコトアランカ其謄本ニ依リ爲替手形ノ裏

書或ハ保證ヲ爲シ又ハ或ル場合ニ於テハ其謄本ニ依リテ手形上ノ請求ヲ爲スコトヲ得ルニ至ルモノナルヲ以テ原本ノ權利關係ト異ナル請求ヲ爲スカ如キコトノ生スルモノナルニ因リ其記載事項ノ或ルモノカ原本ノ記載事項ト異ナルコトヲ明カニセサルヘカラス否ラサレハ爲替手形ハ謄本トシテハ其效力ヲ有セサルモノトス

爲替手形ノ所持人カ爲替手形ノ引受ヲ求ムル爲メ其原本ヲ送付シタル場合ニ於テ其謄本ヲ作成シタルトキハ其謄本ニ其原本ノ送付先ヲ記載スルコトヲ要ス是レ蓋シ謄本作成ノ目的ニ於テ一ハ引受ヲ求ムル爲メ其原本ヲ送付シ他ノ一ハ其謄本ニ依リ爲替手形ノ裏書ヲ爲スニ在ルモノナレハ其謄本ニ依リ爲替手形ノ裏書ヲ爲スニ當リテハ其原本ノ所在ヲ明カニスルニ非サレハ新所持人タル被裏書人ハ原本ノ返還ヲ求ムルコトヲ得サルニ至ルヘケレハナリ否ナ獨リ被裏書人ノミナラス其謄本ノ作成者タル所持人ニ於テモ亦利害ノ波及スル處大ナルコトアルヘシ

手形法ニハ其原本ノ送付先ヲ謄本ニ記載スルニハ引受ヲ求ムル爲メ其謄本ヲ作成シタル場合ナルコトヲ要ストノ精神ナルヲ以テ裏書ヲ爲ス爲メ謄本ヲ作成シ其被裏書人ニ於テ引受ヲ求ムル爲メ其原本ヲ送付シタルトキハ其送付先ヲ謄本ニ記載スルコトヲ要セサルカ如シ余輩ハ其理非ヲ問ハス手形法ノ規定ニ存セサルヲ以テ此場合ニ於テハ其記載ハ手形法上ノ效力ヲ生スルコトナシト云ハサルヘカラス豈ニ亦一奇觀ナラスヤ

第三欵　謄本ノ效力

爲替手形ノ謄本ニ爲替手形ノ引受ヲ求ムル爲メ送付シタル原本ノ送付先ヲ記載シタルトキハ其記載アル謄本ノ所持人タル者ハ其原本返還ノ請求權ヲ有スルニ至ルモノトス而シテ其記載謄本ノ所持人タルニハ其謄本ノ作成者タルト其被裏書人タルトハ之ヲ問フ處ニ非ス此場合ニ於テ其原本ノ受領者カ其原本ヲ返還セサルトキハ其謄本ノ所持人ハ拒絕證書ヲ作成セシメテ其返還セサル事實ヲ證明スルトキハ謄本ニ署名行爲ヲ爲シタル

者ニ對シテ擔保ノ請求ヲ爲シ又其謄本ニ記載シタル滿期日カ到來シタル後ハ償還ノ請求ヲ爲スコトヲ得ルモノナリ然レトモ謄本ハ前來說述シタルカ如ク爲替手形ノ代表力ヲ有スルモノニ非ス又所持人ノ隨意ニ作成スルモノナルヲ以テ其前者總員ニ對シテ手形上ノ權利ヲ請求スルコトヲ得ルモノニ非ス署名行爲其モノカ手形上ノ義務ヲ發生スルモノナルヲ以テ其謄本ニ署名行爲ヲ爲シタル者ニ對シテノミ右ノ權利ヲ行フコトヲ得ルノミナリトス

引受ヲ求ムル爲メ正本ノ送付先ヲ記載シタル複本ノ所持人カ其正本ノ返還ヲ得サル場合ニ於テハ謄本ノ所持人ニ於ケルカ如ク單ニ其不返還ノ事實ヲ拒絕證書ニ依リテ之ヲ證明スルヲ以テ足レリトセス仍其他ニ殘存セル爲替手形ノ一通又ハ數通ヲ以テ引受又ハ支拂ヲ受クルコト能ハサリシコトヲ證明セサルヘカラスト雖モ爲替手形ノ引受又ハ支拂ヲ求ムルニハ必ス其手形ヲ以テセサルヘカラサルモノナルニ因リ謄本ニ付テハ此證明

ヲ要スベキ機會ノ遭遇スルコト在ルナシ

以上ノ場合ニ於テ正本ノ返還ヲ得サルトキト雖モ複本ニ依リテ支拂ヲ求ムルコトヲ得ルニ反シテ原本ノ返還ヲ得サルトキハ謄本ニ依リテ支拂ヲ求ムルコトヲ得ズ

其他謄本ノ效力ハ謄本ニ依リテ爲替手形ノ裏書ヲ爲シ又ハ保證ヲ爲スコトヲ得ルニ在ルモノトス是等ノ説明ハ既ニ裏書及ヒ保證ノ章下ニ於テ之ヲ爲シタルヲ以テ今ハ茲ニ之ヲ再ヒセサルナリ

岸本評論
此論著者ノ口ニ依リテ始メテ唱ヘラル大ニ研究スルノ價値アリ

第三編　約束手形

第一章　約束手形ノ性質

余輩ハ第一編總則ノ説明ヲ為スニ當リテ論シタルカ如ク手形行為ハ一方的且ツ方式的ノモノニシテ此原則ハ約束手形ニ適用シテ毫モ其不可ナルコトヲ見ス蓋シ約束手形ハ亦手形ノ一種ニシテ唯其異ナル所ハ手形ノ構成如何ニ在ルノミナルヲ以テ約束手形ニ關スル處ノ行為ハ手形行為ニ外ナラサレハナリ然ルニ世往々約束手形ヲ為替手形ト區別シテ為替手形ハ支拂ヲ委託スルモノナレトモ約束手形ハ支拂ヲ約スルモノナリ之ヲ以テ為替手形ニ關スル行為ハ手形行為ナレトモ約束手形ニ關スル行為ハ非手形行為ナリト云ヘル者アリ是等ノ論者ハ深ク手形法理ヲ巧究セスシテ徒ラニ其外見ノ形体ノミニ付テ論嘖スル者ト云ハサルヘカラス為替手形ニ支拂ノ委託ナル文字ヲ記載スレトモ振出人カ為替手形其物ヲ以テ支拂人

ニ對シテ委託ノ申込ヲ爲スニ非ス外國ニ於テハ往々之ヲ稱シテ支拂ノ命令ナル意義ニ相當スル文字ヲ使用セリ是モ亦慣用ノ語ニ過キスシテ手形ノ觀念ニ伴フモノニ非ス委託ノ關係ハ非手形關係ニシテ委託及ヒ受諾ハ當事者間ニ於ケル特別ノ行爲ニ屬スルモノトス手形法カ茲ニ委託ト云ヒシハ本邦在來ノ手形文言カ委託的ノモノナルヨリ之ヲ襲用シタルモノナレトモ必スシモ本邦在來ノ如ク「御支拂被下度候」ト書クコトヲ要セス「支拂フヘキモノトス」ト書クモ可ナリ唯要ハ支拂ヲ爲スヘキ旨ノ文言ヲ明カニスルト同時ニ無條件ナルコトヲ要スルニ在リ之ト均シク約束手形ハ支拂ヲ爲スコトヲ約スルニ非ス手形法ハ支拂ノ約束ナル文言ヲ規定セルモ約束ト契約ハ差異アルコトナク契約ト云ヘハ申込ト承諾ノ合致シタル態度ヲ云フモノニシテ要スルニ約束モ契約モ意思ノ合致セルモノナリ然ルニ約束手形ノ振出人ハ未タ受取人ノ存在セサルニ先チテ約束手形ノ形式ヲ具体的ニ成立セシメ受取人ヲ得テ此者ニ之ヲ交付スルモ約束手形ノ約束

手形トシテ成立スルニ妨ケアルコトナシ之ヲ以テ手形法ハ玆ニ之ヲ約束ト云フモ契約ノ意味ニ非ス振出人カ自身ニ於テ「支拂ヲ爲スモノナリ」ト云ヘル意義ノ文言ヲ記載スレハ可ナルモノニシテ必スシモ「支拂ヲ爲スコトヲ相互ニ於テ契約シタルモノナリ」ト云ヘル意義ノ記載ヲ要スルモノニ非ス却テ疑ヲ惹起スルニ至ルモノナリ

斯ノ如ク約束手形ハ一ノ契約ヲ證明スルモノニ非スシテ手形上ノ權利ノ成立及ヒ其存在ヲ證明シ一面ニ於テ手形上ノ權利カ此證券ヲ待チテ成立シ且ツ存在スル處ノモノニシテ其證券ノ作成者ハ其單獨ノ意思ヲ以テ之ヲ作成スルモノナレハ其前後ニ於ケル當事者間ノ意思ハ或ハ双互的ノモノアルモ是等ハ手形ニ關スル行爲ニ非スシテ其準備行爲又ハ交付若クハ裏書ノ準備行爲タルモノトスルコトハ余輩ノ既ニ詳細說述シタル處ナリ人若シ支拂ノ約束ナル文言ヲ約束手形ニ記載スルハ其準備行爲ヲ手形ニ記載スルモノニシテ契約ニ非スト云フコトヲ得スト論スルコトアランカ

誤ノ甚シキモノト云ハサルヘカラス假リニ此論ヲ正確ナリトスルトキハ約束手形ノ振出人ハ約束手形ヲ振出ス前ニ當リテ既ニ手形義務ノ成立シテ約束手形ハ唯其成立及ヒ存在ヲ證明スル處ノ具ニ過キスト云ハサルヘカラサルニ至ルナリ果シテ然ラハ手形ハ權利的證券ナリト云フコトヲ得サルヘシ豈ニ夫レ然ランヤ荒誕謬說モ亦甚シト云ハサルヲ得ス

以上說述スルカ如ク約束手形ハ支拂ノ約束ヲ證明スル處ノモノニ非ス又之ニ依リテ支拂ヲ契約スルモノニ非ス唯手形金額ノ支拂ヲ爲スヘキコトノ意思ヲ表示スルモノニ過キス其支拂ノ意思ヲ表示スルハ振出人カ自身ニ於テ約束手形ヲ振出シタル爲メ支拂ヲ爲スヘキ義務ヲ負擔スルモノナルコトヲ半面ニ於テ表示スルモノナリトス從ヒテ手形法ハ支拂ノ約束ナル文字ヲ規定スルモ其文字其モノハ直接ニハ何等ノ意義ヲ有セルモノニ非ス其約束ナル文字ハ或ハ手形法ノ拘束ヲ受クヘキ旨ノ記載ヲ爲スヘキモノナリト云フモ强テ附會ノ解釋ニ非サルナリ要スルニ文句ヲ以テ美妙

歐洲曰、貨物輾環ノ用ニ供セラルヘキ云々ノ文字何ノ必要アルカ
毛戸曰、此定義ハ果シテ當ヲ得タルモノナルカ

粹麗ノ趣味アル手形法理ヲ没却スヘカラス

爲替手形ハ振出人ハ其振出行爲ニ付テハ未タ債務ヲ負擔スルモノニ非ス唯他日其行爲ニ基キテ受取リタル對價ノ返還ヲ爲スヘキ債務ノ發生スルコトアルカ或ハ其債務ノ確保ヲ爲ス爲メニ擔保ヲ供スヘキ債務ノ發生スルコトアルニ至ルモノナリ然ルニ約束手形ハ之ニ反シテ其振出人ハ其振出行爲ニ因リテ直ニ債務ヲ負擔スルニ至ルモノナリ是レ約束手形ノ爲替手形ニ於ケル差異ノ首要ナル點ナリトス之ヲ以テ約束手形ヲ左ノ如ク定義スルコトヲ得約束手形トハ支拂ヲ爲スヘキ債務ヲ負擔シテ貨物輾環ノ用ニ供セラルヘキ權利的證券ナリ

抑モ爲替手形ニハ其振出ヲ爲スニ當リテ三名ノ手形人員ノ存在スルコトヲ要スト雖モ約束手形ニ在リテハ二名ノ手形人員ヲ以テ其振出ヲ構成スルモノトス蓋シ爲替手形ニハ振出人及ヒ受取人ノ外ニ支拂人ナル者ノ存在スルモノナレトモ約束手形ニ在リテハ振出人及ヒ受取人ノ外ニ支拂人

岸本評論 説明シ得テ巧妙老手々々

ナル者ノ存在スルコトナケレハナリ凡ソ手形ニ振出人ノ外支拂人ノ存在スルト否トハ實ニ手形債務ノ發否ニ關スルモノニシテ支拂人ノ存在スル手形ニ在リテハ手形金額ハ支拂人ニ於テ支拂フコトヲ以テ手形ノ成立ニ關セシムルモノナルカ故ニ振出ノ當時ニ於テハ支拂人ハ未タ債務關係ノ羈絆內ニ在ル者ニ非サルハ勿論何人モ手形金額ノ支拂ニ付テ債務ヲ負擔スルコトナシ之ニ反シテ支拂人ナル者ノ存在セサル手形ニ在リテハ其手形金額ハ振出人ニ於テ支拂フヘキコトヲ以テ手形成立ノ要件ト爲スモノナルニ因リ此者カ支拂ノ債務ヲ負擔スルモノニシテ振出ノ當時ニ於テ既ニ手形金額ノ支拂債務者ノ存在スルモノト云ハサルヘカラス前者ハ即チ爲替手形ニシテ後者ハ即チ約束手形ナリトス

斯ノ如ク約束手形ハ振出人ニ於テ手形金額ヲ支拂フモノナルヲ以テ爲替手形及ヒ小切手ハ支拂ノ爲メニ振出スモノナリト雖モ約束手形ハ支拂ヲ約スル爲メニ振出スモノナリト云フ者アリ然レトモ是等ハ外觀ヲ一見シ

テ形容スルノ語ニ過キス畢竟スル處支拂人ノ振出人ナルト第三者ナルトニ依リテ手形債務カ振出ノ當時ニ於テ成立スルト否トノ差異ヲ生シ此差異カ即チ手形ノ種類ヲ區別スル處ノ標準ト爲ルモノナリ約束手形ナル名稱ハ深ク研究ヲ爲スニ及ハス約束ナル行爲ハ手形行爲ニ非サルナリ

第二章　手形行爲

第一節　振出

約束手形ハ振出ニ依リテ成立スルモノナリ余輩ハ曩キニ爲替手形ノ振出ヲ説明スルニ當リテ振出ハ交付ヲ以テ成立スルモノニ非ス手形事項即チ要件ヲ具備シテ之ニ署名又ハ記名捺印ヲ爲スニ因リテ成立スルモノナルコトヲ説述シタリ約束手形ノ振出ニ付テモ決シテ交付ヲ以テ必要ノ行爲ト爲スモノニ非ス要スルニ振出ハ手形ノ成立ヲ意味スルモノニシテ成立及ヒ交付ヲ意味スルモノニ非サルナリ蓋シ手形ノ成立ハ手形行爲ナリト雖モ手形ノ交付ハ手形行爲ニ非サレハナリ余輩ハ左ニ手形要件ヲ分説セ

シトス

第一款　要素

茲ニ要素トシテ説明スル處ノモノハ爲替手形ノ振出ニ付テ説明シタルカ如ク之ヲ缺クニ於テハ手形ノ手形トシテ成立スルコトヲ得サルモノヲ云フ

(一) 其約束手形タルコトヲ示スヘキ文字

爲替手形ノ説明ヲ爲スニ當リテ一言シタルカ如ク約束手形タルコトヲ示スヘキ文字ヲ證書ノ文面ニ記載スヘキ法律上ノ必要ハ手形ノ如何ナル種類ニ屬スルモノナルカヲ表識スルニ在リ若シ之ヲ擧示セサルトキハ他ノ要件ニ依リテ其約束手形タルコトヲ知リ得ルニ至ルト雖モ或ハ爲替手形ノ要件ヲ欠缺スル處ノ文書ナルカモ度リ知リ得サルヲ以テ必ス之ヲ記載セサルヘカラス之ニ因リテ此要件ヲ缺クトキハ約束手形トシテ成立セサルハ勿論凡テ手形タル效力ナキモノト爲ス

(二)一定ノ金額
(三)受取人ノ氏名又ハ商號
(四)振出ノ年月日
(五)振出人ノ署名行爲

以上四項ノ要件ハ爲替手形ノ振出ヲ説明スルニ當リテ一言シタル處ト異ナル處ナキヲ以テ茲ニ之ヲ贅セス

(六)單純ナル支拂ノ約束

爲替手形ノ振出ニ付テハ單純ナル支拂ノ委託ヲ手形ニ記載スヘキモノナレトモ其委託トハ契約ヲ指スニモ非ス又契約ノ申込ニモ非サルコトハ既ニ屢々之ヲ説明シタリ約束手形ノ振出ニ於テモ單純ナル支拂ノ約束ヲ手形ニ記載セサルヘカラス然レトモ約束ナル契約ヲ記載スルモノニ非ス余輩ハ前章ニ於テ性質ヲ説述スルニ付キ一言シタルカ如ク支拂ニ付キ契約ヲ締結シ之ヲ手形ニ記載スルモノトセハ手形權利ハ手形ノ成立ニ因リテ

成立シ又手形ニ依リテ存在シ消滅スルト云フ手形ノ理論ニ乖戻スルモノト云ハサルヘカラス之ヲ以テ茲ニ約束ト云ヘルハ振出人カ支拂ヲ爲スモノナリトノ意思ヲ記載スレハ足レルモノトス

（七）振出地

爲替手形ニ在リテハ手形ノ振出地ノ記載ヲ以テ手形要件ト爲サス蓋シ振出人ハ振出行爲ニ原因シテ手形義務ヲ負擔スルモノナリト雖モ其義務ノ履行ハ振出地ニ關係スルモノニ非サルヲ以テ之ヲ手形ニ記載スルノ要アラサレハナリ然レトモ約束手形ニ在リテハ振出人ハ支拂債務ヲ負擔スルモノナルヲ以テ振出以後ニ於テ仍振出地カ手形法上ノ關係ヲ爲スヘキモノナレハ之ヲ手形ニ記載スルハ重要ノ理由ヲ爲スモノトス之ヲ以テ振出地ハ之ヲ要件トシテ手形ニ記載セサルヘカラサルモノナリ

第二款　通素

約束手形ノ通素トハ爲替手形ノ振出ニ付キテ説述シタルカ如ク通常之ヲ

具備スヘキモノナレトモ偶々之ヲ具備セサルコトアルトキハ手形法ノ規定ヲ以テ之ヲ補充シ手形ヲシテ仍有效ニ成立セシムル處ノモノヲ云フ

(一) 一定ノ滿期日

爲替手形ニ付テノ規定ヲ準用スヘキモノニシテ爲替手形ノ振出ニ付キ既ニ說述シタルヲ以テ茲ニ再ヒ之ヲ喋々セス

(二) 支拂地

約束手形ニハ振出地ノ記載ヲ爲スヘキハ言ヲ待タスト雖モ支拂地ノ記載ヲモ爲スヘキヲ以テ通常トス然レトモ偶々之ヲ缺クコトアルモ之ヲ以テ直ニ手形ヲ無效トスルハ酷ナリトス此場合ニ於テ爲替手形ニ在リテハ爲替手形ニ記載シタル支拂人ノ住所ヲ以テ支拂地ト爲セトモ約束手形ニ在リテハ約束手形ニ記載シタル振出人ノ住所ヲ以テ支拂地ト爲サス其振出地ヲ以テ支拂地ト爲スモノナリ此差異ノ生スル所以ハ一ニ支拂ヲ爲ス者カ振出人ナルト否トニ因ルモノトス

第三欵　偶素

約束手形ノ偶素トハ爲替手形ノ振出ニ付テ說明シタルカ如ク手形ニ之ヲ具備セサルモ固ヨリ其有效ナルコトヲ妨ケス然レトモ偶々之ヲ手形ニ記載スルトキハ手形ノ要件トシテ效力ヲ生スルニ至ル處ノモノヲ云フナリ

(一)支拂擔當者

支拂地カ振出人ノ住所地ト異ナルトキハ他人ヲ以テ支拂擔當者トシテ約束手形ニ之ヲ記載スルコトヲ得ルモノトス之ヲ記載スルトキハ約束手形ノ要件トシテ其效力ヲ生スルニ至ルモノナリ其理由ハ爲替手形ノ振出ニ付テ既ニ說述シタリ

(二)支拂場所

振出人ハ約束手形ニ其支拂地ニ於ケル支拂ノ場所ヲ記載スルコトヲ得ルモノトス之ヲ記載シタルトキハ約束手形ノ要件トシテ其效力ヲ生スルニ至ルモノナリ其理由ハ爲替手形ノ振出ニ付テ既ニ說述シタリ

鷲洲曰、即チ一年内ノ期間タルニアラスヤ

其他約束手形ノ主タル部分ニ記載シタル金額カ他ノ部分ニ記載シタル金額ト異ナルトキハ主タル部分ニ記載シタル金額ヲ以テ手形金額トス(四四六)無記名式ヲ以テ約束手形ヲ振出スニハ其金額三十圓以上ノモノナラサルヘカラス(四四九)滿期日ハ確定セル日、日附後確定セル期間ヲ經過シタル日、一覽ノ日又ハ一覽後確定セル期間ヲ經過シタル日ノ一ヲ以テ之ヲ定メサルヘカラス(四五〇)約束手形ニ滿期日ノ記載ナキトキハ其手形ハ一覽拂ノモノトス(四五一)

第二節　一覽後定期拂ノ約束手形ノ特別規定

第一欵　呈示

約束手形ノ種類中一覽後定期拂ノ約束手形ノ所持人ハ其手形ノ日附ヨリ起算シテ一年内ニ振出人ニ約束手形ヲ呈示スルコトヲ要ス其呈示期間ニ付テハ必スシモ一年内ト限ルニ非ス振出人ハ隨意ニ之ヲ八个月又ハ八十个月ト云フカ如ク短縮スルコトヲ得ルモノトス然レトモ其呈示期間ヲ伸

岸本評論 滿一年ニ於ケル呈示モ仍ホ滿期日ヲ定ムル為メニスル呈示ト云フカ

長スルコトハ法ノ希望スル目的ニ違反シ從ヒテ公益ニ害アルモノトシテ之ヲ許サス

斯ノ如ク法定ノ呈示期間又ハ短縮シタル呈示期間内ニ所持人カ一覽後定期拂ノ約束手形ヲ呈示シタル場合ニ於テハ振出人ハ其約束手形ニ其呈示ヲ受ケタル旨及ヒ其日附ヲ記載スヘキモノトス

本章ハ為替手形ノ引受ニ付テ規定セル處ニ畧相似タリト雖モ彼ハ引受ヲ求ムル為メニ呈示ヲ為シ此ハ滿期日ヲ定ル為メニ呈示ヲ為スモノニシテ其呈示ノ目的ニ於テ二者既ニ異ナレリ然レトモ效果ハ二者殆ント同一ノモノニシテ適法ノ呈示ヲ為シタルトキハ前者ニ對スル處ノ權利ハ均シク保全セラルヽモノトス

第二欵 失權

所持人カ一定ノ期間内ニ於テ一覽後定期拂ノ約束手形ヲ呈示シタル場合ニハ振出人カ呈示ヲ受ケタル旨及ヒ其日附ヲ約束手形ニ記載スヘキモノ

ナレトモ若シ之ヲ記載セス又ハ其一ヲモ記載セサルトキハ所持人ハ果シテ其呈示期間内ニ呈示ヲ爲シタルヤ否ヤヲ證明スルコトヲ得サルヘシ之ヲ以テ所持人ハ呈示期間内ニ拒絶證書ヲ作ラシメサルヘカラス

斯ノ如ク振出人カ呈示ヲ受ケタル旨及ヒ其日附又ハ其一ヲモ約束手形ニ記載セス之カ爲メニ所持人カ呈示期間内ニ拒絶證書ヲ作成シテ其記載拒絶ナル事實ノ證據ヲ保全スルトキハ其拒絶證書作成ノ日ヲ以テ呈示ノ日ト看做シ事實其日ニ呈示ヲ爲シタルニ非サルモ其日ヨリ支拂期日ヲ起算スヘキモノトス若シ振出人カ呈示ノ日附ノミヲ記載セサル爲メニ所持人カ拒絶證書ヲ作成セシメサルトキハ前者ニ對スル手形上ノ權利ヲ喪失セシムヘキカ手形法第五百二十八條第二項ニ於テ第一項ノ規定ヲ受ケ廣ク無制限ニ「拒絶證書ヲ作ラシメサリシトキハ云々」手形上ノ權利ヲ失フト規定セルニ因リ振出人カ呈示ノ日附ノミノ記載ヲ爲サヽルトキト雖モ拒絶證書ヲ作成セシメサルヘカラス否ラサレハ手形上ノ權利ヲ失フヘキカ如

シ然レトモ其第三項ニ於テハ此場合ニ在リテハ呈示期間ノ末日ヲ以テ呈示ノ日ト看做スト規定セリ呈示ノ日ト看做ス規定ヲ以テ振出人ニノミ對スル規定ナリトスルトキハ愚モ亦極マレリト云フヘシ之ヲ以テ呈示ノ日附ヲ記載セサリシ場合ニ於テ所持人カ拒絶證書ヲ作ラシメサリシトキハ前者ニ對スル手形上ノ權利ヲ失フコトナク呈示期限ノ末日ヲ以テ呈示ノ日ト看做シ手形上ノ權利ヲ保存スルモノトス適法ニ拒絶證書ヲ作成スルトキハ呈示期間内ニ所持人カ將來手形ノ呈示ヲ爲シタルコトノ證明ヲ爲シ得ルモノナレトモ若シ拒絶證書ヲ作成シテ其呈示ヲ爲シタルコトヲ證明セサルトキハ前者ニ對スル手形上ノ權利ヲ失フモノトス此點ニ付テハ余輩ハ爲替手形ノ引受ニ付テ既ニ評論ヲ試ミタル處ナリ又爲替手形ニ付テハ振出人ニ對シテモ手形上ノ權利ヲ失フモノト爲セリ然レトモ約束手形ニ付テハ振出人ハ支拂ヲ爲ス者ニシテ爾カモ呈示ノ手續ハ償還ノ義務履行請求ノ豫備行爲ナルヲ以テ呈示ノ手續ヲ怠リタル爲メニ振出人タ

ル支拂ヲ爲ス者ニ對スル手形上ノ權利ヲ失却セシムルハ理由ナキコトヽ云ハサルヘカラサルニ因リ手形法ハ振出人ニ對スル手形上ノ權利ハ之カ爲メニ喪失セサルモノトセリ

所持人カ拒絕證書ニ依リ呈示ノ說明ヲ爲サヽルトキハ右ノ如ク前者ニ對スル手形上ノ權利ヲ喪失スルモノトスレトモ拒絕證書ヲ作成セシメサリシトキハ此一事ニ因リテ前者ニ對スル處ノ手形上ノ權利ヲ喪失スルモノトス此場合ニ於テモ前後同一ノ理由ニ因リテ振出人ニ對スル手形上ノ權利ハ之ヲ喪失セサルモノトス

第三節　裏書

約束手形ハ記名式ナルトキト雖モ之ヲ裏書スルコトヲ得然レトモ振出人カ之ヲ禁シタルトキハ手形上ノ效力ヲ生シ其手形ハ流通力ヲ生セサルニ至ルナリ(四五五)裏書ニ因リテ約束手形ヲ取得シタル者ハ其何人タルヲ問ハス更ニ之ヲ裏書スルコトヲ得(四五六)約束手形ノ裏書ハ約束手形其體本

又ハ補箋ニ被裏書人之ニ署名スルコトヲ要ス但シ裏書人ノ署名ノミヲ以テモ亦之ヲ爲スコトヲ得此場合ニ於テハ爾後約束手形ハ引渡ノミニ依リテ之ヲ流通スルコトヲ得ルモノトス(四五七)裏書人カ裏書ヲ爲スニ當リテ手形上ノ責任ヲ負ハサル旨ヲ記載スルトキハ手形上ノ效力ヲ生シ其裏書人ハ其手形ニ付テ手形上ノ責任ヲ負フコトナシ(四五九)裏書人カ裏書ヲ爲スニ當リ裏書禁止ノ記載ヲ爲シタルトキハ其記載ハ手形上ノ效力ヲ生シ其裏書人ハ被裏書人ノ後者ニ對シテ裏書ニ付テノ責任ヲ負擔スルコトナキモノトス(四六〇)裏書人カ署名ノミヲ以テ即チ略式裏書ノ方式ニ依リテ裏書ヲ爲シタルトキハ所持人ハ自己ヲ以テ被裏書人トシテ更ニ其手形ヲ他ニ裏書スルコトヲ得(四六一)支拂拒絕證書作成期間經過後ノ裏書ハ被裏書人ヲシテ裏書人ノ存シタル權利ノミヲ取得セシム其裏書人ハ其裏書ニ付キ手形上ノ責任ヲ負擔スルコトナシ(四六二)所持人ハ裏書ニ依リテ約束手形ヲ質入シ又ハ其取立ノ委任ヲ爲スコトヲ得然レトモ裏書ハ其目的ヲ

附記セサルトキハ其效力ナク通常ノ裏書トシテ其效力ヲ發スルモノトス若シ其目的ヲ記載シタルトキハ其被裏書人ハ同一ノ目的ヲ以テ同一ノ方法ニ依リ更ニ之ヲ裏書スルコトヲ得(四六三)裏書アル約束手形ノ所持人ハ其裏書カ連續スルニ非サレハ其權利ヲ行フコトヲ得ス但畧式ナルトキハ次ノ裏書人ハ其裏書ニ因リテ約束手形ヲ取得シタルモノトシテ以テ裏書ノ連續シタルモノトセリ(四六四)

以上ノ如ク爲替手形ノ裏書ノ規定ヲ約束手形ノ裏書ニ準用スト雖モ其性質トシテ約束手形ノ裏書ニ豫備支拂人ノ附記ヲ爲スコトヲ得ス

第四節　引受

約束手形ニ付テハ其振出人ハ其振出行爲ニ依リテ直ニ支拂ノ債務ヲ負擔スルモノナルニ因リ引受ノ規定ヲ準用スルコトナシ唯振出人カ約束手形ノ支拂ヲ爲サヽリシ場合ニ於テ又所持人又ハ償還ヲ爲シタル裏書人ニ對シテ支拂フヘキ金額ハ第四百七十一條ノ規定ニ準シテ第四百九十一條又

ハ第四百九十二條ノ規定ニ依リテ之ヲ定ムルモノトスルニ因リ第四百七十一條ヲ準用スルコトアルノミ

第三章　非手形行爲

第一節　擔保

擔保ハ支拂ハカ引受ヲ爲サス又ハ之ニ原因シテ其請求權ヲ發生スルモノナルニ因リ前章ニ於テ一言シタルカ如ク約束手形ニハ其性質トシテ引受ノ問題ヲ生スルコトナキヲ以テ擔保ノ問題ノ生スルコトナキヤ明カナリ然レトモ約束手形ノ振出人カ破産ノ宣告ヲ受ケタル場合ニ於テ相當ノ擔保ヲ供セサルトキハ所持人ハ危險ノ地位ニ立ツモノナルヲ以テ特例トシテ其前者ニ對シ擔保ノ請求ヲ爲スコトヲ得セシメサルヘカラス此場合ニ於テハ第四百七十四條乃至第四百七十八條ノ規定ヲ更ニ準用スルモノナルヲ以テ前者ハ更ニ轉シテ其前者ニ對シテ擔保ノ請求ヲ爲スコトヲ得ルモノトス

以上ノ理由ニ因リ供シタル擔保ハ左ノ場合ニ於テハ其效力ヲ失フモノトス

(一)振出人カ後日ニ至リ相當ノ擔保ヲ供シタルトキ

(二)手形金額及ヒ費用ノ支拂アリタルトキ

(三)擔保ヲ供シタル者又ハ其前者カ償還ヲ爲シタルトキ

(四)手形上ノ權利カ時效又ハ手續ノ欠缺ニ因リテ消滅シタルトキ

(五)擔保ヲ供シタル者カ滿期日ヨリ一年內ニ償還ノ請求ヲ受ケサリシトキ

第二節　支拂

本節ニ付テハ爲替手形ノ規定全部ヲ準用スルモノトス

第三節　參加支拂

約束手形ニ引受ナルモノナキヲ以テ從ヒテ參加引受ナルモノナシ之ヲ以テ爲替手形ノ參加引受ニ關スル規定ノ準用ナキモノナレトモ參加支拂ニ

岸本評論此論大ニ綮肯ヲ得タルモノト謂ヒヘシ

靈洲曰、支拂義務ト償還義務トノ分別味フヘシ

關スル爲替手形ノ規定ハ全部之ヲ準用スルモノトス

第四節　償還

償還ノ請求ニ付テモ爲替手形ノ編ニ於テ既ニ之ヲ說述シタリ其規定ノ全部ハ之ヲ約束手形ニ準用スルモノトス唯玆ニ一言ノ勞ヲ執ルヘキ要ハ償還義務者是ナリ世ノ論者往々約束手形ニ於ケル償還義務者ヲ區別シテ振出人及ヒ裏書人ノ二トシ以テ振出人ハ償還ノ義務ヲ負擔スル者ナリト論セリ否ナ判例ニ於テ既ニ之ヲ論示セルモノ在リ妄モ亦極マレルモノニ非スヤ余輩ハ曩ニ爲替手形ノ編ニ於テ償還ヲ說述スルニ當リテ論シタルカ如ク償還ノ義務ハ支拂ノ拒絕ニ基因シテ發生シ振出又ハ裏書ノ對價ヲ返還スルモノナルヲ以テ手形ノ支拂ト償還トハ相容ルヽモノニ非ス是ニ因リテ償還ノ義務ヲ負擔スル者ハ支拂者ト爲ルコトヲ得サルモノナリ斯ノ如ク支拂義務者カ償還義務者ト爲ルコトヲ得サルモノトスルニ於テハ約束手形ノ振出人ハ支拂ヲ爲サヽルヘカラサル義務ヲ負擔スル者ナルニ因

リ償還ノ義務ヲ負擔スル者ニ非スト云ハサルヘカラサルナリ之ヲ以テ約束手形ニ於ケル償還ノ義務ヲ負擔スル者ハ獨リ裏書人ニシテ振出人ハ單ニ支拂ノ義務ヲ負擔スルモノト斷定セサルヘカラス世ノ論者ノ如ク又多クノ實際家ノ如ク約束手形ノ振出人ヲ加ヘテ償還義務者ノ一人トスルハ誤ノ大ナルモノニシテ之ニ關スル判例ハ固ヨリ價値ナキモノトス從ヒテ振出人ト裏書人ヲ共同被告トシテ訴訟ヲ爲スカ如キハ誤ニ誤ヲ重ヌルモノト云ハサルヘカラサルナリ

第五節　拒絶證書

爲替手形ノ規定ヲ準用スルモノトス然レトモ參加引受ニ關スル部分ハ之ヲ適用スルコトヲ得サルモノナリ

第六節　謄本

約束手形ニ付テハ複本ノ制ヲ採用セス法制上ノ理由トシテハ異論ナキニ非サレトモ我手形法ニ於テハ約束手形ニ複本ノ制ヲ設ケテ振出人ヲ煩ハ

毛戸曰、獨仙ノ理由ヲ認ム複本ト謄本トノ效用ノ差異アリト雖モ其主タルモノハ複本ニハ引受ヲ爲シ得ルニ反シテ謄本ニハ之ヲ爲スコトヲ得サルニ在リ然ルニ約束手形ニハ引受ナキヲ以テ複本ヲ認ムルノ必要ナキナリ

スヲ以テ酷ナリトシ之ニ手形上ノ效力ヲ生セシメサルナリ然レトモ手形ノ裏書又ハ保證ハ之ヲ謄本ニ爲スコトヲ得セシメタルヲ以テ約束手形ニ謄本ノ制ヲ設ケ所持人ニ約束手形ノ謄本ヲ作ルコトヲ得セシメタリ所持人カ其謄本ヲ作リタルトキハ其謄本ニ記載シタル事項ト其原本ニ記載シタル事項トヲ區別セサルヘカラサルナリ否ラサレハ其謄本タル效力ナキモノトス

岸本評論此論果シテ汎ク容ルヽコトヲ得ルカ兎ニ角ニ支拂ノ要具ニ外ナラサルヘシ

濠洲ニ、小切手ヲ以テ直接ニ引出場合ハ如何毛ヨ日、此定義ハ果シテ當ヲ得ルモノナルカ

第四編　小切手

第一章　小切手ノ性質

世ノ學者從來小切手ノ性質ヲ論シテ小切手ハ支拂ノ要具ナリト云ヘリ然レトモ未タ以テ小切手ノ性質ヲ說明シタルモノニ非スシテ其效能ノ一部ヲ例示シタルニ止マルナリ余輩ハ第一編ニ於テ論シタルカ如ク獨リ小切手ノミ支拂ノ要具ト爲ルモノニ非ス爲替手形モ亦支拂ノ用ニ供スルモノナリ蓋シ支拂トハ貨幣ノ受渡ヲ言ヒ支拂ノ要具トハ貨幣受渡ノ代用ヲ爲ス處ノモノヲ言フモノニシテ手形ハ凡テ貨幣受渡ノ代用ヲ爲ス處ノモノナレハナリ然レトモ小切手ノ主タル目的ハ爲替手形及ヒ約束手形ト異ニシテ支拂ヲ爲スニ在リ之ヲ以テ余輩ハ小切手ヲ下ノ如ク定義セントス小切手トハ支拂ノ目的ヲ以テ貨物輾環ノ用ニ供セラルヘキ第三者ノ支拂ニ係ル權利的證券ナリ

鷹洲曰、能ク斷セリ

從來多クノ法制ニ於テハ小切手ヲ手形ニ非サルモノト爲セトモ小切手ハ純然タル手形ニシテ其本性ハ爲替手形ノ一種ナリトス此論或ハ奇異ナル感ヲ惹クコトナキニ非スト雖モ論者咎ムルコトナカレ若シ之ヲ咎メント欲セハ小切手ヲ爲替手形ノ一種ニ非ストスル處ノ差異ヲ證明セサルヘカラス爲替手形ノ規定ト異ナル規定ヲ設ケ又ハ爲替手形ノ規定中準用セサル處ノ規定アリト雖モ皆之レ小切手ノ簡便迅速ヲ要スル處ノ趣旨ニ基カサルハナク爲替手形ノ一種ナリト論シテ毫モ其不可ナルコトヲ見サルナリ之ヲ以テ小切手ノ性質ハ如何ト問フ者アレハ余輩ハ爲替手形ノ一種ナリト答ヘン

第二章　小切手ノ沿革

小切手ハ手形中最モ遲レテ發達シタルモノニシテ其產地ハ和蘭ノ都市ナリトス第十六世紀ノ中頃和蘭ノアムステルダムニ於テ元本ヲ預カリ其支拂ヲ爲スコトヲ營業トスル處ノ商人在リタリ下テ第十七世紀ノ初メ受託

者カ寄託者ノ委賴ニ應シ第三者ニ支拂ヲ爲ス慣習ノ行ハル、ニ至リ其方法ハ寄託者ハ支拂委賴狀ヲ第三者ニ交付シ第三者ハ之ヲ受託者ニ交付シテ支拂ヲ得ルニ在リ當時其委賴狀ヲ稱シテ「カシアー、ブリーフェ」ト云ヘリ想フニ是レ小切手ノ濫觴ナルヘシ

然レトモ現時世界ニ於ケル小切手ハ其源ヲ和蘭ニ發シタルニ非スシテ英國ニ發シタルモノナリ英國ニ於テハ第十七世紀ノ初メ寄託者ハ支拂證券ヲ發行シ銀行ヲシテ支拂ハシメタル慣習アリテ其證券ノ發行者ハ必ス寄託ノ事實アルコトヲ要スルモノトセリ其證券ハ之ヲ稱シテ「カウシユ、ノート」又ハ單ニ「ノート」ト謂ヘリ第十八世紀ノ中頃ニ至リ始メテ「チェックエル」ナル名稱ヲ用ヒ更ニ簡ヲ撰ヒテ單ニ「チェック」ト稱フルコトヽ爲リ今日ニ於テハ世界通有ノ名稱ト爲ルニ至レリ「チェック」ハ我國ノ所謂小切手ニ該當スルモノトス

「チェック」ハ當初私立銀行ヲ以テスルニ非サレハ其支拂人ト爲スコトヲ得サ

ルモノト爲セシモ西暦一千八百二十八年ノ法律ヲ以テ株式銀行ハ公私ヲ論セス其支拂人トナラサルヘカラサルモノト定メラレタリ近來英國人ハ苟クモ資産ヲ有スルモノハ小切手ヲ以テ支拂ヲ爲スニ至リ小切手ハ殆ント金錢ノ效能ヲ爲セリ小切手即チ「チェック」ハ英國ニ其源ヲ發シテヨリ今ヤ世界到ル所小切手ノ流通ヲ見サルハナシ

飜テ我國ニ於ケル小切手ノ發達ヲ考査スルニ德川氏ノ初メ頃振出小切手ナルモノ在リテ殆ント現時ニ於ケル小切手ノ效能ヲ爲セリ當時振出手形ハ兩替屋ト取引アル者カ兩替屋ニ宛テ振出シ又ハ兩替屋カ他ノ兩替屋ニ宛テ振出シタル手形ノ持參者ニ對シ支拂兩替屋カ受託者ナルトキハ之ニ支拂ヲ爲スコト、セリ此振出手形ハ順次讓渡ヲ爲スコトヲ得テ其不支拂ノトキハ順次逆戻シテ其義務ヲ履行スヘキモノトス然レトモ支拂兩替屋ノ支拂無能力ニシテ不支拂トナルトキハ其所持人ノ損失ニ歸スヘキモノトセリ其後維新ノ當初ニ至リテ各種ノ手形一時ハ殆ント廢滅ニ歸セシカ

以テ此振出手形モ其跡ヲ絶チ滅磨ト爲リ我國現時ノ小切手ハ其源ヲ歐洲ニ汲ミタルモノニシテ所謂振出手形ノ遺物ニ非サルナリ

小切手ハ多クノ法制ハ勿論我舊法典ニ於テ銀行ヲ支拂人トスルニ非サレハ之ヲ振出スコトヲ得ストセリ然レトモ小切手ノ振出ヲ爲スニ付キ豫メ信用ノ基本即チ資金關係ノ存在スルコトヲ要スルモノトシ若シ資金關係ノ存在セスシテ之ヲ振出ストキハ之ニ一ノ制裁ヲ科スルモノトスルニ於テハ必スシモ支拂人ヲ銀行ニ限ルノ要アラサルナリ之ヲ以テ進歩シタル法制ハ何レモ支拂人ヲ限定スルコトナシ我新法典ハ之ニ倣ヒテ支拂人ノ限定ヲ爲サヽルコトニ定メタリ之レ又小切手發達上一大著明ナル事實ナリトス

第三章　手形行爲

第一節　振出

小切手ハ振出行爲ニ因リテ成立スルモノニシテ振出行爲トハ小切手ヲ組

織スル處ノ法律行爲ヲ云フモノナリ小切手振出行爲ハ爲替手形及ヒ約束手形ノ振出ニ付テ說述シタルカ如ク決シテ小切手交付ノ行爲ヲ包含スルモノニ非ス交付ノ行爲ハ手形法ノ認ムル處ニ非サルヲ以テ手形行爲ニ非サルナリ振出行爲ハ手形法ニ規定シタル處ノ小切手ノ要件ヲ具備スルニ非サレハ小切手ヲシテ成立セシムルコトナシ

小切手ノ要件ヲ分チテ要素及ヒ通素ノ二トス爲替手形及ヒ約束手形ニ在リテハ要素及ヒ通素ノ要件ノ外ニ更ニ偶素ナルモノヽ存在セルモ小切手ニ在リテハ決シテ偶素ナルモノヽ存在スルコトナシ之レ蓋シ小切手ハ最モ簡便ニ且ツ最モ迅速ニ運轉結了スヘキモノナルヲ以テ可成丈小切手自体ニ生スヘキ煩累ヲ除去スルノ要アレハナリ

第一欵　要素

小切手カ成立ノ要素ヲ缺クトキハ其成立スルコトナキモノニシテ其要素ヲ分チテ七个トス

(一)小切手タルコトヲ示スヘキ文字

爲替手形及ヒ約束手形ノ振出ニ付テ既ニ説明シタルカ如ク證券其物カ普通ノ債權證書ニ非サルコトヲ明示スルノ要アルト同時ニ其普通ノ債權證書ニ非サル手形カ如何ナル種類ニ屬スル處ノモノナリヤヲ分別スルノ要アルニ因ルナリ

(二)一定ノ金額

爲替手形ノ振出ノ場合ニ於ケルト異ナルコトナク又小切手ノ主タル部分ニ記載シタル金額ト其他ノ部分ニ記載シタル金額ト相違スルトキハ爲替手形ニ付テ説述シタルカ如ク其主タル部分ヲ記載シダル金額ヲ以テ手形金額ト爲スモノナリ(四四六)

(三)支拂人ノ氏名又ハ商號

(四)單純ナル支拂ノ委託

(五)振出ノ年月日

(六)振出人ノ署名行爲

以上四个ノ事項ニ付テハ既ニ爲替手形ノ振出ヲ說明スルニ當リテ之ヲ詳細論述シタルニ依リ玆ニ再ヒ之ヲ贅セス

(七)受取人ノ氏名若クハ商號又ハ所持人ニ支拂フヘキコト

本號ハ爲替手形及ヒ約束手形ニ見サル小切手特有ノ規定ニシテ小切手ノ小切手タル所以ナリ蓋シ爲替手形及ヒ約束手形ニ在リテハ其手形金額ノ三十圓以上ニ達スルニ非サレハ無記名式ヲ以テ之ヲ振出スコトヲ得スト雖モ小切手ニ在リテハ其手形金額ノ大小ヲ問ハス記名式ト無記名式ナルトニ關セス之ヲ發行スルコトヲ得ルモノナレハナリ本號ハ即チ之ニ關スル規定ヲ存設シタルモノニシテ振出人ハ小切手ニ受取人ノ氏名若クハ商號ヲ記載シ記名式トシテ之ヲ振出スコトヲ得ルハ勿論單ニ所持人ニ支拂フヘキコトヲ記載シ無記名式トシテ之ヲ振出スコトヲモ得ルナリ之ヲ以テ二者其一ヲ選ヒ之ヲ小切手ニ記載スルニ非サレハ小切手ハ成立スルコ

毛戸曰、予ハ絶對的ニ著者ノ議論ヲ排斥スルモノニ非サレトモ手形法ハ寧ロ著者ノ議論ニ反スル主義ヲ以テ之ヲ規定シタルモノニハ非サルカ要スルニ手形法ハ特別ノ便利規定ヲ設ケタルモノナルヘシ

鷲洲曰、此レ著者カ小切手ニ關スル定義ニ伴ヒ生スルノ疑問タランカ

トナキモノトス若シ夫レ二者共ニ小切手ニ記載スルトキハ其小切手ノ效力如何ト云フニ從來ノ學者ハ斯ノ如キ場合ニ於テハ之ヲ無記名式ノ小切手即チ所持人拂ノモノト爲セトモ何故ニ後ノ記載カ小切手ノ要件トシテ效力ヲ生シ前ノ記載カ其效力ヲ生セサルカハ未タ説明セサル所ナリ順序ニ付テ之ヲ論スルトキハ前ノ記載カ抹消其他ノ方法ニ由リテ其效力ヲ消失セサル間ハ後ノ記載カ兩立シテ效力ヲ生スモルノニ非スト云ハサルヘカラサルヲ以テ寧ロ論者ノ説ニ反對スヘキニ似タリ茲ニ於テ總則ノ規定ヲ考照スルニ第四百三十九條ニ「本編ニ規定ナキ事項ハ之ヲ手形ニ記載スルモ手形上ノ效力ヲ生セス」ト規定セリ而シテ此場合ニ於テハ二者共ニ手形法ニ規定セル事項ナリト雖モ互ニ相容レサル二個ノ事項ヲ小切手ニ記載スルトキハ總則ニ何等ノ規定ナキモ要件カ互ニ自殺スルモノナルヲ以テ記載ノ效力ナキモノト云ハサルヘカラス從ヒテ小切手ハ其要件ノ欠缺ニ因リテ成立スルコトナシト論斷セサルヘカラサルナリ然ルニ實際ニ於

テハ二者共ニ之ヲ併記シテ慣用シ何人モ怪ム者ナカリシ是レ玆ニ敍述シテ以テ大方ノ敎ヲ待タントスル所以ナリ

小切手ノ振出人ハ自己ヲ以テ其受取人ト爲スコトヲ得之レ亦爲替手形ノ編ニ於テ説述シタル所ナルヲ以テ再ヒ玆ニ之ヲ言ハスト雖モ小切手ハ振出人ハ爲替手形ノ振出人ノ如ク自己ヲ以テ支拂人ト爲スコトヲ得サルモノハトス之レ立法上小切手ノ性質ノ然ルヘキモノニ非スシテ小切手運用ノ便利ヲ重シタル規定ニ外ナラス然レトモ小切手ノ振出人カ自己ヲ支拂人ト爲スコトヲ得サルモノトスルヲ以テ果シテ小切手運用ノ便利ヲ得ルヤ否ヤハ法制上ノ議論ニ非スシテ事實上ノ問題ナリトス

第二欵　通素

小切手ニ通素ヲ缺クトキハ手形法ノ規定ニ依リテ之ヲ補充スルニ因リ其成立ヲ妨クルコトナシト雖モ通常之ヲ具備スヘキモノナリトス小切手ノ通素ハ爲替手形及ヒ約束手形ト異ニシテ二个アルコトナク僅カニ支拂地

ノ記載ノミナリトス
小切手ノ支拂地ハ之ヲ小切手ニ記載スヘキモノナレトモ偶々之ヲ記載セサルコトアルトキハ其小切手ニ記載シタル支拂人ノ住所地ヲ以テ支拂地トシ之ニ由リテ其小切手ヲ無效トスルコトナキモノナリ(四五二)

以上二欵ニ於テ小切手ノ要件ヲ說了セリ爲替手形、約束手形ニ於テハ滿期日ノ記載ヲ以テ其要件ノ一ト爲シタレトモ小切手ニ於テハ之ヲ其要件ノ一ニ列スルコトナシ蓋シ前二者ハ滿期日ヲ定ムルニ付キ四種ノ方法アリタリト雖モ小切手ニ在リテハ滿期日ハ一覽拂ノモノトスルニ非サレハ之ヲ振出スコトヲ得サレハナリ若シ之ヲ一覽拂以外ノモノトシテ振出ストキハ小切手タル效力ヲ有セサルモノトス之レ小切手ノ要件ヲ缺クカ爲メ無效ノモノト成ルニ非スシテ其成立ヲ妨クルカ爲メニ無効ノモノトナルナリ然ラハ法律ハ何カ故ニ小切手ハ之ヲ一覽拂ノモノトセサルヘカラサルカト云フニ小切手ハ其運用ノ敏捷活達ヲ要スルニ基ケリト答ヘサルヘ

カラサルナリ

第三欵　小切手ノ並行線

小切手ハ爲替手形及ヒ約束手形ト異ニシテ振出ノ形式ニ一種特利ノ方法アリテ存ス即チ小切手ノ振出人ハ小切手ノ表面ニ二條ノ平行線ヲ畫キ其線内ニ銀行又ハ之ト同一ノ意義ヲ有スル文字ヲ記載スルコト是ナリ斯ノ如キ方法ニ依リテ小切手ヲ振出シタルトキハ支拂人ハ銀行ニ對シテノミ支拂ヲ爲スコトヲ得ルモノトス振出人カ其平行線内ニ特定スル銀行ノ商號ヲ記載シタルトキハ支拂人ハ其銀行ニ對シテノミ支拂ヲ爲スコトヲ得然レトモ其銀行カ其商號ヲ抹消シテ他ノ銀行ノ商號ヲ記載シ之ニ其取立ノ委任ヲ爲スドキハ其委任ハ有效ノモノトス

手形法カ小切手ニ付キ斯ノ如キ形式ヲ定メタル實益ハ小切手カ紛失又ハ盜難等ニ因リテ占有ヲ脱シタル原所持人ノ權利ヲ保護スルニ在ルモノナリ蓋シ拾得又ハ奪領等ニ因リテ小切手ヲ所持スト雖モ所持者ノ銀行ニ非

毛戸曰、此保障ハ果シテ所持人ノ權利ヲ保護スルニ足ラサルカ

サルヨリハ手形金額ノ支拂ヲ受クルコトヲ得サレハナリ然リ而シテ此保障ハ必スシモ所持人ノ權利ヲ保護スルニ足ラサルカ如シ如何トナレハ第五百三十五條ハ其第一項第二項ニ於テ支拂人ハ云々支拂ヲ爲スコトヲ得ト規定シタルニ依リテ支拂人ハ銀行ニノミ支拂フト否トハ支拂人ノ任意ニシテ假令銀行以外ノモノニ支拂ヒタレハトテ支拂人ニ何等ノ責任ヲ歸スルモノニ非サレハナリ然レトモ小切手ノ記名式ナルトキハ民法ノ規定ニ從ヒテ支拂人ハ調査權ヲ有シ重過失又ハ惡意ノ存スルトキハ其責ニ任スルモノナルヲ以テ手形法上ノ責任ヲ免カルヽトスルモ民法上ノ責任ヲ免カルヽコト能ハサル可シ若シ其無記名式ナルトキハ債權ノ準占有ニ關スル規定ヲ適用スヘキヤ否ヤニ付キ議論ノ餘地ヲ存ス

小切手ノ平行線ニ關スル以上ノ規定ハ所持人ニ付テモ亦存在スルモノニシテ振出人ニ付テ說述シタル處ハ所持人ニ付テモ之ト異ナルコトナキモノトス

第二節　制裁

小切手ハ記名式ナルト無記名式ナルトヲ問ハス隨意ニ且ツ容易ニ振出シ得ラルヽモノニシテ其容易ナル丈ケ又弊害ノ生シ易キモノナルヲ以テ之カ振出ニ付キ愼重ノ警戒ヲ與ヘサルヘカラサルナリ之ヲ以テ小切手ノ振出人ハ左ノ場合ニ於テハ五圓以上千圓以下ノ過料ニ處セラルヽモノトス

(一)資金ナク又ハ信用ナクシテ小切手ヲ振出シタルトキ

(二)小切手ニ虚僞ノ日附ヲ記載シタルトキ

爲替手形ニ在リテハ資金關係ノ問題ノ生スル要ナシ之ヲ以テ振出人カ爲替手形ヲ振出スニ當リテ支拂人ニ資金ヲ供セス又ハ支拂人ノ信用ナキニモ拘ラス之ヲ振出スコトヲ得テ而カモ有效ナリトス是レ爲替手形ハ小切手ニ比シテ振出亂發ノ繁カラス且ツ振出人カ愼重ノ注意ヲ取ルヘキヲ以テ一般ノ狀態ナリトスルニ在レトモ小切手ハ兎角振出ノ容易ナルニ從ヒテ其亂發ノ弊多キヲ以テ必ス先ツ資金ヲ供スルカ否ラサレハ少ナクトモ

毛月日、虚僞ノ日附アル小切手ノ無效ナルハ疑ナシト雖モ此小切手ニ爲シタル手形行爲（裏書）ハ善意ニシテ且ツ重大ナル過失ナキ第三者ニ對シテハ有效ナリトス

支拂人ノ信用ヲ得ルニ非サレハ其之ヲ振出スコトヲ得ス然レトモ其資金關係ヲ以テ未タ手形關係ナリトスルモノニ非サレハ其資金關係ノ存在セサルニ之ヲ振出シタレハトテ其振出ノ無效ナリトスルコトヲ得ス唯過料ノ制裁ヲ附シテ其輕擧ヲ警戒スルニ止マルノミナリトス

小切手ニ虚僞ノ日附ヲ爲ストキハ元來其實質的要件ヲ欠缺スルモノニシテ法理一偏ニ於テハ之ヲ無效ノモノナリトセサルヘカラス然リ而シテ其小切手ノ無效ナルト否トニ關ハラス虚僞ノ日附ヲ爲シタル小切手ヲ振出スコトヲ看過スルトキハ公秩ヲ妨ケ併セテ公益ヲ害スルニ至ルヘキヲ以テ之ニ過料ノ制裁ヲ附シ之ヲ警戒スヘキモノトス刑法ニ於テハ手形ノ僞造及ヒ詐欺ノ裏書ニ付テ處罰ヲ施スコト、セリ虚僞ノ日附ハ手形ノ僞造ニ非サルハ勿論ナレトモ時トシテハ詐欺ノ裏書ヲ構成スルコトナキカノ疑ヲ生スルモノナリ余輩ノ考慮スル處ニ依ルトキハ害ノ生スルト否トヲ問ハス裏書ノ日附ヲ詐ルトキハ詐欺ノ裏書ヲ爲スモノニシテ刑法ノ犯罪

ヲ構成スルモノトス此場合ニ於テハ刑法ノ處罰ヲ併セテ手形法ノ制裁ヲ受ケサルヘカラス

第三節　裏書

小切手モ亦手形ノ一種ナルヲ以テ流通力ヲ有スルモノトス流通力ヲ有スルモノナルカ故ニ之ヲ裏書スルコトヲ得然レトモ振出人カ裏書禁止ノ記載ヲナシタルトキハ其記載行爲カ手形上ノ效力ヲ生シ其小切手ハ流通力ヲ生セス從ヒテ裏書ヲ爲スコトヲ得サルナリ(四五五)裏書ノ方式ハ小切手又ハ補箋ニ被裏書人ノ氏名又ハ商號及ヒ裏書ノ年月日ヲ記載シ裏書人之ニ署名行爲ヲ爲スニ因リテ成ルモノトス然レトモ裏書人ノ署名行爲ノミヲ以テ略式裏書ヲ爲スコトヲ得此場合ニ於テハ爾後小切手ハ引渡ノミニ依リテ之ヲ流通スルコトヲ得(四五七)裏書人ハ裏書ヲ爲スニ當リテ手形上ノ責任ヲ負ハサル旨ヲ記載シテ無責任裏書ヲ爲ストキハ亦手形上ノ效力ヲ生シ被裏書人ニ對シテモ手形上ノ義務ヲ負ハサルモノトス(四五九)又裏

書人バ禁止裏書ヲ爲スコトヲ得禁止裏書ヲ爲シタルトキハ其裏書人ハ被裏書人ノ後者ニ對シテ手形上ノ義務ヲ負擔スルコトナシ(四六〇)罫式裏書ニ依テ小切手ヲ取得シタル者ハ自己ヲ以テ其被裏書人ト爲スコトヲ得(四六一)支拂拒絶證書作成ノ期間經過ノ後所持人カ裏書ヲ爲シタルトキハ被裏書人ハ裏書人ノ有シタル權利ヲノミ取得ス此場合ニ於テハ其裏書人ハ手形上ノ責任ヲ負フコトナキモノナリ(四六二)裏書アル小切手ノ所持人ハ其裏書カ連續スルニ非サレハ手形上ノ權利ヲ行使スルコトヲ得サルモノトス然レトモ署名行爲ノミヲ以テ爲シタル罫式裏書ノ存スルモノナルトキハ次ノ裏書人ハ其裏書ニ依リテ小切手ヲ取得シタルモノト見做シ裏書ノ連續アルモノトス(四六四)

第四章　非手形行爲

第一節　支拂

既ニ說述シタルカ如ク小切手ハ一覽拂ノモノニ限ルト雖モ爲替手形及ヒ

約束手形ノ如ク其日附ヨリ一年内ニ小切手ヲ呈示シテ支拂ヲ求ムルカ如ク悠々閑々トシテ濟ムヘキモノニ非ス迅速活達ヲ要スルハ其本性ナルヲ以テ小切手ニ付テハ其呈示期間ヲ法定シ其日附ヨリ之ヲ一週間トセリ之ヲ以テ小切手ノ所持人ハ其日附ヨリ一週間内ニ小切手ヲ呈示シテ其支拂ヲ求メサルヘカラス而シテ此期間ハ振出人ノ行爲ヲ以テ之ヲ伸縮スルコトヲ得サル性質ノモノトス若シ所持人カ右ニ説述シタル法定期間内ニ小切手ノ呈示ヲ爲サヽリシトキハ其前者ニ對スル處ノ償還請求權ヲ有セサルニ至ルモノトス

小切手ノ法定呈示期間ニ付キ或ル論者ハ説明シテ曰ハク小切手ノ所持人ハ法定呈示期間ヲ徒過スルトキハ其前者ニ對スル償還請求權ヲ失フト雖モ爾後五年間支拂ノ請求權ハ之ヲ喪失セサルモノトス之レ第五百三十三條第二項ニ云々其前者ニ對シテ償還ノ請求ヲ爲スコトヲ得スト規定シテ一言ノ以テ支拂請求ニ及ハサルニ因リ之ヲ知ルヘキナリト此論者ノ説ニ

毛戸曰、該規定ナキトキハ果シテ事後ニ償還ノ請求權ヲ發スルコトアリヤ否ヤハ予ノ疑フ處ナリ

依ルトキハ小切手ノ支拂人ハ小切手ノ振出ニ依リテ當然支拂ノ義務ヲ負擔ストノ論結ヲ生シテ誠ニ法理ヲ無視シタル議論ナリト云ハサルヘカラス所持人カ此場合ニ於テ償還ノ請求權ヲ喪失スト論スルハ既ニ大ナル誤ナリ抑モ小切手ノ振出ハ振出人ノ一方的行爲ナリ此行爲ニ依リテ第三者ナル支拂人カ債務ヲ負擔スト云フハ手形法理ヲ辨セサルハ勿論一般債權發生ノ原因ヲモ知ラサルモノト云ハサルヘカラス第五百三十三條第二項ニ償還ノ請求ヲ爲スコトヲ得スト規定シテ一言ノ支拂請求ニ及ハサル所以ノモノハ當然ノコトナリ該規定ナキトキハ事後ニ於テ償還ノ請求權ヲ發生スルコトアルヘキヲ以テ斯クハ規定シタルニ在ルナリ然ルニ斯ノ如キ見易キ法理ヲ看過シテ支拂人ニ支拂ノ債務アリト認メタル判決アリト聞キ及ヘリ

支拂人ハ小切手引換ニ非サレハ支拂ヲ爲スコトヲ要セス其引換ニ支拂ヲ爲スト否トハ支拂人ノ自由ニ在リト雖モ引換ニ非スシテ支拂ヲ爲ストキ

岸本評論 予ハ著者ノ議論ニ左袒セム

ハ爾後惡意又ハ重大ナル過失ナクシテ小切手ヲ取得シタル者ニ對シテハ仍小切手ニ關スル問題ヲ餘セリ支拂人ハ支拂ヲ爲スニ當リ所持人ヲシテ小切手ニ其支拂ヲ受ケタル旨ヲ記載セシメ且ツ之ニ署名行爲ヲ爲サシムルコトヲ得(四八三)小切手ノ所持人ハ手形金額ノ一部分ノ支拂ヲ拒ムコトヲ得ス支拂人カ一部ノ支拂ヲ爲シタルトキハ所持人ハ其旨ヲ小切手ニ記載シ且記載ノ謄本ヲ作リ署名行爲ヲ爲シテ之ヲ支拂人ニ交付スヘキモノトス(四八四)

小切手ニ付キ其爲替手形ノ規定ヲ準用シタル部分ハ既ニ爲替手形ノ編ニ於テ說明シタルヲ以テ此ニ之ヲ贅セス引受ハ小切手ニ付キ存在セサルモノナルヲ以テ小切手ノ引受ヲ爲スモ手形法上ノ效力ヲ生セス玆ニ於テ近來實業社會ハ引受ニ代ヘテ小切手ノ支拂ノ保證ヲ爲シ此種ノ小切手ヲ稱シテ支拂保證小切手又ハ單ニ保證小切手ト言ヒ以テ其保證行爲ヲ手形法上有效ノモノナリトセリ便ハ固ヨリ便ナリト雖モ未タ俄カニ首肯スル能

ハサルナリ余輩ノ先輩ナル友人法學士玉木爲三郎君ハ明治法學第四號ニ其所論ヲ登載シ以テ手形法上保證小切手ノ有效ナルコトヲ說述セリ然レトモ手形法總則第四百三十九條ニ於テ「本編ニ規定ナキ事項ハ之ヲ手形ニ記載スルモ手形上ノ效力ヲ生セス」ト規定セリ茲ニ於テ小切手ノ規定ヲ一閱スルニ支拂保證ナルモノニ關スル規定ノ存在スルコトナキヲ以テ保證小切手ナルモノハ手形法ノ認ムルモノニ非スシテ其行爲ハ手形法上ノ效力ヲ生セサルモノト斷論スヘキカ如シ其行爲ハ時トシテハ民法上ノ效力ヲ生スルコトアルヘシ然レトモ手形法上ノ問題ニ非サルナリ余輩ハ此解釋ニ因リ明治法學第六號ヲ假リテ玉木君ノ敎ヲ乞ヒタレトモ本書ヲ艸スルマテニハ未タ其敎ニ接セス之レ余輩ノ頗ル遺憾ニ耐ヘサル處ナリ

又小切手ニハ參加引受ヲ認メス又複本及ヒ謄本ノ制ヲ採用セサルナリ皆之レ小切手ノ使用ヲシテ速ニ終了セシムル爲メニ非サルハナキナリ

第二節　償還

支拂人カ小切手ノ支拂ヲ爲サヽリシトキハ之ニ因リテ償還ノ請求權ヲ生スルモノトス之ヲ以テ所持人ハ其前者ニ對シテ償還ノ請求ヲ爲スコトヲ得(四八六)償還ノ請求ヲ爲スニハ所持人ハ呈示ヲ爲シタル日又ハ其後二日內ニ支拂絕拒證書ヲ作ラシメ且ツ償還ヲ爲サシメント欲スル者ニ對シテ拒絕證書作成ノ翌日マテニ償還ノ請求ノ通知ヲ發スルコトヲ要ス然レトモ爲替手形及ヒ約束手形ト異ニシテ拒絕證書ノ作成カ償還請求ノ必要條件ニ非ス所持人ハ支拂人ヲシテ呈示期間內ニ支拂拒絕ノ旨及ヒ其年月日ヲ小切手ニ記載セシメ且ツ之ニ署名行爲ヲ爲サシムルトキハ之ヲ以テ支拂拒絕證書ノ作成ニ代ルコトヲ得ルモノトス此場合ニ於テモ其翌日マテニ償還ヲ爲サシメント欲スル者ニ對シ償還請求ノ通知ヲ發スルコトヲ要ス何レノ場合ナルトヲ問ハス是等ノ手續ヲ爲サヽルトキハ其前者ニ對スル償還請求權ヲ喪失スルモノトス(四八七)

裏書人カ其後者ヨリ償還請求ノ通知ヲ受ケタルトキハ其前者ニ對シテ償

還ノ請求ヲ爲スコトヲ得此場合ニ於テハ裏書人ハ償還ヲ爲サシメント欲スル者ニ對シ自己カ通知ヲ受ケタル翌日マテニ償還請求ノ通知ヲ發スルコトヲ要ス(四八八)所持人又ハ裏書人カ以上ノ通知ヲ發シタルトキハ其通知ヲ受クル者ノ後者全員ノ爲メニ之ヲ爲シタルモノト見做スモノナリ(四九六)

小切手ノ所持人ハ支拂拒絶證書ヲ作成セシメス又支拂人ヲシテ支拂拒絶證書ヲ作成セシメス又支拂人ヲシテ支拂拒絶ノ旨及ヒ其年月日ヲ小切手ニ記載セシメ且ツ之ニ署名行爲ヲ爲サシムル手續ヲモ爲サヽル場合ト雖モ其作成ヲ免除シタル者ニ對シテハ償還ノ請求權ヲ失フコトナシ又所持人ハ支拂拒絶證書ノ作成ヲ免除セラレタリト雖モ之ヲ作成シタルトキハ其免除シタル者ニ對シテ其費用ノ請求ヲ爲スコトヲ得(四八九)

所持人カ償還ノ請求ヲ爲スコトヲ得ル金額ハ左ノ如シ

(一) 支拂アラサリシ手形金額及ヒ呈示以後ノ法定利息

(二)拒絶證書作成ノ手數料其他ノ費用

右ノ金額ヲ定ムルニハ償還ノ請求ヲ受クル者ノ住所地カ支拂地ト異ナル場合ニ於テハ支拂地ヨリ償還ノ請求ヲ受クル者ノ住所地ニ宛テ振出シタル小切手ノ相場ニ依リテ之ヲ計算ス若シ支拂地ニ於テ相場ナキトキハ償還ノ請求ヲ受クル者ノ住所地ニ最モ近キ地ニ振出シタル小切手ノ相場ニ依リテ之ヲ計算スルモノトス(四九一)償還ノ請求ヲ受ケタル裏書人ハ左ノ金額ニ付キ償還ノ請求ヲ爲スコトヲ得

(一)其支拂ヒタル金額及ヒ支拂ノ日以後ノ法定利息

(二)其支出シタル費用

此算定標準ハ所持人ノ場合ニ從フモノトス(四九二)

償還ハ通常小切手支拂拒絶證書及ヒ償還計算書ト引換ニ非サレハ之ヲ爲スコトヲ要セサルナリ償還ヲ爲ス者ハ之ヲ受クル者ヲシテ償還計算書ニ償還ヲ受ケタル旨ノ記載ヲ爲サシメ且ツ之ニ署名行爲ヲ爲サシムルコトヲ

得ルモノトス(四九五)

第三節　拒絶證書

拒絶證書ハ小切手ノ所持人ノ請求ニ因リ公證人又ハ執達吏カ之ヲ作成スルモノトス(五一四)拒絶證書ニハ左ノ事項ヲ記載シ作成者カ之ニ署名行爲ヲ爲サヽルヘカラス

(一)小切手及ヒ補箋ニ記載シタル事項
(二)拒絶者及ヒ被拒絶者ノ氏名又ハ商號
(三)拒絶者ニ對シテ支拂ノ請求ヲ爲シタルコト及ヒ拒絶者カ其請求ニ應セサリシコト又ハ拒絶者ニ面會スルコト能ハサリシ理由
(四)支拂ノ請求ヲ爲シ又ハ之ヲ爲スコト能ハサリシ地及ヒ年月日
(五)拒絶者ノ營業所、住所又ハ居所カ知レサル場合ニ於テハ其地ノ官署又ハ公署ニ問合セヲ爲シタルコト
(六)法定ノ場所外ニ於テ拒絶證書ヲ作ルトキハ拒絶者カ之ヲ承諾シタル

コト

拒絶證書ノ作成者カ之ヲ作成シタルトキハ其帳簿ニ其證書ノ全文ヲ記載スルコトヲ要ス之レ拒絶證書ノ滅失シタル場合ニ利害關係人ヨリ其謄本ノ交付ヲ請求セラルヽトキノ爲メニ準備スルモノトス此場合ニ於テ交付シタル其謄本ハ原本ト同一ノ效力ヲ生ス(五一七)

日本手形法論 畢

明治三十四年二月一日印刷
明治三十四年二月四日發行

日本手形法論奥付
定價壹圓貳拾錢

著作權登錄濟之證

著作者兼發行者　東京市京橋區西紺屋町九番地　松本重敏

印刷者　同市本所區長崎町十二番地士族　竹村賴堅

發行所　司法省指定私立明治法律學校出版部　講法會　東京市神田區駿河臺

印刷所　東京市神田區美土代町二丁目一番地　三光堂活版所

賣捌所　東京市神田區一ツ橋通町　有斐閣書房

賣捌所　同市同區表神保町七番地　榊原書店

日本手形法論　完　　別巻 1230

2019(令和元)年6月20日　　復刻版第1刷発行

著述者　松　本　重　敏

発行者　今　井　　　貴
　　　　渡　辺　左　近

発行所　信　山　社　出　版
〒113-0033　東京都文京区本郷6-2-9-102
モンテベルデ第2東大正門前
電　話　03（3818）1019
FAX　03（3818）0344
郵便振替　00140-2-367777(信山社販売)
Printed in Japan.

制作／(株)信山社，印刷・製本／松澤印刷・日進堂

ISBN 978-4-7972-7349-6 C3332

別巻　巻数順一覧【950 ～ 981 巻】

巻数	書　名	編・著者	ISBN	本体価格
950	実地応用町村制質疑録	野田藤吉郎、國吉拓郎	ISBN978-4-7972-6656-6	22,000 円
951	市町村議員必携	川瀬周次、田中迪三	ISBN978-4-7972-6657-3	40,000 円
952	増補 町村制執務備考 全	増澤鐵、飯島篤雄	ISBN978-4-7972-6658-0	46,000 円
953	郡区町村編制法 府県会規則 地方税規則 三法綱論	小笠原美治	ISBN978-4-7972-6659-7	28,000 円
954	郡区町村編制 府県会規則 地方税規則 新法例纂 追加地方諸要則	柳澤武運三	ISBN978-4-7972-6660-3	21,000 円
955	地方革新講話	西内天行	ISBN978-4-7972-6921-5	40,000 円
956	市町村名辞典	杉野耕三郎	ISBN978-4-7972-6922-2	38,000 円
957	市町村吏員提要〔第三版〕	田邊好一	ISBN978-4-7972-6923-9	60,000 円
958	帝国市町村便覧	大西林五郎	ISBN978-4-7972-6924-6	57,000 円
959	最近検定 市町村名鑑 附 官国幣社 及 諸学校所在地一覧	藤澤衛彦、伊東順彦、増田穆、関惣右衛門	ISBN978-4-7972-6925-3	64,000 円
960	鼇頭対照 市町村制解釈 附 理由書 及 参考諸布達	伊藤寿	ISBN978-4-7972-6926-0	40,000 円
961	市町村制釈義 完　附 市町村制理由	水越成章	ISBN978-4-7972-6927-7	36,000 円
962	府県郡市町村 模範治績　附 耕地整理法 産業組合法 附属法令	荻野千之助	ISBN978-4-7972-6928-4	74,000 円
963	市町村大字読方名彙〔大正十四年度版〕	小川琢治	ISBN978-4-7972-6929-1	60,000 円
964	町村会議員選挙要覧	津田東璋	ISBN978-4-7972-6930-7	34,000 円
965	市制町村制 及 府県制　附 普通選挙法	法律研究会	ISBN978-4-7972-6931-4	30,000 円
966	市制町村制註釈 完　附 市制町村制理由〔明治21年初版〕	角田真平、山田正賢	ISBN978-4-7972-6932-1	46,000 円
967	市町村制詳解 全　附 市町村制理由	元田肇、加藤政之助、日鼻豊作	ISBN978-4-7972-6933-8	47,000 円
968	区町村会議要覧 全	阪田辨之助	ISBN978-4-7972-6934-5	28,000 円
969	実用 町村制市制事務提要	河邨貞山、島村文耕	ISBN978-4-7972-6935-2	46,000 円
970	新旧対照 市制町村制正文〔第三版〕	自治館編輯局	ISBN978-4-7972-6936-9	28,000 円
971	細密調査 市町村便覧(三府 四十三県 北海道 樺太 台湾 朝鮮 関東州)　附 分類官公衙公私学校銀行所在地一覧表	白山榮一郎、森田公美	ISBN978-4-7972-6937-6	88,000 円
972	正文 市制町村制 並 附属法規	法曹閣	ISBN978-4-7972-6938-3	21,000 円
973	台湾朝鮮関東州 全国市町村便覧 各学校所在地〔第一分冊〕	長谷川好太郎	ISBN978-4-7972-6939-0	58,000 円
974	台湾朝鮮関東州 全国市町村便覧 各学校所在地〔第二分冊〕	長谷川好太郎	ISBN978-4-7972-6940-6	58,000 円
975	合巻 佛蘭西邑法・和蘭邑法・皇国郡区町村編成法	箕作麟祥、大井憲太郎、神田孝平	ISBN978-4-7972-6941-3	28,000 円
976	自治之模範	江木翼	ISBN978-4-7972-6942-0	60,000 円
977	地方制度実例総覧〔明治36年初版〕	金田謙	ISBN978-4-7972-6943-7	48,000 円
978	市町村民 自治読本	武藤榮治郎	ISBN978-4-7972-6944-4	22,000 円
979	町村制詳解　附 市制及町村制理由	相澤富蔵	ISBN978-4-7972-6945-1	28,000 円
980	改正 市町村制 並 附属法規	楠綾雄	ISBN978-4-7972-6946-8	28,000 円
981	改正 市制 及 町村制〔訂正10版〕	山野金蔵	ISBN978-4-7972-6947-5	28,000 円